학교,
민주시민교육을
실천하다!

**학교,
민주시민교육을
실천하다!**

발행일	2020년 04월 07일 초판 1쇄 발행
	2024년 01월 20일 초판 4쇄 발행
지은이	교육정책디자인연구소 시민모임
발행인	방득일
편 집	박현주, 허현정
디자인	강정화
마케팅	김지훈

발행처	맘에드림
주 소	서울시 도봉구 노해로 379 대성빌딩 902호
전 화	02-2269-0425
팩 스	02-2269-0426
e-mail	momdreampub@naver.com

ISBN 979-11-89404-32-1 93370

학교,

선거, 혐오, 미디어 ...
학교가 실천해야 할 시민교육의 거의 모든 것

민주시민교육을
실천하다!

교육정책디자인연구소 시민모임 지음

맘에 드림

민주시민교육,
학교는 무엇을 어떻게 실천할 것인가?

이제는 굳이 시민교육의 필요성에 대해 목소리를 높일 필요도 없을 만큼 많은 사람들이 시민교육의 필요성에 공감하고 또 많은 관심을 보이고 있다. 2019년 12월 28일 통과된 **공직선거법** 개정으로 우리 사회는 만 18세 선거권 하향이라는 정치 · 사회적인 변화를 맞이했다. 그뿐만 아니라 이미 교육자치, 학교자치, 학교 민주주의라는 교육계의 큰 변화 속에서 시민교육의 중요성은 나날이 더욱 부각되고 있다.

2013년 경기도교육청에 민주시민교육과[1]가 신설된 이후, 2018년에는 교육부에도 민주시민교육과가 신설되었다. 2019년 기준 전국 17개 시도교육청 중 민주시민교육 관련 부서들을 살펴보면 민주시민교육과가 9개, 학교자치과가 1개, 민주시민교육팀이 3개이다. 또한 현재 260여개 광역 기초 자치단체 및 교육청 중 약 40여 곳이 민주시민의 양성과 민주주의 발전을 목적으로 조례를 제정하였다.

---

1. 교육정책디자인연구소, 2019, 〈교육자치와 학교자치〉, 대한민국 교육자치 컨퍼런스

평소에 신문이나 뉴스를 보지 않고 정치 소식에 대해 잘 모르다가 이제 막 투표권을 얻은 청년이 투표를 한다는 것은 어떤 느낌일까? 이는 영화나 드라마를 중간부터 보고 있는데, 누군가가 등장인물 중 누가 제일 좋으냐고 물어보는 경우와 같은 심정일 것이다.

— 학교 민주시민교육 포럼에서 ○○고등학생 토론문[2]

하지만 시민교육의 중요성에 대한 교육계의 이 같은 인식 확산에도 불구하고 아직까지 시민교육에 대한 위계도, 계열성도 없는 것이 우리의 안타까운 실정이다. 즉 구체적인 실천 방안이 마련되어 있지도 않고, 실행 방향 또한 다소 모호하다는 뜻이다.

▪ 관점에 따라 다양하게 나타나는 시민교육의 실천 양상

실제로 시민교육의 실천은 시민교육의 관점에 따라 다르게 나타나고 있다. 예컨대 시민교육 학회나 논문을 살펴보면 대부분 시민교육을 주권자 교육으로 인식하고 있다. 이는 촛불로 타오른 광장 민주주의에서도 경험했듯이 주권자로서의 권리, 국민주권의 실천으로 공공성의 가치를 실현하는 공적 시민으로 성장하도록 하는 것이다. 하지만 막상 다양한 시민교육 포럼에서 현장의 목소리를 들어볼 수 있는 플로어 토론에 참여해보면 교사마다 시민교육에 대한 관점이 제각각이라는 것을 금세 알 수 있다. 초등학교 교사는

---

2. 교육부, 2019, 〈학교민주시민교육 포럼 학생 토론문〉, 학교 민주시민교육 포럼

선거권보다는 아이들이 일상에서 민주시민으로서 살아가도록 자율, 존중, 참여에 중심을 두고 있으며, 중학교 교사는 사회적 실천과 연대의 측면, 고등학교 교사는 당장 학생들이 주권자로서 참여

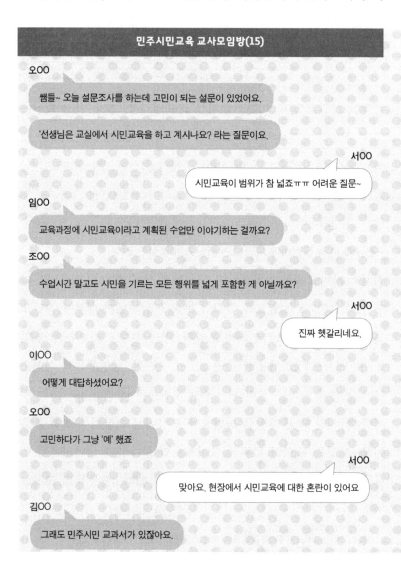

민주시민교육 교사모임방(15)

오○○

쌤들~ 오늘 설문조사를 하는데 고민이 되는 설문이 있었어요.

'선생님은 교실에서 시민교육을 하고 계시나요? 라는 질문이요.

서○○

시민교육이 범위가 참 넓죠ㅠㅠ 어려운 질문~

임○○

교육과정에 시민교육이라고 계획된 수업만 이야기하는 걸까요?

조○○

수업시간 말고도 시민을 기르는 모든 행위를 넓게 포함한 게 아닐까요?

서○○

진짜 헷갈리네요.

이○○

어떻게 대답하셨어요?

오○○

고민하다가 그냥 '예' 했죠

서○○

맞아요. 현장에서 시민교육에 대한 혼란이 있어요

김○○

그래도 민주시민 교과서가 있잖아요.

해야 하는 선거권, 참정권 쪽으로 관심이 기울어지는 식이다. 이와 같이 현장에서는 아직까지도 시민교육에 대한 계열적 관점에 대한 혼란이 여전하며, 시민교육을 실천하면서도 이렇게 하는 것이 과

이〇〇

저번 학교에서 민주시민교과서를 한번도 활용하지 않고 사물함에 그대로 두었다가 학년 올라가며 애들이 물어봤어요. "선생님, 이거 버려요?"

서〇〇

슬프지만~~ 대부분 학교에서 나타나는 일이죠. 교과서는 사라고 하니깐~~

정〇〇

민주시민교과서를 수업시간에 자율적 선택적 활용을 하라고 하지만 학교행사나 교과 수업진도에 허덕여 한번도 펴보지 못하는 경우가 많죠.

서〇〇

교과서의 내용은 진짜 좋아요. 근데 학교 현장은 너무나 바빠요

황〇〇

시민교육이 거창한 게 아닌데...

정〇〇

맞아요. 서로에게 더 관심을 갖고 도우며 살아가는 시민으로서의 가치를 일깨워주고 싶어요.

오〇〇

저도 사회에서 소외당하기 쉬운 사람들, 그리고 학급에서부터 세계 속의 청소년으로서 우리에 대해서 생각해보고 시민으로서의 태도를 함께 기르고 싶어요.

서〇〇

맞아요. 우리 함께 실천해요.

우리 교실, 학교의 일상에서 시민을 어떻게 형성할까에 대해 함께 고민해보아요.

연 맞는지 혼란스러워하고 있다.

어떻게 하면 더불어 살아가는 사회 속에서 스스로 생각하고 자발적으로 행동하며, 그러한 자신의 행동에 대해 책임을 질 수 있는 건강한 시민으로서의 역량을 갖추도록 이끌 수 있을까? 올바른 민주시민교육을 실천하기 위한 구체적인 방안 마련이 그 어느 때보다 절실하다. 특히 학교는 우리 학생들이 시민으로서 살아갈 수 있도록 안내해야 할 막중한 책임이 있다. 그럼에도 불구하고 교육과정 안에서 우리 학생들이 시민으로서의 자질을 키울 수 있도록 이끌기 위해서는 어떤 노력을 기울여야 하는지에 관해 현장은 뚜렷한 해법을 찾지 못하고 있다.

바로 이러한 문제를 해결하기 위해 교육정책디자인연구소시민모임에 시민교육 실천교사들이 모였다. 노무현재단에서 시민교육 과정을 개발하신 교사, 경기도교육청 장학사, 교육지원청 장학사, 학교에서 아이들과 사회적 실천을 계속 이어온 교사, 시민교육을 배우고 싶은 교사들이 시민교육에 대한 혼란과 갈증을 해소하려고 함께 모이기 시작한 것이다. 가르치고 계몽하는 민주시민교육은 가라! 융통성 없이 획일적이고 통일된 민주시민교육도 아니다! 이 시민모임에서 함께 머리를 맞대고 '학생을 대상화하는 시민교육에서 벗어나 **교사와 학생의 관계성**을 중심으로 시민교육을 실천하는 데 있어서 가장 큰 걸림돌이 무엇이고, 우리가 시민교육을 위해 기여할 수 있는 디딤돌은 무엇일까?'에 대한 고민을 허심탄회하게 나누게 되었다(6~7쪽 교사모임방 대화 참조).

▪ 시민교육의 걸림돌은 무엇인가?

시민모임에서 제기된 시민교육의 가장 큰 걸림돌은 다름 아닌 교육의 정치적 중립성이라는 이름으로 왜곡되고 있는 시민교육의 문제였다. 독일의 보이텔스바흐 합의는 민주시민교육에서 유행처럼 번지는 화두이지만, 실제 교실에서 논쟁적인 주제를 다룬 교사는 어처구니없게도 징계를 받아 직위 해제된 바 있다. 우리나라의 학교 시민교육은 안타깝게도 학교의 정치적 중립이라는 미명하에 다양한 사회문제를 함께 고민하면서 당연하게 제기되는 현실 비판, 일상적 정치 비판에 대해 토론은커녕 서로 눈치만 보다가 차라리 입을 다물어버리는 것이 현실이다. 아직까지 우리나라에서 학교는 마치 사회라는 육지에서 뚝 떨어진 섬처럼 진짜 사회와는 거리를 두게 하려는 분위기가 강하게 존재하는 것이다. 이러한 분위기는 시민교육을 학생들에게 그저 이론적으로만 민주주의를 전달하는 수준에 머물게 만든다. 아울러 교사를 위축시키고, 무색무취의 존재로서 시민교육을 왜곡시키고 만다. 결과적으로 사회문제에 대해 함께 고민하고 방향과 내용을 만들고 실천하는 시민이 아니라, 그저 정해진 내용을 암기하고 복종하는 깜깜이 시민으로 성장할 수밖에 없는 것이다.

두 번째로 현장 교사들이 제기하는 큰 걸림돌은 자료 부족이다. 초등학교는 교사별 교육과정을 통해, 중학교는 자유학기제에서 시민교육을 주제로 선택하고 구성하여 자유롭게 시민교육을 할 수 있는 기회가 있다. 하지만 교사들에게 제아무리 강력한 의지가 있어도 시민교육에 대한 자료가 턱없이 부족하다 보니 결국에는 포기해버리고 마는 상황이 왕왕 발생하고 있다. 또 시민교육 자료가 있다고 해도 학생을 대상화하는 수준의 일회성 이벤트로 끝나버리는 자료가 대부분이라 17차시 또는 한 학기를 관통하여 계열적 · 실천적으로 활용할 만한 자료는 매우 부족하고, 자료가 모이는 플랫폼 또한 없는 실정이다.

• 학생을 대상화하는 일회성 시민교육은 이제 그만!

필자들은 학생들과 함께 살아가고 있는 현실을 직시하는 한편, 교사와 학생들이 일상적인 존중과 성찰 속에서 함께 바뀌가는 경험을 할 수 있는 살아 있는 시민교육을 하고 싶은 열망에 이 책을 집필하게 되었다. 우리 시민모임에서는 현재 교육의 중립성을 벗어나지 않는 선에서, 다름을 인정하고 자기 목소리를 내며 공공의 가치를 함께 풀어가는 시민을 형성하기 위한 **실천적 시민교육**에 대한 목소리를 책으로 담기로 하였다. 일회성 이벤트식 시민교육이 아니라 지속가능하고 튼튼한 뿌리를 가진 시민으로 성장하려면 시민교육 자료의 병렬적 제시가 아니라, 시민의 감수성을 높이기 위한 위계적 형성이 필요하다는 데 인식을 함께하였다. 이에 시민에 대한 교육, 시민 감수성 높이기, 시민으로 참여하기의 3단계로 다음과 같이 구조화하였다.

첫 번째는 **시민에 대한 교육**이다. 시민교육이 왜 필요한지, 시민은 어떻게 형성되어왔는지, 시민으로서 자신의 권리를 바탕으로 공적

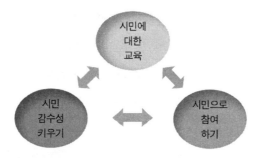

실천적 시민교육을 위한 3단계 구조화
이벤트식 시민교육에 머무는 것이 아니라 지속가능한 뿌리 깊은 시민교육을 위해서는 위계적 형성이 필요하다.

가치에 대한 교육이 이에 속한다. 인권과 권리뿐만 아니라, 공동체에 대한 가치를 배우는 단계이다. 이를 통해 지식 측면은 물론 인권의 가치, 공동체의 가치, 실천의 중요성과 의미를 스스로 깨달을 수 있도록 이끌어야 한다.

두 번째, **시민 감수성**을 높이는 실제 시민으로서의 필터를 가지고 시민으로서 노력할 수 있도록 태도와 의지를 가지며, 자신과 타인의 권리를 존중할 수 있는 기술과 방법을 익히는 단계이다. 혐오 현상이 가득한 사회 속에서 다양한 사회적 편견과 사회적 약자에 대한 인식 부족에서 벗어나 공동체에서 공적 가치를 지키기 위한 지속적인 실천이 가능할 수 있도록 토대를 다지는 가장 중요한 시민교육의 단계라고 할 수 있다.

세 번째, 시민으로 참여하기는 **연대와 협력**을 통해 시민으로서 사회문제에 적극적으로 공적 가치를 실현하는 단계이다. 이 단계에서 가장 중요한 것은 첫 번째와 두 번째 단계의 시민교육이 충분히 녹아들고 생활 속에서 실천한 이후에 적용해야 한다는 점이다. 학교에서 행해지는 일회성 이벤트식 시민교육이 시민성의 형성에 전혀 기여하지 못하고 있음을 통렬히 반성하는 한편, 인권 존중에서부터 시작하여 시민 감수성을 높이고 시민에 대한 가치와 실천에 대해 내면화하는 단계가 필요하다. 또한 시민 감수성이 만들어질 수 있는 교육적 환경과 잠재적 교육과정으로서의 학교 민주주의가 꼭 필요하다.

그래서 이 책을 구성할 때, 1부에서는 시민교육의 필요성과 방향을, 2부에서는 시민 감수성 높이기, 3장에서는 시민으로 참여하기로 자연스럽게 단계를 이루도록 하였다. 1부에서는 태어나면서부터 잘못 끼워진 단추처럼 어떻게 비시민으로 형성되는지, 왜 시민이 필요한지에 대해 다루었고, 2부에서는 사회뿐만 아니라 학교에도 가득한 혐오 현상, 젠더 현상, 선거권 하향과 관련한 선거교육, 다문화와 통일에 대한 편견, 홍수와 같은 미디어 속에서 시민으로서 감수성을 어떻게 신장할 수 있을지에 대한 실천을 담았다. 3부에서는 학교에서 시민으로 참여하기 위해 교육과정에서, 학급과 학교에서의 학생자치에서 어떻게 시민으로서의 참여를 실천할 수 있는지에 대한 구체적 사례들을 담았다.

▪ 학교가 일상적인 삶 속에서 시민을 길러내고 있는지를 돌아보며

아직도 우리의 학교에서는 사회 교과마저도 개념과 지식 위주의 암기식 시민교육이 주를 이루고 있다. 즉 절차적·형식적 민주주의만 기계적으로 습득하는 시민을 길러내고 있는 것이다. 이러한 교육으로 인권의 종류, 정치 체제의 구별, 복잡한 그래프와 수식 등을 달달 외우게 한다면 어떤 규칙대로 해석은 가능할지 모른다. 하지만 이러한 형식적 교육의 결과로 정작 학생들은 자신들의 삶에 직접적으로 영향을 미치는 현실 정치와 우리의 삶을 둘러싼 권력의 메커니즘에는 무지해질 수밖에 없다.

학교가 이렇듯 주춤하고 있는 사이에 학교가 앞장서야 할 시민교육의 자리는 유튜브나 개인 인터넷 방송이 빠르게 파고들어 자리를 잡고 있다. 심지어 가짜뉴스와 뒤섞인 채 무분별하게 쏟아지는 정보들로 인해 양극화, 혐오, 갈등이 심화되고 있는 실정이다. 여기에 시민교육을 둘러싼 여러 이해관계 다툼과 왜곡된 민주시민교육 속에서 학생들의 진정한 목소리는 도통 찾아볼 수 없이 그저 대상화되고 있다는 점도 참으로 심각한 문제이다.

우리의 실천이 담긴 책이 학교에서 공적 시민으로서의 감수성을 높이고 통제가 아니라 신뢰, 수동적인 접근이 아니라 주체적으로 학교에서부터 지역의 시민으로 확장되는 다양한 경험을 통해 교사와 학생 모두 깨어 있는 시민으로 성장하도록 이끄는 작은 마중물이 되기를 바란다.

2020년

저자 일동

PART 03 학교에서 실천하는 시민교육

"학교에서 시민으로 살아가라!"

학교와 교사, 학생들이 함께
고민하며 성장하는 시민교육을 만들어갑시다!

우리 인간은 관계를 형성하고 유지시킬 수 있는 존재이다. 따라서 모든 인간은
민주시민으로서 기능할 수 있는 유전적 형질을 타고난다고 할 수 있다. 하지만
그렇다고 해서 그러한 형질이 저절로 발현되는 것이 아니다. 인간은 전적으로
자신을 둘러싼 환경 속에서 타인과 관계 맺는 방법을 배워간다. 이에 본격적으
로 학교 민주시민교육의 실천 방안에 관해 살펴보기 전에 우리 사회에서 사람
간 관계가 어떻게 형성되는지를 먼저 들여다봄으로써 우리가 어찌하여 시민이
아닌 비(非)시민으로 형성되고 있는지에 대해 살펴보려고 한다.

PART
01

| 시민교육의 필요성 |

"왜 학교에서 시민의식을 키워야 하나?"

01
시민 그리고 비시민

"시민으로 태어나서
비(非)시민으로 자라다"

컴퓨터 모니터를 통해 구현되는 근사한 색감의 풍경도, 순식간에 복잡한 연산이나 정보처리를 척척 해내는 수백 메가바이트의 프로그램도 그 본질은 결국 0과 1로 이루어진 수많은 순열의 형태일 뿐이다. 이와 마찬가지로 민주주의라는 사회의 양식도 자세히 들여다보면 결국 그 사회를 이루는 수많은 인간들이 형성하는 관계 단위라는 끝없는 순열에 비유할 수 있지 않을까?

잘 짜인 프로그램이 0과 1의 특정한 패턴으로 구성되듯이 민주주의 또한 수많은 사람들이 타인과 엮어내는 관계의 패턴에 의해 만들어진다. 관계를 형성하고 유지시킬 수 있는 모든 인간은 실상 민주시민으로서 기능할 수 있는 유전적 형질을 타고 난다. 하지만 그 형질이 결코 저절로 발현되지는 않는다. 사실 우리 인간은 자신을 둘러싼 환경 속에서 타인과 관계 맺는 방법을 배우고, 이런 관계들이 하나하나 모여 마치 직물처럼 짜이면서 만들어지는 집단이 사회이다. 사회라는 큰 그림에서 바라보면 여러 가지 독특한 패턴을 이루고 있는 것처럼 보인다. 이렇게 형성된 수많은 패턴 중 하나를 우리는 **민주주의**라고 정의한다. 우리는 이제 특정한 문화적 맥락(주로 우리 사회) 속에서 개별 사람이 어떤 특질의 관계들을 형성하는지를 들여다봄으로써 우리가 어찌하여 시민이 아닌 비(非)시민으로 형성되는지 그 과정의 한 단면을 살펴보려고 한다.

"응애!"

삶이 시작되는 순간부터 사람의 관계 맺음은 시작된다. 또 그 관계 맺음은 환경과의 아주 단순한 자극과 반응의 교환으로 시작한다. 그 자극이 생전 처음 아기의 시야에 들어온 출산실의 풍경이든, 태반을 벗어나자마자 느껴지게 되는 타인의 낯선 손길이든, 처음 폐로 들이마신 공기의 텁텁함이든, 갓 태어난 아기는 자신에게 주어진 자극에 대해 우렁찬 울음으로 반응한다. 매우 원시적이고 단순해 보이지만, 이것은 외부 자극에 대해 아기가 자신의 모든 역량을 쏟아부은 최선이자 절박한 의사표현인 것이다. 어쩌면 우리 인간이 최초의 호흡과 동시에 세상과 조우한 방법은 낯선 환경 속에서 비민주적으로 가해지는 자극에 대한 일종의 항거일지도 모른다.

세상에 태어난 순간부터 긴밀히
그리고 적극적으로 이루어지는 관계 맺기

출생과 동시에 아기는 주변의 즉각적인 반응을 이끌어내는 최강의 협상 수단으로써 울음을 활용하는 법을 배운다. 배가 고프면 울음으로 배고픔을 해결하고, 볼일을 보고 뒤처리가 필요한 상황에서도 울음으로 불편함에서 벗어날 수 있다. 즉 울음을 통해 주변 사람들(주로 부모)로부터 물질적 지원과 보살핌 그리고 관심을 효과적으로 얻어내는 것이다.

이러한 자극과 반응을 반복함으로써 아기와 부모 사이에는 일종의 합의가 이루어진다. 이것이 부모에게는 꽤 성가신 고충의 과정일지 모르지만, 아기에게는 자신의 지지자와 긴밀히 소통하고 자신의 존재를 알리며 생존 확률을 높일 수 있는 중요한 활동인 셈이다.

생후 몇 개월 동안 아기에게는 그야말로 셀 수 없이 많은 자극들이 쏟아진다. 아기는 주변에서 펼쳐지는 시각, 청각, 미각, 후각, 촉각 등 자극들 속에서 엄청난 정보들을 처리하기에 바쁘다. 그리고 이런 작용은 정보를 수동적으로 수렴하는 데 그치지 않는다. 아기는 자극에 적극적으로 반응함으로써 세상에 신호를 내보내는데, 흥미로운 점은 일정한 시기에 이르면 이제 더 이상 울음이란 소모적인 방식에 의존하지 않는다는 것이다. 신체의 운동신경적인 발달이 이어지면서 새로 획득한 신체 역량을 통해 아기는 몇 가지 새로운 반응양식을 계발한다.

"어! 웃는다. 이것 봐! 방긋 웃네. 뭔가 기분이 좋은 일이 있나 봐!"

아기의 웃음이 처음부터 어떤 의미나 의도를 담아낸 것이라고 보기는 어렵다. 아마도 주변 환경에서 발생된 우연찮은 자극에 반응하여 어쩌다 반사작용처럼 시도하게 된 얼굴 근육의 움직임이었을 것이다. 그런데 이에 대해 주변 사람들이 호의적인 관심과 메시지 등 매우 긍정적인 반응으로 되돌려준 것이다. 이러한 반응에 아기의 기분도 덩달아 좋아진다. 이런 일관되고 반복된 자극과 반응을 거치면서 아기는 곧 반사작용 같은 웃음에서 사회적 웃음의 단계로 넘어간다. 부모와의 다양한 상호작용을 통해 아기는 점점 더 복잡한 웃음의 기능과 방식을 습득하는 것이다. 웃음이라는 신체활동을 할 줄 아는 능력은 타고난 유전적 요인이지만, 이것을 언제 어디서 어떻게 사용해야 유용할 것인지를 배우는 일은 부모라는 외부 존재들과의 적극적인 교류, 즉 상호작용에 의한 결과이다. 이런 과정 하나하나가 모두 타인과 교감하고 유의미한 관계를 맺는 방법을 배우는 중요한 순간이다. 하지만 이런 예시는 아기가 곧 언어를 구사하기 시작함으로써 배우게 되는 관계 형성 활동에 비하면 매우 초보적인 수준에 불과하다.[1]

---

1. Marianne LaFrance, 《Lip Service Smiles in Life, Death, Trust, Lies, Work, Memory, Sex, and Politics》, (2011)는 인류의 웃음을 타고난 생득적 능력이라고 설명한다. 그러나 반사작용적 웃음(reflex smiles)이 사회적 웃음(social smiles)로 발달하면서 웃음의 기능과 방식이 한층 세련되고 세밀해지는 과정을 묘사하고 있다.

| 언어의 발달과 함께 시작되는 억압과 서열화 |

유아기에 들어서도 신체는 하루가 다르게 성장·발달하는데, 유아는 자신이 획득한 신체적 역량을 끊임없이 발휘하고 싶어 한다. 이것은 훗날 성인만큼의 신체 능력을 갖추도록, 그래서 생존에 성공한 개체가 되며, 집단 안에서 당당히 역할을 수행하고, 나아가 부족이 유지되도록 만들었던 필수 과정이었다.

"안 돼!" … "하지 마!" … "나중에!"

하지만 유아가 언어를 이해하기 시작하는 시기부터 부모는 언어를 사용하여 유아의 행동을 사사건건 억압하기 시작한다. 부모는 억압과 경고의 메시지를 하루에도 실로 수없이 유아에게 귀가 따갑도록 전달한다. 물론 부모의 이런 행위 이유의 대부분은 자녀를 험난한 세상의 온갖 위험 요소로부터 보호하기 위함일 것이다.

어쨌든 부모는 유아의 움직임 하나하나를 모두 시야에 잡아두고 각종 행위들이 시작되는 것을 지켜보며 유아의 신체 활동과 욕구 충족에 대해 상당한 양의 의사결정권을 행사한다. 어떻게 보면 유아의 욕구와 부모의 통제가 충돌하는 기간 내내, 부모와 유아 사이에는 주로 '통제를 가하고 이를 받는 관계'가 형성된다. 그러다 보니 유아는 모든 행동에 부모의 반응을 살피며 이것이 허용인지 또는 금지인지를 파악해야 한다.

이런 방식이 무수히 반복되며 유아는 행동의 지속과 정지 사이에서 결정을 내리는 훈련을 받는다. 또 이 과정에서 유아는 무의식적으로 서열을 배운다. 즉 자신과 부모가 동등한 위치가 아니라는 점을 배우는 것이다. 분명 부모는 자신보다 더 많은 양의 의사결정권을 가지고 있다는 것을 깨닫기 때문이다. 심지어 유아는 자신의 활동, 언어, 감정에 대한 의사결정까지도 자기 자신보다 부모가 훨씬 더 많이 행사한다는 사실을 깨닫는다.

그런데 여기에서 그치지 않는다. 이런 관계가 지속됨으로써 유아가 부모를 보는 인식은 또 다른 어른과의 관계를 형성할 때 자연스럽게 전이된다. 유아는 이제 자신보다 몸집이 큰 사람들을 통틀어 어른이라고 통칭하며, 자신보다 상위 서열로 인식하고 적합한 행동을 보이기 시작한다.

"자, 이제 우리 무엇을 할까? 네가 한번 정해보렴."

다른 동물들 사이에서 부모와 자식의 지위가 동등해지는 순간은 대개 두 개체의 물리적 역량이 동등해졌을 때일 것이다. 그런데 이와 달리 인간은 다른 개체에게 스스로 권위와 권한을 이양하고 결정권을 양보할 줄 아는 존재다. 이는 오직 서열싸움과 힘의 균형으로 유지되는 동물 사회와는 달리 소통과 합의로써 집단을 운영하는 인간 사회의 독특한 특질이기도 하다. 이렇게 동등한 관계를 이뤄내는 부모의 행위를 통해 유아는 세상이 통제자와 피통제자로만 구성된 것은 아님을 알게 된다. 서열적 세계관을 극복하고 평등한 동료 관계를 배우게 되는 것이다. 이러한 권한 이양(empowerment)은 유아가 스스로 의사결정을 해보고 행위를 실행하여 자기 통제력과 반추적 사고 능력을 갖게 하는 데 매우 중요하게 기능한다. 나아가 유아가 또 다른 평등적 관계를 형성하도록 한다. 하지만 안타깝게도, 이런 단계가 찾아와도 부모와 유아 간의 통제자-피통제자 관계는 아동에 대한 보호와 훈육이라는 미명하에 유아 스스로 권한을 행사하도록 그냥 내버려두지 않는 경우가 많다.

| 과정 그 자체보다 결과에 우선한 세계관의 전습 |

아동의 언어구사 능력이 일정 수준에 이르게 되면, 부모와 아동 사이에는 더욱 논리적이고 합리적인 합의가 가능해진다. 아직은 세상의 다양한 이치와 상황을 종합하여 판단할 인지 능력이 충분히 발달하지는 않았지만, 아동은 자신의 욕구와 의지가 관철되지 않는 현실에 대해 적극적으로 감정을 표출하며 부모와의 **협상**을 시도하기도 한다. **언어**는 바로 이러한 협상에서 주요 수단이 된다. 이에 대해 부모는 한층 복잡한 언어적 기법을 동원하여 유아와의 협상을 시도하게 된다. 이러한 과정에서 유아는 부모, 즉 타인의 관점을 이해하는 능력을 배우기 시작하며 자기중심적 세계관에서 조금씩 벗어나기 시작한다.

하지만 만약 부모가 소통과 합의의 단계를 거부한 채, 오직 통제와 금지의 언어만으로 대부분의 대화를 이어간다면 어떨까? 이런 가정의 아동들은 안전과 훈육이라는 이유로 스스로 결정해서 실천하는 권한을 지속적으로 박탈당할 수밖에 없다. 세상에는 다양한 상황들과 이치들이 존재한다는 것을 부모와의 대화를 통해 깨우치지 못한 아동은 세상을 여전히 허용과 금지만이 존재하는 공간으로 인식하는 단계에 머물고 만다.

"밖에 나가서 놀겠다고? 감기라도 걸리면 어쩌려고…"

아동의 자발적인 행위에는 종종 상당한 위험 요소들이 뒤따르기 마련이다. 그래서 부모는 아동의 자유로운 행위로 인해 생길 수 있는 모든 위험 요소들을 사전에 차단하려고 최선을 다한다. 이러한 보호주의적 양육법은 부모의 성향에 따라 그 정도가 다르고 문화권마다 차이를 보이는데, 특히 과도한 보호주의는 아동에게 과도한 간섭과 통제를 가하는 부모들 사이에서 주로 작용된다. 보호주의 관점에 매몰된 부모의 눈에 비친 세상은 위협적이고 적대적인 요소들로 가득할 뿐이다. 이런 부모의 과도한 보호주의적 간섭과 통제는 세상을 신비한 일들과 무한한 가능성으로 가득 찬 공간으로 보려는 아동의 세계관마저 바꾸어놓는다. 즉 위협적 요소로 가득한 세상을 잔뜩 경계하는 세계관으로 바뀌는 것이다. 이렇게 부모의 세계관은 자녀에게 무심코 전습되고 만다.

| 자발적인 의사결정을 저해하는 실수에 대한 두려움 |

부모가 아동에게 과도한 통제를 가하는 또 하나의 이유는 부모가 **실수**를 바라보는 인식에 있다. 많은 부모들은 자신이 저지른 실수와 실패를 반복하지 않도록 하는 것이 자녀교육의 중요한 부분이라고 생각한다. 이러한 부모들은 인생에서 가급적 실수하지 않고 성공에 이르는 효율적인 삶의 방식을 선호하는 경향이 있다. 이러한 이유로 부모는 자신이 과거에 저질렀던 실수나 패착으로부터 얻은 통찰력을 자녀교육에 적극 활용하게 된다. 부모 자신이 인생의 성공과 실패로 가는 길을 잘 아는 존재라고 생각하는 것이다. 결과적으로 이런 관점은 부모를 일종의 권위자로 만들고, 아동의 자발적인 의사결정을 억압할 수밖에 없다.

"넌 절대 나와 똑같은 실패를 겪어서는 안 돼!"

아동이 실수를 두려워하지 않고 지속적으로 시도할 수 있으려면 실수가 성공의 필수 과정이며, 삶은 유동적이고, 상황에 따라 다른 가능성들이 존재한다는 믿음이 필요하다. 이런 신념을 지닌 부모들은 아동의 실수에 대해 관대하고 느긋한 태도를 취한다. 그리고 인내심을 갖고 기다려준다. 반면에 실수를 실패라고 인식하는 부모들은 다르다. 그들은 인생에는 실수를 피할 수 있는 공식이 있고, 그 길을 잘 아는 권위자(부모)의 통제와 안내를 따르는 행동양식만이 미덕이며, 아동의 실수나 모험은 예방해야 할 행위라고 간주해버린다. 결과적으로 아동은 실수를 피하기 위해 부모로부터 훈련받은 사고방식을 내면화한다. 이렇게 고착된 사고회로로 인해 아동은 고정된 신념과 사고체계에 갇힌 채 객관적이고 주도적인 성찰 능력을 습득할 기회를 박탈당하는 것이다. 그러다 어떤 문제와 마주하면 내면에 새겨진 아주 좁고 융통성 없는 회로를 통해서만 해답을 도출하려고 한다.[2]

이러한 자녀교육관이 지배하는 문화에서는 대개 과정보다 결과를 중요하게 보는 경향으로 흐르기 쉽다. 과정은 그저 성공적인 결과를 얻기 위한 수단에 지나지 않을 뿐, 그 이상의 의미를 부여하지 않는 것이다. 그리하여 이런 교육관이 만연하는 문화권에서 자란 성인들은 대화나 합의보다는 빠른 결론과 실행이 집단과 조직에 훨씬 더 큰 성과를 가져온다고 믿는다.

아동은 자신이 소중한 존재인지, 부모로부터 신뢰받고 있는지를 확인하고 싶어한다. 부모가 아동의 신뢰를 필요로 하는 만큼 부모로부터의 아동이 신뢰를 얻어내는 일도 중요한데, 부모가 허용한 행위만을 할 수 있는, 그래서 실수를 해볼 기회조차 없던 아동들은 그런 기회를 원천적으로 가질 수 없다. 여기서 우리는 실수의 두 번째 기능을 발견할 수 있다. 즉 실수는 아동이 부모로부터 신뢰를 얻어내는 매개적 기능을 한다. 그런데 실수를 통해 생긴 손실 결과

2. 제시카 조엘 알렉산더, 《행복을 배우는 덴마크 학교 이야기》(고병헌 옮김), 생각정원, 2019

만을 바라보는 부모는 아동이 그의 실수가 초래한 마이너스 결과만 인지하게끔 하고 그 행위에 대한 냉정한 평가를 내려주는 것만이 본인의 역할이라고 생각한다. 그러나 정작 문제는 이런 경우 아동이 실수와 자신의 가치를 분리해서 판단하지 않는다는 점이다. 이러한 평가가 일상적으로 이어지면 아동은 자책을 반복하고, 나아가 자신의 존재 가치를 과소평가하게 된다. 자존감 낮은 아동들이 흔히 거치는 과정이다. 특히 실수를 저지를까 두려워 자신의 행위를 억압하기 때문에 자연히 모험을 시도하는 횟수도 줄어든다. 반대로 실수를 두려워하지 않고 감행하는 아동들은 실수로 인해 발생하는 좌절에서 회복하는 속도가 빠르다. 그리고 장기간의 끈기 있는 시도 끝에 성취하는 법을 배운다.

| 한층 더 위압적이고 불평등한 관계가 시작되는 학교 |

어느덧 아동은 학교에 다니기 시작한다. 물론 학교에서도 통제자와 피통제자의 역할놀이는 계속된다. 다만 그 양상이 크게 바뀐다. 그리고 그것은 이전에 부모와 가졌던 관계 양상보다 훨씬 더 위압적이고 불평등하다. 선생님은 거대한 칠판과 교탁의 공간을 차지하는 한 명의 권위자인 반면에, 아동 자신은 다닥다닥 붙어 정렬된 작은 책상에 앉은 30여명 학생들 중 하나의 개체가 된다. 최소한 가정에서는 부모의 관심과 돌봄을 독점이라도 했건만, 이제 학교에 들어온 아이들은 선생님이 쏟는 관심을 1/30씩 동료들과 나눠가질 수밖에 없다.

　"선생님, 저 화장실 좀 다녀와도 돼요?"

교실 안에서 이루어지는 아동 행위의 대부분은 권위자인 교사의 승인이 요구된다. 학교에 등교한 첫 날부터 아동은 거대한 권위자와 자신 사이에 존재하는 상당한 긴장감을 경험한다. 교실에서 아동들의 개인적 욕구와 행위는 이러한 긴장감 속에서 은밀히 통제되고, 어느샌가 이러한 분위기는 당연한 교실문화가 되어 며칠 후면 전혀 어색해지지 않게 된다. 학생은 자연스럽게 선생님은 자신과 평등한 관계라고 생각하지 않게 된다.[3]

　"선생님, 철수가 지우개를 빌려가서 돌려주지 않아요!"

학교는 학생들의 관계 맺음이 폭발적으로 발생하는 곳이다. 그런데 모든 관계가 유쾌하지만은 않다. 학생은 여러 관계 속에서 이전에 경험하지 못한 수많은 상황과 문제들에 봉착한다. 다행히 여기엔 교사라는 권위자가 존재한다. 절대적 권위와 권한을 가졌다고

---

3. 박민영은 2017년 저서 《학교는 민주주의를 가르치지 않는다》의 '군대를 알아야 학교를 안다'라는 챕터에서 군대의 조직문화와 유사한 학교를 묘사한다. 이러한 모습에 착안하여 입학 첫날부터 통제와 긴장이 흐르는 학교의 분위기를 묘사하였다.

모든 학생들이 믿고 바라보는 교사는 본의 아니게 학생들의 문제를 해결해주는 평화유지자의 역할을 수행하게 된다. 때로는 규칙을 만드는 법 입안자의 역할, 때로는 범법자를 처리하는 경찰관의 역할, 때로는 판결을 내리는 재판관의 역할 모두 교사의 권한이자 의무로 독점된다. 그리고 수십 명 학생들이 가진 다양한 욕구들의 순서를 정리해주는 교통순경의 역할도 교사의 몫이 된다.

하지만 이렇게 강력한 권력자에게도 아킬레스건이 있다. 바로 학생 부모의 관심과 개입이다. 이런 권력 구조를 파악한 학생은 교사가 누구보다 부모의 불평과 요구에 민감하게 반응한다는 이치를 이용하여 곧 효과적인 전략을 습득한다. 즉 자기 문제를 스스로 해결하거나, 동료들과 토의하거나, 교사와 상의하는 데 시간을 쏟기보다 편리하게 기댈 수 있는 또 다른 권력자(부모)를 이용하는 것이 훨씬 효율적임을 깨닫는 것이다. 이런 관계 메커니즘 안에서 부모는 결국 교사에게 전화한다. 성장이라는 것은 아이들에게 무엇인가를 해주는 것이 아니라 아이들이 '하는' 것인데도 말이다.[4]

| 친구들과의 관계에서 권력 게임이 시작되다! |

학생들에 대한 교사의 강력한 영향력이 영원히 지속되는 것은 아니

---

4. 존 듀이, 《민주주의와 교육》(이홍우 옮김), 교육과학사, 1987.

다. 학년이 올라갈수록 양상은 크게 달라진다. 이제 학생의 가장 큰 관심사는 교사로부터 인정을 받고 권한을 이양받는 일이 아니다. 권위자로서의 교사는 더 이상 학생의 행동에 가장 큰 영향력을 가진 존재가 아니라는 뜻이다. 사춘기에 접어든 학생들은 자신이 행동할 만한 명분을 얻는 행위 에너지의 원천을 더 이상 부모나 교사에게서 찾으려고 하지 않기 때문이다. 또래, 즉 친구 관계가 가장 중요한 권력 게임이 된 후부터 학생들은 자신이 편안하게 소속될 집단과 관계를 획득하기 위한 힘의 싸움에 본격적으로 뛰어든다.

이러한 힘은 반드시 물리적인 힘에만 국한되지 않는다. 가장 중요한 것은 더 많은 동료로부터 또는 자신이 **소속**되길 원하는 집단으로부터 지지를 얻어야 하는 **관계**의 힘이다. 한층 더 강력한 힘과 넓은 영역을 차지하기 위해 학생들은 다양한 전략을 사용한다. 힘이 있는 것처럼 보이려고 허세를 부리거나, 다른 친구와의 결탁을 통해 조직화하며, 필요에 따라서는 특정 동료를 따돌리는 전략까지도 서슴지 않는다.

교사 한 명의 권위자가 독점했던 권력을 학생 계층이 이양받은 것은 얼핏 민주적으로 보이지만, 안타깝게도 학생들 사이에서 권력을 배분하는 과정에 항상 민주적인 원리가 작용하지는 않는다. 사자가 먹다 남긴 고깃덩이에 득달같이 달려든 하이에나들이 먹이를 서로 공평히 나누기 위해 대화나 협상하지는 않듯이 말이다. 모두가 조금이라도 더 큰 고깃덩이를 차지하기 위해 보이지 않는 혈투를 벌이는 살벌하기 짝이 없는 교실 안에서 신뢰나 예의, 관용과 같은 점잖은 인간성은 생존의 도구로 제대로 기능하지 못한다. 성숙한 민주주의 문화는 아직 요원하기만 하다.

| 학교, 비민주적인 방식에 암묵적으로 동의하다 |

학교는 뭔가를 배우는 곳이다. 학교는 학생이 무엇을, 언제, 어떻게 배울지를 고심한다. 무엇을 배울 것인지의 문제를 **교육과정**이라고 칭한다. 언제 배울 것인지의 문제를 학제와 시정이라고 칭한다. 어떻게 배울 것인지의 문제를 교수-학습 방법이라고 칭한다.

확실한 점은, 이 모든 문제에 대한 해답을 결정하는 자리에 학생은 존재하지 않는다는 것이다. 학생 중심 교육을 내세우는 일부의 혁신적 학교조차도 교육과정과 학교체제는 모두 어른들에 의해 정해진다. 하지만 학생에게도 배우고 싶은 것이 있다. 또 학생 스스로 공부하고 싶은 방식이 있다. 그리고 학생은 자신이 학습의 온전한 주체가 되길 원한다. 하지만 학교는 이런 기회를 제공하지 않는다. 과거 우리의 학창시절을 떠올려보더라도 교실에서 학생에게 제공되는 모든 교육 내용과 경험들은 꽤나 일방적이었다.

학생의 입장에서 어떻게 배울지는 물론, 우리 교사의 입장에서도 어떻게 가르칠지의 접근 또한 그다지 민주적이라고 말할 순 없다. 더 심각한 것은 학생이 배우는 교육과정과 교과서 내용의 대부분은 그들의 현재 삶과 연관되지 않은 것들이 대부분이다. 그것들

대부분은 생전 본 적도 없는 권위자로부터 창조되어 내려온 것이기 때문이다.[5] 학교가 운영되는 방식 또한 수십 년간 관습으로 계승되어왔는데, 아무도 그 이유를 알려주지 않는다. 그야말로 학교는 온갖 비민주적인 것들이 아무렇지 않게 받아들여지고 있는 곳이라고 해도 과언이 아니다.

▪ 잠재적 교육과정을 통해 한층 강화되는 비민주성

비민주적인 것은 학교의 명시적 교육과정에 한하지 않는다. 학생은 학교에서 수업 외의 시간에 수많은 것들을 암시적으로 배운다. 이것을 **잠재적 교육과정**이라고 칭한다. 사실 위에서 묘사한 선생님과의 관계 맺음이나 교실 문화에 적응하는 일 등도 잠재적 교육과정의 일부로 볼 수 있다. 예컨대 교사의 일상적 언어 사용과 행동부터 수업과 휴식시간의 패턴, 교실에서의 자리 배치, 시험을 보는 방식, 급식을 받는 순서까지, 이 모두 상당한 양의 잠재적 교육과정이 내재되어 있는 것이다. 그 결과 학생은 스스로 행위를 실행하는 순간조차 종종 교사와 학교로부터 익힌 잠재적 교육과정의 지배를 받게 된다.

학생이 부지불식간에 배우게 되는 정보, 가치, 습관, 규범들이 모두 잠재적 교육과정의 내용이 되는데, 그 범위와 양은 생각보다 방대

---

5. 존 듀이, 《민주주의와 교육》, 1987.는 과거와 그 유산에 관한 지식은 그것이 현재에 들어올 때에만 큰 의의를 가지며, 그렇지 않은 한 그것은 의의가 없다고 본다. 그리하여 과거의 기록과 유물을 교육의 주된 자료로 삼는 교육적 내용과 행위는 그릇된 것이라고 규정한다.

하여 학생의 총체적 인성을 형성할 정도이다. 아무리 학생들의 귓가에 "참되거라.", "바르거라."를 입이 닳도록 외친다고 해서 그들의 인성이 성숙해지지 않는다. 학생은 자신이 속한 환경과 타인과의 끊임없는 상호작용을 통해 자신의 인격과 인성을 형성할 뿐이다.

아직은 자신의 의사결정과 행위를 판단하고, 자신의 감정을 이해하고, 타인의 입장에서 생각하는 능력이 다소 미흡할 수 있다. 이런 자기중심성에서 벗어나 다양한 관점과 새로운 가치들을 이해하는 것이 바로 성숙이다. 다양한 관점과 새로운 가치를 배우려면 자신과 타인의 생각과 행동에 대해 오랜 시간에 걸쳐 공동체 안에서 의견을 나누고 함께 생각할 수 있는 과정이 반드시 필요하다. 그런데 불행히도 우리 학교는 이런 시간과 기회를 주지 않는다. 학교는 무엇인가를 위해 쉬지 않고 달리는 곳이기 때문이다.

> "학교에서 열심히 공부를 해야 나중에 좋은 대학을 가고 또 그래야 좋은 직장을 얻는단다."

▪ 경쟁, 경쟁, 경쟁, 또 경쟁!

학교의 급이 한 단계 높아짐에 따라 학생은 학교의 또 다른 질서를 배우게 된다. 바로 **경쟁**이다. 경쟁이야말로 위에서 언급한 잠재적 교육과정의 가장 강력한 메커니즘 중 하나이다. 학생은 어릴 적부터 경쟁의 원리를 자연스럽게 터득한다. 심지어 급식 시간마저 선착순이라는 경쟁의 원리가 지배하고 있는지라 배고픈 학생들은 이

#숨 막히는_#경쟁 속에_#나도 헷갈리는_#진짜_#내 꿈은 무엇?

작은 경쟁의 승자가 되기 위해 종이 울리자마자 부리나케 달려가는 것이 웃픈(?) 현실이다.

모든 학교는 학생이 장래 사회생활을 영위하는 데 필요한 능력들을 갖추도록 돕는 데 매우 막중한 역할을 수행한다. 문명화된 대부분의 사회에서 더 높은 지위와 더 큰 기회를 획득하기 위해 구성원들은 교육이라는 수단에 의존하기 때문이다. 좋은 교육을 받았다는 지표를 얻기 위해 학생은 이른바 명문대학에서 고등교육을 받기를 원한다. 자연스레 학교는 그것을 준비하는 과정이 된다. 그 결과 학교는 오래전부터 학생들이 서로 좋은 학벌을 얻기 위해 분투하는 싸움터인 콜로세움이 되어왔다.

"공부를 안 했으니 당연히 성적이 떨어지는 것 아니니?"

학생이 더 좋은 성적을 얻으려면 학업에 더 많은 시간과 노력을 쏟아야 한다는 사실은 굳이 〈개미와 배짱이〉 동화를 읽지 않았어도 자연히 배우게 되는 이치다. 학교는 학생이 쏟은 노력의 양에 따라 결과를 배분하는 일에 능숙하다. 그리고 결과를 측정하는 데 주로 활용되는 지표는 바로 시험 성적이다. 학생은 성적과 더불어 결과만 배분받는 것이 아니다. 성적은 또 다른 **서열**이다. 학교는 시험 성적을 통해 보이지 않는 강력한 서열을 학생들에게 부여한다. 학생은 무의식적으로 이 서열을 통해 학교에서 스스로의 위치와 가치를 판단하게 된다.

흥미로운 점은, 경쟁에서 뒤처진 결과로 보상을 박탈당하는 이런 현실에 학생들이 놀랄 만큼 빠르게 순응한다는 사실이다. 경쟁을 통한 능력 지상주의는 능력에 따른 공정한 분배라는 명목을 앞세우지만, 치명적인 칼날을 숨기고 있다. 그건 바로 승자 독식이라는 현상에 강력하고 은밀한 정당성을 부여한다는 점이다. 모두가 경쟁의 결과에 대해 함구한다. 그리고 패자들이 많은 것을 박탈당하는 결과를 봐도 아무런 문제의식조차 느끼지 않는다. 사자에게 잡아먹히는 토끼의 운명이 지극히 당연한 자연의 섭리라고 생각되는 것처럼 말이다. 한 가지 해결책은 죽어라 노력해서 조금이라도 먹이사슬의 상층으로 올라가는 것뿐이다.[6]

• **살벌한 경쟁과 함께 학생들을 사회에서 격리시키는 학교문화**

경쟁은 다양성을 싫어한다. 경쟁에 참여한 사람들에게 숫자를 매겨 줄을 세우고, 승자와 패자를 가리는 것이 목적인 경쟁 원리에서 다양한 기준의 존재는 경쟁의 명분만 희석시킬 뿐이다. 하나의 기준만 존재할 때 경쟁의 힘은 한층 더 강력해진다. 이에 학생의 다양한 가치관이나 세계관은 이미 오래 전부터 경쟁의 논리에 장악되고 말았다. 예컨대 처음 알게 된 친구가 어떤 음식을 좋아하고, 어떤 취미를 가졌는지를 아는 것보다는 성적이 얼마나 좋은지를

---

6. 장은주는 저서 《시민교육이 희망이다》(2017)에서 메리토크라시에 잠식된 사회와 그 폐해를 여실히 묘사한다.

아는 것이 그 친구를 판단하는 데 가장 효과적인 기준으로 활용되는 식이다. 성적이 높은 학생은 어디서나 누구에게나 인정을 받는다. 사람은 누구나 다르고 가진 재능이 다르기 마련인데, 경쟁은 하나의 능력으로 학생을 평가하고 측정해버린다. 경쟁 앞에서 그 밖의 개성과 차이는 무시되기 일쑤이다. 경쟁은 이렇게 학교의 획일적 형식과 문화를 유지시키는 주요 동력이 된다.

"너희들은 다른 걱정하지 말고, 그냥 공부만 열심히 하면 돼!"

높은 성적을 거두기 위해서는 학업에 매진해야 한다. 그렇기 때문에 사회가 학생들의 학업을 방해하는 해악적 요소들로 가득하다고 생각하는 어른들은 학생을 최대한 사회의 세속적인 현상들로부터 보호하는 것이 그들의 의무라고 생각한다. 또 이러한 생각을 가진 교사들은 그들의 학교를 사회로부터 격리하기 위해 안간힘을 쓴다. 그 결과 학생은 마치 학교라는 고치 안에 갇힌 '번데기'처럼 오랜 시간을 보내게 된다. "인내와 극기로써 참고 정진하면 좋은 대학에 가고 사회에 진출해서 멋진 나비가 될 것"이라는 어른들의 가르침 속에서 학생은 세상에 대해 끓어오르는 온갖 호기심과 열망들을 꾹꾹 억누른 채 참고 또 참으며 번데기를 깨고 날아오를 날만을 학수고대한다. 좋은 성적을 거두고 좋은 대학을 가게 되면 자신이 할 수 있는 일을 찾게 될 거라고 상상하면서 말이다. 하지만 대학에 가도 여전히 불확실한 것 투성이다.

| 효율성이라는 명분 아래 억압되는 시민성 |

꽤 오랜 기간 동안 학생은 이처럼 사회로부터 격리된 채 사육된다. 학생이 사회문제나 정치적 사안에 관심을 갖고 나서는 것은 당연히 금기시되어왔다. 바깥세상의 문제는 어른들의 몫이다. 심지어 현실의 필요를 충족시켜주는 것조차 어른들이 담당한다. 학생이 스스로 해결할 수 있는 문제들조차도 어른들은 기꺼이 개입하여 해결해주기 일쑤이다. 그리고 학생이 나비가 될 때까지 어른들은 그 의무에 최선을 다한다. 그러다 보니 현실 문제에 관련된 대부분의 의사결정은 어른들의 몫이다. 이러한 상황 속에서 학생은 어른만큼 몸집이 자라도 의사결정에 참여해본 경험이 별로 없다. 학교는 생각보다 다양한 문제와 과제들이 끓어오르는 곳이다. 이런 사안들 가운데서도 정작 학생들은 늘 의사결정 자리에서 배제된다. 의사결정은 학교 경영에 경험 많은 어른들의 몫이기 때문이다. 그 결정이 학생의 생활에 직접적으로 영향을 미치는 것일지라도 말이다.

시험에서 좋은 성적을 올리는 일은 고도의 효율성을 요한다. 그런데 쓸데없는 일에 시간과 정력을 쏟는 일은 효율과는 거리가 멀다. 학생은 학교로부터 효율성의 몇 가지 주요 코드를 무의식적으로 주입당한다. 예컨대 집중, 순응, 자제, 연습, 반복과 같은 덕목들은 대개 높은 효율성을 보장한다. 한편 대화, 협력, 휴식, 호기심, 창의성과 같은 코드들은 비효율성을 가져온다는 이유로 자주 억제되거나 보류되기 일쑤이다.

대개 시험이라는 것은 개인이 가진 지식이나 능력을 각자 고립된 상태로 측정하는 방식으로 이루어진다. 따라서 시험공부가 현재 삶의 가장 중요한 비중을 차지하는 학생의 가치관에서 협동, 소통과 같은 삶의 방식은 효용성을 갖지 못한다. 결국 학생은 자신의 삶을 개인적이고 고립된 학습으로 채울 수밖에 없다. 물론 학교의 명시적 교육과정에는 다양한 교과와 활동들이 마련되어 있기는 하지만, 학생은 시험에 중요한 교과와 활동에 더 많은 관심과 노력을 쏟을 수밖에 없다. 시험 대비에 도움이 되지 않는 것들은 무시되기 일쑤이다. 특히 학급회의, 토론활동, 자기계발, 인성교육으로 구성된 창의적 체험활동 등은 학교생활에서 무게감이 크게 떨어진다. 그렇기 때문에 지금까지 학생은 학교에서 타인과 함께 살아가는 방법을 배울 기회를 충분히 갖지 못했던 것이다.

지식 전수가 아닌 재조직, 재구성, 변형 과정으로서의 민주시민교육

시민은 태어난다. 아니, 좀 더 정확히 이야기하면 사람은 시민이 될 유전적 역량을 지니고 태어난다. 하지만 불행히도 수백 년간 전승해온 권위주의, 과잉보호, 경쟁 만능주의, 개인주의에서 추출된 우리의 관습과 문화적 요소들은 개개인의 시민성 DNA가 발현될 기회를 참으로 부지런히 그리고 집요하게 억제해왔다. 이제부터라도 우리는 민주주의가 자라날 수 있는 환경과 조건을 생태적으로 이해하고 접근할 필요가 있다.

하지만 민주주의를 강조하는 많은 스승들조차 민주주의를 지식 교육으로만 가르치려 하는 것이 우리의 안타까운 현실이다.[7] 심지어 민주주의라는 수업시간을 정하여 전체 학생들을 모아놓고 민주주의에 관한 지식을 강의하는 현장도 종종 발견할 수 있다. 하지만 민주주의는 결코 지식 교육만으로 될 수 없다.[8]

앞에 묘사된 삶의 모든 과정이 보여주듯, 그것은 결국 교과 지식이 아닌 **삶의 방식**이기 때문이다. 그리고 관계 맺음은 모든 이의 삶의 방식에 있어 가장 기본적인 단위가 된다. 그러므로 개인들이 주어진 환경 속에서 타인들과 각자 어떠한 관계를 맺고 살아가는지 살펴보는 작업이 반드시 필요하다. 그것들이 실밥처럼 서로 엮이고 군집하며 민주성(아니면 비민주성)이라는 무늬를 만들어내기 때문이다. 학교가 민주시민 형성이라는 교육목표를 가진다면, 먼저 집단 안에서 학생들로 하여금 비민주적 관계를 맺게 하는 근본적인 환경과 체제를 찾아내어 이를 과감히 제거해야 한다. 그렇지 않으면 민주주의의 씨앗은 결코 딱딱하게 굳은 땅을 뚫고 올라와 싹 틔우지 못할 것이다.

---

7. 존 듀이, 《민주주의와 교육》, 1987.는 의식적인 교육에 의하여 길러진 성향은 결코 자발적이거나 개인의 성품에 뿌리박힌 것이 될 수 없다고 하였다.

8. 홍윤기 외, 《가장 민주적인, 가장 교육적인》, 2017 중 '민주시민교육을 그만두는 것이 가장 민주적이다' 챕터가 이러한 접근법을 간략히 묘사한다.

존 듀이는 일찍이 현재의 비민주적 관습을 성찰하고 끊어내야 한다고 강조하였다. 진보적인 사회에서는 젊은이들의 경험을 억지로 형성해서 현재의 관습이 단순히 반복되도록 하는 것이 아니라 더 나은 습관이 형성되도록 하며, 그렇게 함으로써 장차 어른의 사회가 작금의 어른 사회보다 더 좋은 사회가 될 수 있도록 노력해야 한다.

오랜 동안 인간은 교육을 의식적으로 이용하여 명백히 사회의 폐단이라고 생각되는 것을 제거할 수 있다는 것, 젊은이들로 하여금 그 폐단을 되풀이하지 않아도 되는 그런 상태에서 시작하도록 할 수 있다는 것 그리고 교육을 인간의 보다 나은 희망을 실현하는 도구로 삼을 수 있다는 것에 대한 신념을 가져왔다.[9] 이것이야말로 이 책이 진보된 민주주의 사회를 건설하기 위해 설정하려는 교육 본연의 목적과 기능이다.

9. 존 듀이, 《민주주의와 교육》(이홍우 옮김), 교육과학사 1987

02
시민교육의 방향
"사회에는 인간 덕목을 갖춘
시민이 필요하다"

미약하지만 아주 오래 전부터 시민은 키워져 왔다. 물론 지금과는 다른 모습으로 시기와 성격 또한 다르게. 하지만 이제 인류의 행복한 삶, 인간다운 삶을 위해서는 더 강력하게 더 지속적으로 더 많은 사람들이 시민으로 키워져야 한다. 바로 이 대목이 시민교육이 들어갈 자리가 된다.

만약 학교에서 시민교육을 하지 않는다면 학교는 탐욕스러운 공간 그리고 그러한 탐욕들을 단순히 채우는 데만 급급한 공간으로 전락하고 말 것이다. 그렇게 된다면 우리는 과연 어떤 미래를 맞게 될 것인가?

| 인간의 본성과 권력을 서로 나누어 갖는다는 것 |

구성원 모두가 '권력을 공평하게 나누어 갖는다는 것'은 적어도 우리 인류에게는 꽤 낯설고 서툰 공동체 운영 방식이다. 이는 아주 오래 전 원시 씨족사회의 추장이 존재했던 시절부터 지금에 이르기까지 크게 다르지 않다. 지배자이든 지배그룹[1]이든 소수가 권력을 독점하지 않고 다수와 나눠 가지려는 행보는 '인간의 본능'에 반하는 것[2]이라고까지 말하는 일부 연구가들도 있으니 말이다.

일반적으로 집단생활을 하는 대부분의 동물들은 권력이 우두머리에 집중된 경향이 있다. 이렇게 보면 권력이 한곳에 집중되어 있는 것은 '동물의 본성'이라고 할 수도 있는데, 이는 원시 씨족사회부터 이어진 집단 지배 방식과 다를 게 없으니 '인간의 본능'과 동일하다. 즉 집단의 권력이 지배자에 집중되는 방식은 '동물의 본성', 즉 '수성(獸性)'의 발로인 셈이다. 인간의 수많은 기록들이 말해주듯 지배자들은 하나같이 자신들의 근원을 위대한 곳[3]에서 찾으려고 애써 왔건만, 그들의 지배욕이 고작 수성(獸性)에서 나온 것이라고 한다면 아마 자다가도 벌떡 일어나고 싶을 것이다. 상상만 해도 우스운

---

1. 구성원 모두가 권력을 갖는 의미이므로 고대의 원로와 근대의 과두정부 등 소수그룹이 권력을 갖는 것은 우두머리 한 명에 권력이 집중되는 것과 유사하다고 생각한다.
2. 이것과 관련한 재미있는 시각으로 뇌과학자 김대식 교수(카이스트)는 신문칼럼(news.joins.com)에서 권력을 독점하려는 본능은 세포 구성 방식에서부터 존재한다고 말했다.
3. 신화나 역사서에서 그들은 신의 자손이기도 하고 물의 자손이기도 하며 심지어 나무의 아들이기도 했던 것처럼.

#본능이냐?_#본성이냐?_#그것이 문제로다

일이며, 마치 블랙코미디의 한 장면을 보는 기분마저 든다.

　다시 돌아와 시야를 조금 더 넓혀 인간의 '본능'에서 나아가 인간의 **본성(本性)**에 대해 생각해보자. 인간의 가치체계에는 인간으로서 갖춰야 할 품성 내지는 각 개인이 가지는 사고와 태도 및 행동 특성을 '인성(人性)'이라고 일컫는 품성이 존재한다. 이렇게 보면 '인간의 본성'은 '수성(獸性)'과는 다른 개념이 된다. 그렇다면 권력이 '우두머리에 집중되어 있는 것 = 수성 ≠ 인성'이 되는 셈이다. 범박하게 표현하자면, 권력을 나누어 갖지 않으려는 속성은 '수성'의 특성이 되는 것이다. 다시 말해 "구성원 모두가 권력을 나누어 갖는다"는 것은 인간의 본성에 반하는 것이 아니라 동물의 본성, 즉 수성에 반하는 것이므로 오히려 '인간의 본성(本性)'에 충실한 것으로 봐야 한다(여기서 말하는 인간의 본성은 성선설의 입장에 가깝다. 첫 문단에서 언급된 '인간의 본능'은 좀 더 구체적으로 표현하자면 '인간의 동물적 본성인 수성(獸性)'을 말하는 것으로 생각된다).

| 관건은 타고난 본성을 시민성으로 가꿔가는 것 |

불행히도 타고난 인성은 커져만 가는 인간의 욕망과 그것을 뒷받침할 수 없는 개인의 능력 부족 또는 환경적 결핍으로 인해 왜곡되고 굴절되기 쉽다. 나아가 건전하지 못한 방식으로 발산되기 시작한다. 이는 《학교는 시장이 아니다》에서 마사 누스바움 교수가 실험을 통해 증명하기도 했다. 말하자면 인성을 키우지는 못할망정 인성을 망가트리는 꼴이 되는 셈이다.

인성(人性)은 사람을 사람답게 만드는 특성이며, 사람을 사람답게 만들어 사람다운 사람들과 사람답게 살 수 있게 만드는 근본적인 특성이라고 볼 수 있다. 사람은 서로 어우러져 사람답게 살 수 있을 때 행복감을 느끼는 존재인 것이다. 이렇기에 우리의 관심은 어떻게 하면 인성을 잘 키울 수 있는가에 모인다. 그렇다면 과연 인성은 선한 방향으로 키워질 수 있는 것일까? 이런 생각을 할 때 흔히들 하는 비유는 이렇다. 양질의 토양으로 뒤덮인 대지는 그냥 두면 잡풀이 자라고 급기야 식생이 뒤덮여 태고 원시림의 가치밖에 없지만, 만약 토양을 다듬고 식생을 잘 가꾸면 강력한 생명력의 경외심 외에도 아름다운 자연의 자태를 드러낸다. 마찬가지로 사람들 각 개인은 양질의 토양과 같은 인성을 타고 났으며, 타고난 토양 위 식생을 잘 가꾸고 다듬도록 스스로 '정원사'라고 생각하는 것이야말로 **인성**을 키우기 위한 시발점이 된다. 사람들은 상호작용을 통해 타인의 정원사가 되기도 하고, 공동체의 정원사가 되기도 할 것이다. 누구나 모두가 자신의 개성과 특성에 따라 고유한 방식으로 동등한 정원사가 되는 것이다.

이 지점에서 우리는 인성을 갖춘 사람이 곧 **시민**임을 찾아낼 수 있다. 시민이란 스스로 자신의 삶을 아름답게 가꾸며, 공동체의 삶을 건강하게 만드는 주체적인 존재이기 때문이다. 타고난 '인간의 본성(人性)'을 잘 가꾸고, 나누어진 권력으로 권력의 주체가 된 '시민'이야말로 사람을 사람답게 만드는 존재이며, 공동체를 살맛나게 만드는 존재이다.

하지만 이러한 시민은 비단 혼자만의 힘으로는 제대로 성장하기 어렵다. 인간은 사회적 존재가 아닌가. 타인의 손을 빌려야 한다. 그것도 아주 이른 시기부터. 여기에서 타인의 손이란 바로 **교육**을 말한다. 교육은 인간의 타고난 인성이 웃자란 욕망 때문에 잠식당하지 않고 잘 다듬어지고 성장할 수 있도록 돕는 '숭고한 시민적 활동'인 것이다. 따라서 인간이 타고나 본성을 키워가면서 지속적으로 선한 방향으로 성장하도록 돕는 교육을 통해 시민으로 성장하고 개인과 공동체의 삶을 살맛나게 만드는 원동력이 될 수 있도록 하는 것이야말로 **시민교육**이라고 할 수 있다.

| 근현대사에서 만나는 '시민' |

이렇게 볼 때, 우리 인류는 역사적으로 어떤 형태로든 시민교육을 해왔다고 말할 수 있다. 아주 미약하지만 인류가 시도했던 시민교육 발자취는 곳곳에 남아 있다. 과거에도 그랬고 현재도 그러하며, 또 다른 모습으로 살게 될 미래(이때에는 우리가 또 다른 사피엔스의 모습으로 살게 될 것이라고 주장하는 역사학자도 있다)사회에는 더욱더 인간의 본성을 갖춘 시민이 필요하다. 그렇기에 시민을 키우는 교육이 더욱 왕성해져야 함은 우리 인류의 존재를 위해서도 당위성을 갖는 셈이다.

이 장을 시작하면서도 언급했지만, 인류사에서 시민교육[4]은 비교적 오래 전부터 이어져 왔다. 다만 시대별로 지금과는 다른 모습으로 진행되었으며, 시민교육의 수준이나 질도 오늘날의 것과는 다르다. 그럼에도 그러한 작은 불씨들이 면면히 이어져 지금의 시민교육을 만들게 된 것이라고 생각할 때, 그 가치는 실로 엄청나다고 할 수 있다.

하지만 아쉽게도 우리나라 시민교육의 역사에 관한 연구는 아직도 걸음마 단계이다. 그런 반면에 우리의 역사 속에는 꽤 강렬한 '시민'의 모습이나 '시민교육'의 발로라고 생각할 수 있는 시민의 사회적 실천 모습을 어렵지 않게 확인할 수 있는데, 특히 근현대사에서 두드러진다. 예컨대 일본과 서구 열강들이 우리의 권리를 강압적으로 침탈하려고 했을 때의 움직임 같은 것들이 대표적이다.

먼저 조선 고종 31년 동학교도 전봉준이 중심이 되어 일으킨 반봉건·반외세 운동인 동학혁명(1894)과 독립협회가 행한 정치활동의 하나로 시민·단체회원·정부관료 등이 참여한 대중 집회인 만민공동회(1898) 등을 꼽을 수 있다. 또한 일제강점기 속에서 주권을 회복하여 인간다운 삶을 살고자 했던 자발적인 비폭력 독립운동인 3·1운동(1919)도 빼놓을 수 없다. 현대에 이르러서는 독재에

4.《시민교육의 역사》(데릭 히터, 김해성 옮김)에서는 시민교육의 기원을 상고시대(B.C.776~479) 그리스에서 찾고 있으며, 현대의 자유민주주의 교육으로 이어지고 있다고 말하고 있다.

항거하고 민주주의를 실현하고자 했던 4·19혁명(1960)과 5·18민주화운동(1980), 민주화운동(1987), 촛불시민혁명(2017) 등 일일이 헤아리기도 벅차다.

이로써 의도된 교육이었든 의도되지 않았던 교육이었든 간에 우리나라 사람들은 이미 이 땅에 뿌리를 내리고 유구한 세월을 살아오는 동안 강렬한 시민교육을 받아온 것이라고 간주할 수 있다. 비록 학교에서의 시민교육은 미미했지만, 이러한 '움직임'은 시민교육의 찬란한 가치를 방증해준 셈이다. 이를 통해 앞으로 우리가 사람다운 모습으로 행복하게 살기 위해서는 지속적으로 시민교육을 해야 한다는 교훈을 얻을 수 있다.

▎시민상의 주입이 아닌 시민의식의 함양이 중요한 이유 ▎

근현대사의 획을 그은 주요 사건들을 잠시 열거하기도 했지만, 올바른 역사의식을 갖는다는 것은 매우 중요하다. 특히 역사의식은 시민의식과 직결된다. 역사는 현재의 자기 이해를 위한 기본요소로 과거에 대한 해석은 자기 이해나 방향 설정 욕구는 물론이고, 이를 근거로 미래의 전망과 연관짓는 것이다. 역사의식이란 "과거 해석과 현재 이해 그리고 미래 전망의 결합"인데, 이는 현재의 관심, 가치 그리고 방향 설정 욕구를 만족시키며, 현 상황의 인식 가능성과, 해석 욕구와 그리고 생활 세계로부터의 문제 제기에서 나오는 상황하에서 생겨났다. 따라서 과거에 대한 해석은 상대적이며 부분적으로 유효하며, 절대성, 전체성, 국가사 내러티브만을 요구할 수 없다.

하지만 우리나라의 경우 오랜 시간 국가 정체성 교육을 강조해 온 탓에 시민교육 관점에서 다양한 양상의 정체성 형성을 교육의 결과로서 수용하기를 짐짓 꺼려왔다. 특히 역사상을 주입하여 역사에 대한 특정한 하나의 규정된 시야로 구속시키고, 통치에 대한 요구를 정당화시키며, 집단적인 역사상을 촉진시킴으로써 인간의 실제적이고 미래적인 태도와 규범, 가치관, 행위, 준비성 등등을 원하는 방향으로 이끌려는 의도를 드러내온 것이다.

역사상의 주입은 결과적으로 다양한 폐해를 가져오므로, 국가주의만큼이나 시민교육에서 민주주의 역사상의 주입하는 것 또한 경계해야만 한다. 즉 올바른 시민교육은 민주주의 역사상을 주입하는 것이 아니라, 역사의식을 함양하고 길러주어 시민 형성에 공헌하는 시민의식의 한 결로 인식되어야 할 것이다.

시민교육은 자기 자신의 해석이 지니는 한계를 깨닫게 해야 한다. 또한 과거에 대한 다른 해석의 권리도 고려할 수 있는 성찰을 담은 시민의 활동이어야 한다. 시민으로 성장하려면 비판적 판단력을 담보하는 한편, 다문화 정책이 확신일로에 있는 현 상황에서 정체성 형성의 다양화를 포용할 수 있는 시민의식이 요구된다. 즉 시민교육을 통해 이와 같은 시민의식의 함양이 꼭 필요하다는 뜻이다. 기존의 어떤 고정된 시민의 상을 강요하는 방식의 시민교육은 '민주주의'를 강요하는 국가주의와 다를 바 없다. 특정 역사상에 경도된 시민교육은 자칫 역사의 도구화를 초래할 수 있고, 과거 해석과 현재 방향 설정과의 관계 설정에 급급한 나머지 냉철하고 비판적인 시각으로 역사를 바라볼 수 없게 한다.

앞으로의 시민교육은 다양한 요구들을 비판적으로 다룰 수 있는 능력을 키우는 데 주목하는 방식으로 풀어가야 한다. 학습자 스스로 시간 해석을 통해 자기 확신의 과정으로 인도해야 하며, 기존의 대중화된 이데올로기에 지배당하지 않으면서도 임의로 현상을 해석하는 우도 범하지 않는 분별력을 기르는 데 초점을 맞춘다. 따라서 학습자의 배움 주체성, 주도성에 주목해야 한다.

| 시민교육, 시민상의 주입을 넘어서 |

시민의식을 키우기 위한 교육은 논쟁, 논증, 합의가 중요한 요소인데, 이는 시민교육의 중요한 프로세스이기도 하다. 야이스만(Sonja Eismann)은 국가주의에 공헌하는 역사만큼 민주주의에 공헌하는 역사도 위험한 것이라고 하면서, 민주주의는 자기 판단의 힘과 비판적 사고를 중요시하며, 개인 간 자율의지의 합에 의해 사회체제가 구성된다고 보고 있다. 따라서 민주주의의 상을 그리는 방법을 스스로 경험하며 배워 나가는 것이 중요하다고 여긴다. 이렇게 교육을 통해 키워진 비판적 사고의 힘을 밑거름으로 삼아 시민의식을 지원하는 것이다. 절대 민주주의 사회 속에서 그려진 시민의 상을 주입받는 식의 교육이 아니어야 함을 강조하였다.

과거에는 하나의 시민의 상을 주입하기 위한 시민교육이 국가 정체성교육의 핵심적 정책이었다. 하지만 이제 시민 관점의 역사 의식 형성을 위한 정책은 다원적 관점의 정체성을 함양하기 위한 출발선 교육이 되어야 한다. 따라서 시민교육 관점을 통한 다원적 관점의 정체성 교육으로 나아갈 수 있는 구체적인 정책 구상이 이루어져야 할 것이다. 교육자치 시대에 부합하며, 다원성을 견지할 수 있는 정책 구상을 통해 우리는 비로소 시민 형성을 향해 나아갈 수 있다.

정체성 교육의 재편은 역사의식을 통한 시민 형성 교육정책의 중요한 의제이기도 하다. 정체성은 사회적 구성물로서 개인이 주체적으로 형성하는 것이며, 다중적이며 동태적이다. 정체성이 단일하고 일관되며 고정적인 것으로 인식되는 단계를 넘어서서 다면성, 가변성을 지닐 수 있다는 것을 깨닫게 하는 것이야말로 국가 주입의 역사상에서 벗어나기 위한 방편이다. 개인의 정체성은 단일하고 변치 않는 것이 아니라 복수의 실체이며, 지속적으로 변화하는 것이다. 또한 정체성은 통시적으로 변화할 뿐만 아니라 맥락에 따라서도 달라지므로 개인은 동일 시점에서도 다원적 정체성을 가진다. 이러한 방향에서 볼 때, 다원적 관점의 시민의식 함양이야말로 무엇보다 중요하다고 볼 수 있겠다.

더 이상 학문의 전당이라는 명분을 앞세워 학교를 사회와 고립시킬 수 없습니다!

학교는 다양한 아이들이 함께하는 교육기관이자 작은 사회이다. 이 학교 안에서 아이들은 민주시민으로 성장할 수 있는 기회와 자원을 얻는다. 그러나 요즘 학교는 민주시민을 말하기도 전에 그 바탕이 되는 이해, 배려, 존중과 같은 가치들이 알지 못함에서 나오는 문제들로부터 위협받고 있다. 타인에 대한 이해와 배려는 자기 자신에 대한 이해와 존중에서부터 나오는데 자기 자신에 대해 잘 알지 못하기 때문에 다른 사람도 제대로 바라보지 못하는 것이다. 최근 가장 큰 화두로 떠오르고 있는 혐오 현상이나 젠더 현상 또한 마찬가지이다. 잘 이해해야 잘 배려할 수 있는데 잘 모르기 때문에 문제가 자꾸 생겨나는 것이다. 그렇다면 우리는 학교에서 어떻게 이 문제를 극복해 나갈 수 있을까? 민주시민으로의 첫 발걸음을 위한 이해의 길. 시민으로서의 감수성을 바탕으로 나다움을 찾는 자기이해의 길에 대해 나누고자 한다. 또한 아이들 사이에서 만연한 혐오 언행으로 막연히 고민하는 선생님들을 생각하며 어떻게 하면 시민으로서 감수성을 높일까에 대한 고민을 나누고자 한다.

PART

02

| 다양성 시대의 시민교육 |

"학교, 시민 감수성을 높여라!"

혐오 현상과 시민교육

"혐오를 연대로
어떻게 전환할 것인가?"

바야흐로 혐오의 시대이다. 서로 차이를 인정하며 더불어 살아가는 것이야말로 성숙한 시민사회의 모습일 텐데, 세간에 넘쳐나는 낯뜨겁고 과격한 혐오 표현들만 살펴보더라도 적잖이 심각한 상황임을 알 수 있다.

요즘에는 다른 것, 그것이 사상이든 개념이든 취향이든 무엇이든 간에 상관없이 그저 다르다는 이유로 대상에 대한 강렬한 혐오를 무자비하게 드러내는 사람들이 적지 않다. 게다가 이는 단순히 개인적인 사고 수준에 머물지 않고, 집단화 경향을 띠면서 심각한 사회문제로까지 확산됨으로써 우리 사회를 분열시키고 깊이 병들게 하는 원흉으로 작용하고 있다.

| 인권의식을 갖는다는 것은 어떤 의미인가? |

본격적인 이야기를 이어가기에 앞서 소개하고 싶은 것이 있다. 다음은 즐겨 보았던 정치 드라마에 나오는 한 장면이다.[1]

(대통령 권한대행 대변인과 기자의 대화)

기자: (권한대행이 참석한 문화행사에서 영화감독이 갑자기 동성애 커밍아웃을 한 기사를 보여주며) 무슨 의미예요? 박무진 권한대행 동성애지지 선언, 이렇게 생각해도 되는 거죠? 출마선언 이후 첫 번째 공식행사로 택한 메시지다.

대변인: 내가 몇 번을 말씀드려요, 민 기자님. 돌발적인 이벤트였다니까요. 대행님 표정 보세요, 눈빛 보시라고요. 얼마나 당황했는지. 이게 정치적 선언하는 사람의 표정으로 보여요? 이게?

기자: 음, 하긴 많이 놀라고 당황한 표정인데…

대변인: 그렇죠? 그렇다니까요.

기자: 그럼 동성애 반대론자? 동성혼 역시 싫어하고.

대변인: 우리 오 기자님 오늘따라 말씀을 참… 동성애가 찬성이냐 반대냐, 그렇게 한 존재에 대해서 얘기할 수 있는 문제인가요?

기자: 자기가 말했잖아, 박무진 권한대행 많이 놀라고 당황한 표정이라고. 평소 동성애에 대한 부정적인 생각이 드러난 거 아니야?

대변인: 아니요. 우리 대행님 그런 분 아닌데. 소수자의 인권과 행복추구권에 대해서 이해도가 상당히 높으신 분이에요. 그래서 〈차별금지법〉도 추진하기로…

기자: 〈차별금지법〉? 뭐야. 그럼 찬성이네, 동성애. 맞잖아?

〈차별금지법〉은 인종, 학력, 나이, 장애, 출신지역이나 국가, 성 정체성 등으로 차별받지 않도록 하는 법안이다. 하지만 〈차별금지법〉에 대한 언급만으로도 기자는 동성애를 찬성하고 동성혼을 조장하고 있다며 몰아간다. 이 장면을 두고 어떤 이는 즐겨 보던 드라마였는데, 너무 예민한 소재를 다뤄서 보는 내내 불편하다고 말하기도 했다. 문득 머릿속에 어떤 기억들이 떠올랐다. 바로 우연히 지나가던 정부과천청사 앞에서 수두룩하게 걸려 있던 현수막들을 봤던 기억이다. 2018년 정부에서 NAP(국가인권정책기본계획) 발표한 무렵이었다. 당시 정부과천청사 앞에서 성평등 반대 시위를 하고 있었고, "성평등 No, 양성평등 Yes", "남녀구별 없어져서 여성들이 위험하다" 등의 현수막이 여기저기 걸려 있었다.

그리고 한 가지 더 소개하고 싶은 사례가 있다. 국내 모 오디션 프로그램 나왔던 출연자가 스스로를 양성애자라고 밝힌 뒤 화제가 되었는데, 인터넷 뉴스 댓글에서도 반응이 엇갈렸다.[2] 오른쪽 글상자(61쪽)에 소개한 내용은 가장 많은 공감수나 답글을 받았던 댓글이며 일부 용어는 순화하여 표현한 것이다.

그런데 이토록 격렬하게 또 다르게 반응하게 만드는 이유는 과연 무엇일까? 어느 한쪽이 무조건 옳다고 강요할 수도 없고, 이유

---

1. 〈60일 지정 생존자〉 13화, 2019년 tvN에서 방영한 16부작 TV 드라마
2. 강신우, 〈솜혜인(솜해인)에 쏟아진 댓글들, 한국은 아직 여기까지였다〉, 《서울경제》, 2019.8.13. (http://naver.me/GvrFyAgl)

- 어디서 어디까진데? 게이 레즈비언을 무조건 좋다고 해야 선진문화임? 싫은데 억지로 좋다고 말하라 그러는 게 선진문화야?

  ↳ 누가 좋다고 해달래냐? 욕설과 비난, 손가락질 해대는 댓글에 공감 눌러주니까 그만큼 아직 이 사회가 다름을 인정하지 않는 사회란 거지.

  ↳ 욕 안 해. 그냥 관심 없어, 하든지 말든지.

- 동성애를 인정해야 뭔가 쿨하고 깨어 있는 거라고 생각하는 게 잘못된 거야.

  ↳ 쿨하게 깨어 있는 게 아니라..세상은 원래 사람마다 다 다른데 그걸 인정하라고… 틀린 게 아니라 그냥 너랑 다를 뿐인데 왜 싫어해. 그게 잘못된 거지.

  ↳ 설득할 생각 말고 그냥 너희들끼리 조용히 살고 싶은 대로 살아.

또한 저마다 다양할 것이다. 개인의 측면에서 보자면 그중 하나는 인권의식의 차이 때문에 그렇다고 할 수 있다.

인권, 인권 많이들 말하지만 인권의식의 정의를 뭐라고 내릴 수 있을까? 뜻풀이도 논문마다 조금씩 다르지만, 어느 한 논문에 실린 정의를 빌려 정리해보면 다음과 같다.

자신을 포함한 사회구성원에 부여된 인권에 대해 인식하고, 이를 존중하며, 적극적으로 실천하고 수호하려는 태도[3]

---

3. 김자영, 2012, 〈청소년 인권의식의 유형 및 영향 요인에 관한 연구〉, 박사학위논문, 서울대학교 대학원

이 정의를 통해서도 알 수 있겠지만, 인권의식이란 단순히 인식하는 데서 그치는 것이 아니라 감정적 이해, 나아가 실천의지까지도 포괄하는 것이다.

| 우리의 인권의식 수준은 어디쯤인가? |

여러분이 생각하기에 우리의 인권의식 수준은 어느 정도인가? 일상에서 혐오 현상을 마주했을 때를 한번 생각해보자. 대다수는 차별임을 이성적으로 인식할 것이다. 이 중 일부는 감정적으로 이해할 것이고, 적극적으로 의견을 표명하는 실천의지에서는 차이가 한층 극명히 나타난다.

논문에서도 인권의식을 3가지로 나눴는데, 설문 대상자들의 인권의식 수준도 인권 판단력, 인권 감수성, 인권 행동의사 순으로 나온 것으로 보아, 아마 비슷한 사람들이 많을 것이다. 혐오 현상에서의 '혐오'라는 단어는 감정과 관련한 것으로 이 중 인권 감수성과 제일 맞닿아 있으므로 여기에서는 **인권 감수성**이라는 단어를 주로 쓰려고 한다.

방금 말한 감정, 즉 감수성은 '이성'이란 단어와 비교할 때 어떤 느낌으로 다가오는가? 혹시 어쩐지 이성보다 객관적이지 못한 감정에 치우친 비합리적인 사고방식으로 와닿지는 않는가. 감수성을 사전적으로 정의하면 "외부 세계의 자극을 받아들이고 느끼는 성질"이다.[4] 따라서 같은 혐오 현상을 접하더라도 누군가는 예민하게, 또 누군가는 혐오 현상인지도 모르고, 또 다른 누군가는 알긴 하지만 예민하게 감정 자극을 느끼지 않는 것이다.

같은 혐오 현상에 대해 불편한 감정을 느끼는 지점이 나와 다르기 때문에, 내가 이해하지 못하는 상대의 불편한 감정에 대해 불편해하며 앞서 제시한 댓글에서와 같은 갈등이 생긴다. 그렇기 때문에 감정이 합리적인 사고방식보다 못하다고 치부해서는 안 된다. 우리가 어떤 문제에 대해 이성적으로 납득은 해도 감정은 그러지 못한 경우가 많아 갈등이 지속되는 경우가 많듯이.

기억나는 혐오 현상이나 발언들에는 무엇이 있을까? 예컨대 다음과 같은 것들이 아닐까?

된장녀(여성)

"정신병자들은 집에 있어라."(장애인)

맘충 · 노키즈존 · 급식충 · 틀딱(나이 관련)

"동남아 애들은 게을러."(출신국)

살색 크레파스(피부색)

전라디언(지역)

"동성애엔 반대하지만 차별받아서는 안된다. 내눈에만 띄지 않

으면 괜찮다."(성적 지향) 등등

---

4. "감수성" 네이버 국어사전에 풀이된 뜻

#일상으로 깊이 스며든_ #혐오 표현들_ #좀 더 예민하게 인지할 수 있는
#감수성이 필요합니다!

예전에도 있었지만 그 당시에는 차별하는 혐오인지 몰랐던 것, 그래서 널리 퍼져 익숙하고 아무렇지 않게 쓰였던 말들이다. 그리고 이제는 차마 입에 담지 못할 정도로 수위 높은 민망한 단어들마저 속속 생겨나고 있다.[5]

| 우리의 인권 감수성 수준은 어디쯤인가? |

우리의 인권의식 수준은 앞에서 얘기하였고, 그렇다면 우리의 인권 감수성 수준은 어느 정도일까? 인터넷에서 쉽게 해봤을 수도 있는데, '나의 인권 감수성 알아보기'라는 인권 감수성 테스트가 있다.[6]

인권 감수성 테스트는 2015년 SSK 인권포럼에서 론칭했는데, 불과 한 달 만에 2만 명이 참여한 설문조사이다. 단 일부 설문은 핸드폰으로 할 경우 응답하기에 어려움이 있으므로 PC로 해볼 것을 권장한다.

설문은 크게 세 파트로 나뉘는데 Part 1은 설문자의 인권조약 인지 정도를 묻는 질문,

인권감수성 테스트

---

5. 혐오 표현인지 아닌지의 기준은 차별을 재생산하고 있는지의 발화 맥락이 중요하며 다수에 대한 표현은 혐오표현이 아니며 자세한 내용은 다음을 참고할 것.
   홍성수, 《말이 칼이 될 때》, 어크로스, 2018, 43~48쪽
6. 나의 인권 감수성 알아보기(http://me2.do/GHhMk06o)
   테스트의 내용과 설문 결과와 관련된 설명이 궁금하다면 다음을 참고할 것.
   구정우, 《인권도 차별이 되나요?》, 북스콘, 2019, 35~37쪽

'나의 인권 감수성 알아보기' 설문 예시

물론 이런 설문으로 개개인의 인권 감수성을 정확하게 판단할 순 없다. 하지만 설문에 나오는 질문들은 교실에서 학생들과 함께 나눌 수 있는 좋은 토론거리가 될 수 있다.

Part 2는 인권 현안과 정책에 대한 질문, Part 3는 사례형 질문에 대해 우선순위로 응답하는 질문과 여러 주장에 대한 동의 여부를 응답하는 질문으로 이루어져 있다. 마지막으로는 응답자의 나이 등을 묻는데, 대학생 기준으로 문항이 표시되어 있어 아쉽지만, 청소년은 간단히 표시하고 넘어가도록 한다.

설문을 완료하면 마지막에 나의 인권 감수성지수(%)와 인권 감수성 상태(5단계), 나의 인권 감수성에 적합한 나라의 정보(시민권, 인터넷 접속 및 언론의 자유 수준 등)가 나타난다. 직접 해보니 설문에 참여한 대상 백분율 기준으로 동료교사 A씨는 71%(좋음), 동료 Y씨는 매우 나쁨(28%)이었다. 우리 반 학급 6학년 아이들 29명에게 설문 문항 중 어려운 용어는 설명하고 테스트해본 결과, 21~40%(12명), 41~60%(10명)로 놀랍게도 '매우 나쁨'과 '나쁨'이 대다수였다. 그리고 아이들이 꼽은 쉽게 답하기 어려운 질문으로는 시험점수를 공개하는 문제와 절도가 잦아 자퇴한 청소년의 복학을 허용할 것인지 묻는 질문 등이었다.

물론 이 설문 결과만으로 인권 감수성이 '높다' 또는 '낮다'고 단정할 순 없다. 그럼에도 설문 내용들이 꽤 흥미롭고, 교실 안에서 토론 거리로 쓸 만한 다양한 소재들을 담고 있으니 재미삼아 해볼 것을 추천한다. 수치에 연연하기보다는, 옆 동료 교사와 함께 다르게 답변한 문항 내용에 대한 서로의 생각을 나눠보고, 교실에서는 대답하기 곤란했던 주제를 1가지 정해 학생들과 함께 생각을 나눠본다면 우리의 인권 감수성을 기르는 데 분명 도움이 될 것이다.

| 인권 감수성은 왜 중요한가? |

인권 감수성이란 인권에 대해서 이성으로 이해하는 것이 아니라, 내가 그들이 되는 것이다. 내가 성적 소수자, 장애인, 다문화가정 청소년이 되는 것이다.

> "난 이해는 못하겠지만, 그 사람들끼리 좋다면 나랑 상관없어."
> "몇 반의 그 아이, 다문화라 혜택 많이 받잖아."
> 지하철 칸에서 음성 틱장애를 보이는 사람 옆 빈자리에 앉지 않
> 는 사람들

위의 예시와 같은 말과 상황들은 아마도 이전에 직접 들었던 말이나 보았던 상황일 것이다. 하지만 사적인 자리에서도 "나와 상관없지만 그래도 이해는 못하겠다."는 말조차 섣불리 해서는 안 된다. 왜냐하면 어쩌면 그 자리에 같이 있는 사람 중에는 남에게 성 지향성을 숨기고 있는 성 소수자가 있을지도 모르기 때문이다. 이런 말을 듣는다면 분명 편치 않은 마음이 들 것이고, 남 앞에서 더더욱 입을 다물게 만들 것이다.

또 다문화라는 용어가 다문화 관련 정책, 다문화 사회 등의 맥락으로 쓰일 때는 괜찮겠지만, 위의 예시처럼 다문화 배경을 가진 학생을 '다문화'라고 부르는 것은 맥락상 명백한 차별이다. 위의 예시는 다문화중점학교에서 다문화수업을 주제로 얘기하던 교사들의

담화에서 실제로 들었던 말이다.

지하철, 마트, 길에서 장애인을 마주쳤을 때 비록 노골적으로 티를 내지는 않더라도, 순간적으로 이질감을 느끼고 무시하거나 두려움이나 또 다른 여러 마음에 피하고 싶어 했던 적이 있지 않은가? 그저 우연히 마주친 타인이며, 나와 똑같이 누군가의 가족, 이웃이기에 담담한 시선으로 대하면 그뿐인데 말이다. 지적 장애아동을 키우던 작가는 한 책에서 장애아동 키우는 것보다 더 힘든 건 세상의 시선이었다고 했다. 또한 예능 프로그램에서 발달장애인을 흉내내거나 동네 바보형이라고 놀리며 흔한 웃음거리로 보는 시선에 대해 지적하기도 했다.[7]

어느 한 명의 생각이 담긴 의사표현일지라도 단순히 한 사람만의 견해일 뿐이라고 묵인하거나 그냥 넘겨서는 안 된다. 왜냐하면 바로 평범한 개개인의 언행이 모여 다수 여론을 형성하고, 이러한 여론이 결국 소수자를 위축시키기 때문이다. 굳이 누군가 혐오한다고 대놓고 적의를 드러내지 않아도, 이런 여론의 언행들로 인해 이미 위축될 대로 위축되어 있는 이들이다. 그렇기 때문에 소수자가 아닐수록 인권 감수성이 더더욱 필요한 것이다.

"난 그저 내 생각 말한 것뿐인데, 그게 뭐 어때서?"

---

7. 류승연, 《사양합니다, 동네 바보 형이라는 말》, 푸른숲, 2018, 9~10쪽 및 180~183쪽

하지만 이러한 평범한 개인들의 담화가 모여 사회 담론을 형성하게 된다. 즉 개인의 혐오 발언들 하나하나가 결국 차별받는 이들을 공동체에서 소외시키는 셈이다. 사실 어떤 종류의 크고 작은 차별이든 간에 차별을 당해본 경험이 있는 개인이라면, 겪어본 적 없는 차별일지라도 혐오 현상에 민감하게 반응할 수 있을 것이다.

| 무엇이 청소년의 인권의식에 영향을 주는가? |

이미 우리 청소년 사이에도 혐오와 차별이 만연해 있다. 청소년이 가해자였던 관악산집단폭행[8], 인천 중학생 추락사[9]만 봐도 그렇다. 혐오 표현은 편견과 차별을 더욱 단단하게 만든다. 나아가 청소년들은 잔혹한 범죄행위에 대해 점점 무감각해지게 만든다. 두 사건 모두 학교라는 공간 안에서 혐오 대상에 대해 가해진 혐오와 차별이 범죄로까지 이어진 결과로 청소년 인권의식의 심각성을 보여주는 단적인 사례라고 하겠다.

청소년기 인권의식에 영향을 주는 요인은 무엇이 있을까? 연령,

---

8. 2018년 6월 중고교생 여러명이서 또래 고교생을 노래방과 관악산에서 집단폭행하고 성추행한 사건 〈관악산 또래 집단폭행 주범들 2심도 실형〉, 《YTN 뉴스》, 2019.5.24.
(https://www.ytn.co.kr/_ln/0103_201905241841196184)

9. 2018년 11월 인천 한 아파트 옥상에서 중학생들이 동급생 집단폭행하다 피해자 추락사한 사건 박승주, 〈인천 중학생 추락사, 주범 학생 2심서 유족과 합의...선처를〉, 《news1》, 2019.7.18.
(http://news1.kr/articles/?3673912)

자아존중감, 학교문화, 보호자의 양육태도 등이 청소년기 인권의식에 영향을 준다.[10] 이 중 시민교육과 직접 관련이 밀접한 요인은 학교문화와 인권교육 경험이다.

첫 번째 시민교육 관련 요인으로, 학교문화를 얘기해보자. 학생들 간 상호작용으로 이루어져 있는 비공식적 질서 속에서 정상과 혐오하는 비정상을 구분하는 기준은 기득권을 가진 학생들에게 달려 있다. 또한 학부모와 학생, 교사 모두가 학업성취 능력을 중시하는 문화는 성적이 낮은 학생을 무능력하다고 여겨 혐오 대상이 되기도 한다. 하지만 낮은 성적이 혐오 표현거리가 되기도 하지만, 인기 많은 남학생은 성적이 낮아도 혐오 대상이 되지 않는다. 즉 어떤 학생 또는 집단이 혐오 대상이 되는 것은 어떤 특성 때문이 아니라 혐오하는 이유를 만들어내는 문화와 질서 때문이다.[11]

또한 꼭 수업시간이 아니더라도 교실에서 의식적이든 무의식적이든 교사가 학생에게 하는 차별적 발언은 치명적일 수밖에 없다. 특히 초등학생 때의 경험은 훗날 학생이 커서도 "나 예전 초등학교 때 담임선생님이 말이야~." 하며 오래도록 기억에 남을 만큼 타격이 엄청나다. 그렇기 때문에 교사의 평소 인권의식 역시 중요하며, 학교에서 인권 감수성을 길러야 하는 대상에는 학생뿐만 아니라 학생들 대하는 교사도 반드시 포함되어야 한다.

---

10. 각주 3과 동일 논문
11. 이혜정 외 6명, 《혐오, 교실에 들어오다》, 살림터, 2019, 49쪽 및 141~146쪽

두 번째 시민교육 관련 요인은 **인권교육 경험**이다. 혹시 학창시절에 인권교육을 받았던 경험이 있는가? 기억에 남은 인권 관련 교육적 경험이 있는가? 이는 앞에서 잠시 소개했던 인권 감수성 테스트의 마지막 질문이기도 하다. 이 질문 때문에 대학생 때 그런 경험이 몇 번이나 있었는지 한번 생각해봤다. 설마 그래도 한 번은 받았을 것 같은데, 어찌 된 영문인지 도무지 기억이 나지 않았다. 성인이 되고 사회에서 막연히 불편하다 인식했던 차별적 경험들이 나중에서야 인권 차별임을 깨닫고 이에 관해 공부하다 보니 인권교육에 대해서 관심을 갖게 되었을 뿐, 나의 학창시절에 인권교육을 받은 경험은 없었던 것이다.

오늘날 우리 학생들만큼은 이전과 달라야 하지 않을까? 우리 학생들은 인권을 바르게 인식하고 인권을 존중할 수 있으면 좋겠다. 이를 위해서는 학교가 적극적으로 나서야 한다. 배우지도 않았는데 어떻게 인권 감수성을 가지라고 말할 수 있겠는가.

> 인권에 대해 배우는 것 자체가 권리이다.
> 무지를 강요하는 것, 내버려두는 것은 인권침해이다.
> 교육은 인권과 자유의 주춧돌이다.

UN의 〈인권, 새로운 약속〉에 나온 구절이 인상 깊은 이유이다.[12]

---

12. 국가인권위원회 블로그(https://blog.naver.com/nhrck/221329989631)에서 재인용

기존 학교 인권교육은 어떤 문제가 있는가?

현재 우리의 학교에서는 어떤 인권교육이 무슨 시간에 이루어지고 있을까? 잘 알다시피 창의적 체험활동과 도덕·사회 등의 관련 교과시간에 장애인권·다문화 이해교육·통일교육·학교폭력예방교육 등이 인권교육과 관련되어 일부 수업시수가 배정되어 있다. 그렇다면 이러한 교육이 학생들로 하여금 잘못된 차별 현상을 인식하고 인권을 존중하는 힘을 기르는 데 과연 어느 정도나 도움을 주고 있을까? 왜 우리 학생들은 여전히 아무렇지 않게 친구에게 '앙기모띠'[13], '보이루'[14], 요즘엔 '~충'[15], '네 얼굴 밥도둑'[16] 같은 말을 쓰고 있는 걸까?

---

13. 원래 어원은 일본어의 기모치이이(몸상태나 기분이 좋다는 뜻으로 일상적인 단어)와 성인동영상 속 의성어를 희화화한 '앙'을 갖다붙여 아프리카 방송 유명 BJ가 쓰면서 널리 퍼졌다. 성인영상은 남성이 힘으로 밀어붙이는 왜곡된 성관계를 표현한 게 많으며, 여성혐오 맥락이 있다.

14. 또 다른 유명BJ가 자신의 이름과 예전 유행어 '하이루'를 합해 만든 인사 유행어이다. 평소 성적 발언과 데이트폭력 논란이 일면서 여성 성기를 뜻하는 비속어와 합하여 여성혐오 표현으로도 해석이 되면서 논란이 일어남. 이와 관련한 교실 토론을 해보고 싶다면 다음을 참고할 것.
   함께 성장하는 행복한 새싹들 블로그 (https://blog.naver.com/angelcat606/221273379650)

15. 상대를 깔보고 비하하는 데까지 접미사로 벌레 충(蟲)을 붙여 틀딱충(노인), 급식충(초중고생)와 같이 집단 비하뿐만 아니라 진지충, 설명충 같이 사람의 행동을 근거 없이 비하하는 데까지 넓게 쓰인다.

16. 너 얼굴 보니까 밥맛 떨어진다는 의미로 외모비하 발언이다. 이를 모르고 밥도둑이란 말이 맛있는 반찬으로 해석할 수 있다. 이처럼 혐오 표현인지 알아들을 수 없는 그들만의 은어로 표현되는 혐오 표현들이 계속 생겨나기 때문에 지도하기 어렵다.

▪ 삶과 동떨어진 교육

학교 인권교육 측면에서 그 문제점으로는[17] 첫째, 학교 내 실시하고 있는 인권교육의 내용이 지식 전달 및 교과 중심적이라는 점이다. 그렇다 보니 교육 내용이 학생들의 마음으로 와닿지 못하고 삶과 동떨어져, 인권 감수성을 기르는 데 별로 도움이 되지 못하는 것이 현실이다. 진짜 교육은 우리 주변에서 일어나는 일이 최우선이어야 한다. 처음 인권교육을 시작할 때, 학생들의 피부와 맞닿는 내용일수록 일상 속에서 인권 감수성을 발현시키는 데 좋다.

학생들의 일상과 맞닿는 내용이라고 한다면, 초등학교의 경우는 오늘 당장 우리 교실 안에서 일어난 친구들 간의 갈등, 교실에서 휴대폰 사용, 일기장 검사, 운동장 사용과 같은 주제가 있을 것이다. 또 중등은 두발 규제나 야간자율학습 방침, 선도부 단속 등이 학생들에게 와닿는 주제일 것이다. 나중에는 인권 감수성 테스트에 나온 문항들처럼 범죄자의 인권과 다른 시민의 알 권리(혹은 보호받을 권리)가 충돌하는 흉악범 신상공개와 같이 인권이 서로 충돌하는 사례까지 치열하게 고민하고 논할 수 있다면, 학생들은 나와 너의 인권만을 논의하는 차원에서 발전하여 사회적 시각을 기름으로써 인권 감수성이 풍부해지지 않을까. 사회적 시각을 기르자는 것이 바로 다음 두 번째 학교 인권교육의 문제와 연결된다.

---

17. 김진희 · 이로미 · 김자영, 2019, 〈학교 현장의 인권의식 제고를 위한 인권교육: 담론, 문제점 및 실천 방향〉, 《시민교육연구》, 51(2), 71~94쪽

• 학교 밖 사회를 아우르지 못하는 교육

두 번째 문제는 이미 사회적 현상으로서의 혐오 현상이 학교 안으로 들어왔는데, 이런 사회적 갈등 문제와 유리된 채 현재 학교 안팎을 통합하는 인권교육이 제대로 이루어지지 못하고 있다는 것이다. 학교 민주시민교육 국제포럼에서 비에스타(Gert Biesta) 교수가 발제 중에 이런 언급을 했다.[18]

> 학교에서 성숙한 방식의 교육으로 세계 속에서 존재하라.
> 저쪽 밖에 세계가 있다가 아니라 그 세계와 대화하게 되는 것임을 교육해야 한다.
> 단, 빙 둘러앉아 주제에 대한 토론을 하는 것이 민주적인 교육은 아니다.
> 세계를 만나고 세계와 관련하여 자신을 만나는 데 느린 시간이 가능하도록 만들어줘야 한다.

여전히 학교에서는 차마 다루지 못하고 있는 학교 밖의 사회 이야기들이 있다. 예를 들면 성적 지향 및 성평등 문제, 세월호 사태, 난민 문제, 미투운동 등 꼽아보면 수두룩하다. 이미 학생들은 SNS 등으로 접해봤을 사회 현안들임에도 정작 수업시간에 물어오면 대답

---

18. 2019년 6월 22일 열린 학교민주시민교육국제포럼에서 Gert Biesta(Maynuth대 교수)이 발제한 내용을 교육정책디자인연구소 심성호 선생님이 옮긴 내용의 일부.

하기가 애매해서 은근슬쩍 넘어가기 일쑤이며, 마치 무슨 금기나 되는 것처럼 말도 꺼내지 못하게 하다가 공연한 편견과 오해만 낳게 된다. 비록 결론은 나지 않을지언정 학생들이 스스로 생각하고 느리게 고민할 수 있는 허용적인 인권교육의 기회가 주어질 수 있다면, 그것만으로도 학생들의 인권 감수성을 자극하는 데에 충분하다고 생각한다.

▪ 교사가 소외된 인권교육

마지막 세 번째 문제점은, 학교 인권교육 실천에서 교사가 소외되고 있다는 것이다. 교사가 소외되고 있다는 것이 무슨 의미인지 두 가지로 이야기할 수 있겠다. 첫 번째는, 교권과 학생의 인권이 서로 대립한다는 이분법적 인식에서 교사의 소외가 비롯된다. 교사는 학생의 권리를 권위로 억압하는 존재라는 인식과, '학생인권조례' 때문에 학생 인권이 강화되어 교권을 침해한다는 인식이 인권교육의 실천을 어렵게 만든다. 두 번째는, 교사에게 중립적 태도를 강요하는 데 있다. 물론 중립의 의미는 어떠한 의견 표명도 하지 않는 방관이나 관조를 의미하는 말이 아니다. 하지만 중립적 태도의 강요는 인권에 대한 논의가 깊어질 때 교사를 한 걸음 물러나게 하는 주요 원인이 되고 있다.

앞에서 얘기한 학교 밖의 사회 이야기들을 교육에서 충분히 구현하려면 먼저 우리 안에 가지고 있는 생각부터 충분히 다루는 것이 필요하다.

| 아이들과 함께하는 우리 반 인권 수업의 시작 |

우리 반 인권 수업사례를 잠시 소개해볼까 한다. 반 아이들 중 유엔이나 세계인권선언은 알지만, 유니세프나 아동인권선언도 있다는 것은 모르는 친구들이 있어 일단 인권의 의미와 아동인권선언에 있는 권리 내용에서 아는 것부터 시작해보기로 했다. 칠판에 '인권' 두 글자 적어 놓고 인권이란 무엇의 줄임말일지 이야기해보았다. 처음의 아이는 '인간의 권리'라고 대답했다. 좀 더 말을 메꾸어보자고 했더니 '인간이 인간으로서 마땅히 보장받아야 할 권리', '인간으로서 당연히 가지는 기본 권리', '인간답게 살 권리' 등등의 의견이 나왔다.

이러한 의견을 바탕으로 아이들에게 일상에서 눈에 보이지 않는 공기처럼 너무나 당연하게 누리고 있는 권리지만 다른 누군가는 누리지 못해 간절히 원하는 권리를 1가지씩 찾아서 써보자고 제안했다. 다양한 권리가 나왔는데, 주로 학교에 다니거나 공부할 수 있는 권리와 놀 수 있는 권리가 많았다. 그리고 유니세프 이슈 영상 한편[19]을 보면서 우리가 말했던 권리에는 무엇이 있었는지 그리고 우리가 찾진 못했지만, 영상 속에 나왔던 권리에 대해서도 함께 이야기해보았다.

---

19. [유니세프 이슈] '과연 이것이 공평한 삶일까요?'
    (https://www.youtube.com/watch?v=EObsHL43t0U)

[유니세프 이슈] '과연 이것이 공평한 삶일까요?' 영상

[유니세프 이슈] '차별받지 않는 평범한 어린이가 되고 싶어요' 영상 중 '충분히 쉬고 놀 권리' 와 '노동 착취를 당하지 않을 권리 영상 캡처

아동인권선언에 있는 권리 맞추기

힌트 단어

부모님 가족 국적 의견표현

종교 모임 사생활 정보 폭력 입양

난민 장애아 영양 위생 교육 놀이

노동 마약 성 유괴 전쟁 재판

"~할 권리, 하지 않을 권리,~의 자유" 같은 문장양식으로 쓰기

아동인권선언에 있는 권리 맞추기

막연하게 인권에 관해 설명하는 것보다는 학생들이 인간다운 삶이란 무엇인지, 인간이 누려야 할 마땅한 권리들에 대해 스스로 생각하고 고민하며 깨달을 수 있는 기회를 주는 것이 필요하다.

그러고 나서 여러 인권에 대해 구체적으로 소개하기 위해, 유엔에서 나온 세계아동인권선언에 있을 것 같은 권리를 칠판에 적힌 힌트 단어들을 보며 함께 추측해보았다. 유니세프 사이트에서 제공하는 여러 수업 자료 중(수업 활용 목적으로 아동인권선언 자료 책자를 신청하면 원하는 부수만큼 바로 보내준다[20]) 유엔아동권리협약 포스터 자료 인쇄물을 같이 보며 확인했다. 처음엔 막연했고 잘 생각이 나지 않던 권리들에 대해 알아본 뒤에 '차별받지 않는 평범한 어린이가 되고 싶어요'라는 영상을 한 편 더 보았다. 영상에서 보여준 대비된 장면에서 아동인권선언 속 권리들을 생각하면서 아이들이 보장받고 있는 권리와 보장받지 못하고 있는 권리에 대해 바로 찾아내어 말할 수 있었다.

인권에 대해 알아보는 첫 수업 이후로, 인식조사 차원에서 인권 감수성 테스트를 실시하고, 공정무역, 우리 반이 쓰는 혐오 표현 등의 소재로 차별 현상에 대해 함께 이야기를 나누었다. 또 수업 틈틈이 이야기할 만한 소재가 나오면 짤막하게라도 토론이나 토의를 이어가기도 했다. 이외에도 학교 안 혐오 현상을 극복하기 위한 방안으로는 평등한 관계 중심의 생활지도와 학급운영, 학교 내 혐오 현상 관련 학생모니터링단 운영 등이 있다.[21] 인권 감수성 측면에서는 여전히 아쉬운 부분들이 남지만, 아이들이 공동체에 대해 곰

---

20. 유니세프한국위원회(https://www.unicef.or.kr) 아동권리교육자료 신청
21. 이혜정 외 6명, 《혐오, 교실에 들어오다》, 살림터, 2019, 151~167쪽 및 200~202쪽

곰이 생각해보고 자신의 말과 언행에 책임을 질 줄 아는 사람이 되기를 간절히 바라는 마음으로 여전히 고군분투중이다.

차별당해보지 않은 사람은 인권이란 단어를 말하지 않는다.
나는 내가 모른다는 것을 몰랐다.

선배를 따라 우연히 듣게 된 강연에서 전 EBS PD가 들려준 말이 머릿속을 맴돈다. 혐오와 차별은 우리 사회의 썩은 파이이지만, 차별을 당하기 전까지는 썩은 부분이 보이지 않는다. 난 혐오 같은 거 안 한다고 쉽게 말하지 말자. 혐오와 차별은 우리 일상 속에서 행동, 용어, 관념 등으로 무의식적으로 자연스럽게 이뤄지기 때문에 어쩌면 우린 모두가 선량한 차별주의자이다.[22]

물론 모든 순간순간을 예민하게 차별을 인지할 수는 없다. 하지만 내가 차별하는 사람이 될 수도 있음을 알고 있는 사람과 모르는 사람은 천양지차다. 최소한 우리가 아는 선에서 차별하지 않을 수 있도록, 우리 아이들이 유기적으로 생각할 수 있도록 시민교육을 통해 일깨워줄 수 있어야 하지 않을까? 이것이 혐오 현상과 시민교육이 연결되는 지점일 것이다. 혐오의 대상인 소수자가 더 이상 소수자로 규정지어지지 않고, 그저 평범한 내 동료이자 시민으로 인식할 수 있는 사회가 올 때까지.

---

22. 김지혜, 《선량한 차별주의자》, 창비, 2019, 189쪽

02
젠더 현상과 시민교육
"시민의식의 출발점인 성 인지 감수성,
어떻게 키울 것인가?"

시민으로서 사회와 함께 어우러져 살아가려면 우선 자기 자신에 대한 올바른 이해가 필요하다. 자신에 대한 이해는 곧 타인에 대한 이해를 부르며, 타인에 대한 이해가 배려의 바탕이 되고, 그 배려의 마음과 이해가 진정한 평등사회로의 길이 되기 때문이다. 앞서 자세히 설명하기도 했지만, 오늘날 빈번하게 발생하고 있는 차별과 혐오 문제는 위와 같은 이해와 배려의 부족에서 시작된다. 개인이 자기 자신에 대해 제대로 이해하지 못하고 있기 때문에 타인에 대해서도 이해하지도, 배려하지도 못할 뿐만 아니라, 평등에 대해 비구조적인 생각을 갖게 되는 것이다.

사람은 타고난 본성이 있지만, 사회에 잘 적응하기 위해 감춰

지거나 새로워진 페르소나(persona)¹를 입는다. 본성과 페르소나 (persona), 이 둘은 모두 자신을 이해하는 데 아주 중요한 요소로 작용하지만, 본성을 누른 페르소나(persona)는 자신의 몸에 맞지 않는 옷을 입고 생활하는 것과 같은 불편함을 야기한다. 그럼에도 불구하고 때때로 사람들은 자신에게 맞지 않는 옷을 억지로 입으려 노력하고는 하는데, 문제는 바로 여기에서 시작된다.

| 성 인지 감수성에서 싹트기 시작하는 시민의식 |

개인은 나름의 개성을 가진 특별한 존재로 이 세상에 존재하지만, 성 인지 감수성(gender sensitivity)²이 부족한 사회일수록 개인을 생물학적인 성(sex) 여성 또는 남성의 이분법적인 구조로만 이해하려는 경향이 있다. 그래서 세상에 각자의 본성을 가지고 태어나 다양한 경험을 통하여 다양성의 가치를 입어야 하는 개인에게 이분법적인 성별의 옷을 입으라며 암묵적으로 강요하는 것이다. 우리는 이와 같은 이분법적 성별 특성, 고정관념, 얽매임에서 벗어나 진정한 자유를 누려야 한다. 그래야 비로소 스스로에게 진정한 나다움을 부여

---

1. '가면'을 나타내는 말로 '외적 인격'또는 '가면을 쓴 인격'을 뜻하며, 우리가 외부로 표현하는 개인의 이상적인 모습을 말한다.
2. 젠더 감수성. 개념을 정의하자면 성별 간 불균형에 대한 이해와 지식을 갖춘 채 일상생활에서 성차별적 요소를 감지해낼 수 있는 민감성을 가리킨다.

할 수 있기 때문이다.

성 인지 감수성에서 성(性)은 생물학적이고 태생적인 측면에서의 성(sex)이 아니라 사회문화적으로 형성된 성(gender)을 의미하는 것이다. 인지(認知, cognition)란 지식을 습득하고, 문제를 풀고, 장래 계획을 세우는 것과 같은 지각, 기억 및 정보처리 등의 지적 과정을 포함하는 인간의 정신 과정이다(이화진·최은하, 2015). 그리고 감수성은 외부 세계의 자극을 받아들이고 느끼는 가치와 태도를 뜻한다.[3] 즉 성 인지 감수성은 성별 차이에 따른 불평등 상황을 인식하고 성차별적 요소를 감지하는 능력 및 감수성으로, **젠더 감수성**으로도 표현할 수 있다. 그리고 이것은 단순히 성별 간의 차이를 이해하고 차별을 인지하는 능력뿐 아니라 인종과 국가, 장애 등의 차이를 이해하고 평등한 사회를 구성하여 함께 살아갈 수 있는 시민의식의 출발선이라고 할 수 있다.

사람을 이분법적인 성으로 구분하지 않고 존재 자체로 인정할 때, 개인의 자아정체성이 사회적인 환경과 훈련에 의해 형성되며 남성과 여성이 대등한 관계에 있다는 것을 이해할 수 있다. 또한 이것은 차별과 배제에 대한 문제에 대해 서로 공감하고 포용하는 태도를 갖게 해준다.

---

3. 권희경, 2018, 〈성 인지 감수성 높은 교육을 위한 교사의 성 인지 역량 강화 방안〉, 한국가정과교육학회 학술대회, 4-112/94쪽

| 성별 이분법적 사고로 인한 자유의 제한 |

초등학생 때의 필자는 남자아이만큼이나 활발하고 씩씩한 여자아이였다. 학급에서 일어나는 일들에 목소리를 내며 주도적으로 참여하고, 때로는 남자아이들과의 대립도 마다않는 보이시(Boyish)한 여자아이. 주변의 선생님들과 친구들은 나의 정체성에 대해 그렇게 말하였다. 남자 같은 여자아이. 솔직히 필자는 그것이 못내 불편했지만, 이에 대해 딱히 뭐라고 표현할 수 없었다. 또 우리 반에는 축구선수가 꿈인 남자아이가 있었다. 햇빛에 오랜 시간 노출되어 까무잡잡한 피부를 가진 키가 무척 큰 남자아이였다. 그리고 책 읽기를 무척이나 좋아하는 여자아이가 있었다. 분홍색과 노란색, 빨간색 헤어핀을 자주하던 키가 작은 여자아이였다. 얼핏 공통점이라곤 없는 우리 셋은 아주 친했다. 우리는 쉬는 시간마다 함께 공기놀이를 했는데, 다리가 워낙 길어 바닥에 쪼그리고 앉아 있는 것이 불편했던 남자아이가 의자에 다리를 꼬고 앉으면서 다른 아이들의 유치한 놀리기가 시작되었다.

"너 여자애들이랑 어울려 놀더니 여자 됐냐?"
"다리 꼬고 앉아 있는 게 꼭 아줌마 같다!"
"어? 얘 좀 봐! 양말도 빨간색이네? 여자다 여자!"

주변의 남자아이들은 까무잡잡한 피부에 축구를 잘하는 키 큰 남자아이가 의자에 다리를 꼬고 앉아서 공기놀이를 하는 게 이상하다고 느꼈던 것이다. 우리는 아무 말도 할 수 없었다. 이상하게 다수의 놀림이 꼭 맞는 말 같아서 반박할 수 없었던 것이다. 그리고 그 아이는 놀림 이후 더 이상 다리를 꼬고 앉지 않았는데, 나는 어쩐지 그 아이의 모습이 꼭 불편하게 놓여 있는 장식품처럼 보였다.

우리 셋은 중학교 때 드물게 연락을 하며 지내다가 고등학생이 되어 동창회에서 다시 만났는데, 그때의 일화를 시작으로 각자가 느꼈던 부담감에 대해 이야기를 나누었다. 헤어핀을 좋아하던 아이는 사실 하늘색도 보라색도 좋아했지만 구매할 수도, 착용할 수도 없었다는 것과 빨간 양말에 대한 트라우마가 주제였다. 나는 '남자 같은'이라는 꼬리표가 항상 부담스러웠다는 이야기를 했다.

사람을 성별 이분법으로 놓고 생각하고 판단하는 것은 맨박스[4]와 같은 고정관념의 틀을 사람마다 하나씩 주고 그 범위를 벗어나는 것은 이탈이라고 하는 것과 같다(제한적 자유). 그래서 젠더(gender)의 개념을 아는 것이 중요하다. 우리가 존재하는 자체로서 존재하기 위하여. 누구나 사회적인 환경과 작용으로 어떤 모습이든 될 수 있다는 것을 인정하고 존중하게 하기 위하여. 그리고 우리 또한 위와 같은 성별 고정관념의 틀에서 벗어나 자신을 알고 이해하고 느낄 수 있을 때 진정한 자유로움을 누릴 수 있다.

---

4. 《맨박스》의 저자 토니 포터가 남자를 둘러싼 고정관념의 틀을 가리켜 사용한 표현이다.

| 차이에서 차별로, 차별에서 평등으로 |

차이는 그 어떤 상황에서도 '차별'의 이유로 작용해서는 안 된다. 하지만 우리 인류는 아주 오랫동안 생물학적 차이를 차별의 근거로 여겨왔다. 교육은 물론 신화, 전설에 이르기까지 전방위적으로 뻗어 있는 거대한 시스템을 동원하여 은근하게 또 때로는 노골적으로 차별을 당연하게 받아들이도록 세뇌시켜온 것이다.

▪ 생물학적 성별이 아닌 생물학적 요소의 차이

남성과 여성의 신체 구조(예컨대 생식기관과 같은)와 특성(성호르몬 분비 비율과 그것으로부터 발생되는 차이)에는 분명한 차이가 존재한다. 하지만 그것은 한 개인이 존재하는 데 있어서 큰 영향력을 미치지는 않는다. 얼마든지 후천적인 학습과 훈련의 결과로 충분히 성장하거나 변화할 수 있다는 뜻이다.

《이성적 낙관주의자(The Rational Optimist)》의 저자 매트 리들리(Matt Ridley)에 따르면, 유전자가 모든 것에 대한 대답을 안고 있는 것이 아니며, 유전자가 다른 요소보다 더 중요한 것도 아니다. '인간'은 유전자 정보가 지시하는 것 이상의 존재이다. 마찬가지로 남녀의 생물학적 본성이란 것도, 유전적 조건도 장구한 세월에 걸쳐 변화할 수 있는 가변적 본성이다. 그리고 인간은 유전적 조건과 환경의 중간에 걸친 존재이다. 유전적 조건과 환경은 상호의존적(interdependent)이고 변증법적으로 작용한다.[5]

다시 말해 성호르몬인 에스트로겐과 테스토스테론의 호르몬 작용에는 분명한 차이가 존재한다. 하지만 그뿐이다. 남녀 모두의 몸에는 여러 성호르몬이 혼재하며, 심지어 그 성호르몬들은 구조가 비슷하여 간단한 화학 반응으로도 서로 전환될 수 있다는 것이다. 그리고 가장 오랫동안 주장되어왔던 주제이기도 한 두개골과 지적 능력 사이에 대해서도 여러 연구들은 아무런 상관관계가 없다고 밝히고 있다. 이와 관련해 《젠더와 사회》에 나온 내용을 짧게 소개하면 다음과 같다.

> 1901년, 앨리스 리는 〈인간의 진화 문제에 대한 자료-인간 두개골의 상관성에 대한 첫 번째 연구〉라는 논문에서 두개골의 크기와 지적인 능력 사이에는 통계적으로 아무런 상관성이 없다고 주장했다. 이에 대해 피어슨은 확고히 리를 지지했고 1902년 자신의 논문에서 "머리의 크기로 능력을 판단하거나 혹은 능력으로 머리의 크기를 추론하는 것 모두가 불가능하다"라고 결론을 내렸다.[6]

· 차별에 반대하는 것은 제자리를 찾아가는 길

흑백논리, 계급적 위계의식, 힘의 논리, 고정관념에 갇힌 사회는 차

---

5. 한정선, 2005, 〈생물학적 페미니즘의 관점에서 본 여성과 남성의 차이〉, 《신학과세계》(53), 273-295/289-290쪽
6. 한국여성연구소, 《젠더와 사회:15개의 시선으로 읽는 여성과 남성》 동녘, 2014, 147-148쪽

별을 만들어낸다. 다양한 요소들이 함께 어우러져 만들어진 세계에 이러한 논리들이 들어서면 계급이 만들어지고, 상위 계급은 주류가 된다. 주류가 있으면 자연히 비주류가 존재하게 되는데 비주류는 가장 아래 계급을 부여받게 된다. 이와 같은 방식으로 정상과 비정상이 구분되어지고, 평등과 불평등이 만들어진다.

선사시대 여자와 남자는 삶에서 일어나는 신비에 무지했다. 눈으로 확인할 수 있었던 것이라곤 남자의 정액과, 부풀어 오르는 여자의 배 그리고 생리혈뿐이었다. 그래서 남자는 오로지 자신의 정액 덕분에 아이가 생겨난다고 생각했다. 남자가 봤을 때 여자는 고작 자신이 뿌린 씨앗을 받는 존재에 불과했을 것이다. 그 결과 아주 오랫동안 남자는 자신의 무지를 남용했다. 남자는 자기 마음대로 역할을 나누었다. 여자는 대를 이어나가고, 집안일을 책임져야 했다. 한편 남자는 공동체를 다스리고, 조직했다. 정자가 수정란이 되려면 반드시 난자를 만나야 한다는 사실은 1875년이 되어서야 밝혀졌다.[7]

이처럼 세상 대부분의 차별은 인간의 무지와 힘을 가진 다수의 편리에 의해 만들어진 결과이다. 따라서 여성과 비주류로 여겨지는 존재 그리고 소수자들, 비정상이라고 구분된 사람들이 차별받는 것은 정당하지 못할 뿐만 아니라 잘못된 것이다. 첫 시작부터 단추가 잘못 끼워진 셔츠를 본 적이 있다면, 그래서 그것이 어색하

7. 솔다드 브라비 · 도로테 베르네르, 《만화로 보는 성차별의 역사》(맹슬기 옮김), 한빛비즈, 2019, 18-21쪽

고 이상하게 느껴졌다면, 그것이 바로 차별이 만연한 지금의 사회와 같지 않을까 생각한다. 그러한 이유에서 차별에 반대하고 차별을 금지하는 것은 무에서 유를 창조하는 것도, 주제 넘는 부당한 요구도 아니다. 그저 제자리를 찾아가는 것뿐이다.

◆ 불평등과 평등

성 불평등 현상이란 사람이 지닌 특성과 재능이 아닌 오로지 성별 때문에 차별받는 것으로 남성 또는 여성으로서의 성역할에 대하여 나타나는 모든 차별적 대우를 말한다. 이러한 성 불평등은 여성이 남성보다 선천적으로 열등하다는 잘못된 믿음에서 시작된다.[8] 예컨대 가사노동이나 다수의 여성이 종사하고 있는 직업에 대한 여성 노동가치의 평가 절하와 같은 것들을 통틀어 말한다.

평등 개념은 개인의 고유함(in/dividual, 타인과 공통분모가 없는, 양도 불가능한, 분할할 수 없는 몸)에 근거를 둔 가치다. 다시 말해 평등은 다른 사람과 같아지는 것(sameness)이 아니라 한 사람으로서 다른 이들과 공정한 대우(fairness)를 받는 것이다. 그러나 개인의 상황은 모두 다르기 때문에 평등은 언제나 논쟁적이고 경합적이다(권김현영 외 4명, 2017).[9] 우리는 누구와 어떻게 공정한 대우를 받을 것인가에 대해 끊임없이 고민해야 한다. 우리가 바라는 공정한 대우라는 것이 '사회적 약자(가난) - 약자(여성)'로서의 대우는 아닐 것이기 때문이다.

---

8. 이상수, 「Basic 고교생을 위한 사회 용어사전」, NAVER 지식백과, 2019.08.18, https://terms.naver.com/entry.nhn?docId=941472&cid=47335&categoryId=47335
9. 권김현영 외, 《양성평등에 반대한다》, 교양인, 2016, 47쪽

| 진짜 '나'의 모습을 찾아라! |

젠더 감수성(성 인지 감수성)은 사람을 사회·문화로부터 만들어지는 존재로 본다. 따라서 젠더 감수성이 바탕이 된 사람은 그들에게 기대되는 남성 또는 여성으로서의 사회적 역할로부터 자유로워질 수 있다. 성역할 고정관념[10]에서 벗어나 있는 그대로의 자신을 당당히 드러낼 수 있으며 또 행동할 수 있고, 개인이 지닌 고유의 특성이 주류 또는 비주류인지를 고민하지 않고 나타내어 스스로를 존중할 수 있게 되는 것이다. 이러한 삶의 태도는 자기만족과 자기효능감을 높여 긍정적인 자아정체감을 형성할 수 있도록 돕는다.

▪ 젠더 박스(성역할 고정관념) 탈출하기

'젠더 박스'란 성별에 따라 주어지는 틀을 말한다.[11] '젠더 박스'에 갇혀 있으면 우리가 가진 모습에서 특정 부분(자신의 성별과는 다른 성별이 가지고 있어야 한다고 기대되어지는 특성)에 대해 인지하지 못하거나 부정하게 된다. 아울러 삶을 살아가는 데 있어서 말 그대로 반쪽짜리 세상만을 살아가게 된다. '젠더 박스'에서 벗어나 양쪽짜리 세상으로 가게 된다면 개인의 삶은 훨씬 더 풍요로워질 수 있

---

10. 한 사회 안에서 성별에 따라 적합하다고 여겨지는 특징들과 그에 따라 요구되어지는 기대를 말한다.

11. 김고연주, 《나의 첫 젠더 수업: 여자 사람과 남자사람, 오래된 질문과 새로운 대답!》, 창비, 2017, 188쪽

다. 차이와 다양성에 대한 이해를 바탕으로 시야가 넓어져 성장과 발달에 무한한 가능성을 보일 수 있고, 감정 표현과 진로 탐색 또한 한층 폭 넓게 이루어질 수 있기 때문이다.

젠더 박스[12]	
〈여성〉	〈남성〉
분홍색 배려심 소극적 연약 언어 섬세 감정적	파란색 주장 적극적 강인 수리 대담 활동적

· 눈물과 유리천장 – 성평등 실현

젠더 감수성은 성평등의식에 영향을 미칠 수 있다. 젠더(gender)가 사회적인 성이기 때문에 젠더 감수성을 이해한다는 것은 곧 성평등의 가치를 이해한다는 것으로 직결되기 때문이다. 젠더 감수성을 바탕으로 한 성평등은 남성이 가지고 있는 경제적인 부담을 덜어줄 수 있고, 감정 표현(눈물 흘리기)의 자유를 줄 수 있으며, 강해야만 한다는 힘의 논리에서 벗어날 수 있게 해준다. 한편 여성에게 있어서는 유리천장을 지울 수 있고(애초에 유리천장이 존재하지 않았던 것처럼), 행동(조신함 벗어나기)에 자유를 줄 수 있으며, 보호가 필요한 존재라는 굴레에서 벗어날 수 있게 해줄 것이다.

---

12. EBS, 젠더 박스, 지식채널e, 2018.05.15, http://www.ebs.co.kr/tv/show?courseId=BP0P
APB0000000009&stepId=01BP0PAPB0000000009&lectId=10886619

| 성 인지 감수성을 바탕으로 시민으로 성장하기 |

진정한 이해와 평등, 포용의 시민사회를 실현하기 위해 무엇보다 중요한 것은 구성원의 '성 인지 감수성(gender sensitivity)'이라는 것을 알게 되었을 것이다. 그렇다면 어떻게 해야 높은 성 인지 감수성을 기를 수 있을까?

• 성 인지 감수성을 기르기 위한 한 걸음

성 인지 감수성, 즉 젠더 감수성은 우리의 삶 곳곳에 존재하는 젠더 문제를 근본적이고 당연한 것으로만 바라보지 않는 감수성을 바탕으로 "젠더화된(gendered) 사회를 읽어내는 눈"이라고도 한다.[13] 젠더는 시간에 따라 변화하고 지역에 따라 어느 정도의 다양성을 보이지만, 그것이 반드시 옳거나 그른 방향으로만 향하는 것은 아니다. 따라서 분별할 수 있는 눈을 가질 수 있도록 '젠더 트레이닝(gender training)' 또는 '젠더 감수성 훈련(gender sensitivity training)'[14]과 같은 교육이 필요한 것이다.

• 내 안의 젠더 이해하기

젠더화된 사회 속에서 살다 보니 자신도 모르는 사이에 '젠더 박스'

---

13. 한국성폭력상담소. 2013, 〈성폭력피해생존자와 함께 살아가기 위한 젠더감수성교육 매뉴얼 지금 시작하는 젠더감수성〉, 10쪽

14. 한국양성평등교육진흥원, 2012, 〈생애주기별 양성평등의식교육〉, 10쪽

안을 부유하고 있지는 않은지, 자신의 삶 속에 뿌리 깊게 자리하고 있는 젠더 규범에 대해 함께 생각해보자.

내 마음속 젠더 규범 확인하기		
	남성성	여성성
예시	남자는 능력이 있어야 한다	여자는 날씬하고 예뻐야 한다
	남자는 이끌 줄 알아야 한다 (용감해야 한다)	여자는 애교스럽고 상냥해야 한다
	남자는 키가 크고 어깨가 넓어야 한다	여자는 조신해야 한다 (기가 세면 안 된다)
나의 젠더 규범		

- **차별에 민감해지기**

먼지차별이란 비록 눈에는 잘 띄지 않지만 미세먼지 만큼 해로운 차별을 의미한다. 이 용어는 미국의 시사용어인 '마이크로어그레션 (microaggression)'에서 착안한 것으로 아주 작은 공격을 의미한다. 성차별뿐만 아니라 성 정체성, 장애 등 소수자 전반에 대해 미세하지만 사회에 만연해 있는 차별과 혐오를 의미한다. 학교나 일상생활 속에서 접했던 먼지차별에 대해 한번 생각해보자.

내가 경험한 먼지차별은?		
예시	남자가 힘도 없나? 이것도 못 들어올려?	너는 여자인데 왜 이렇게 글씨를 못 써?
	너 여자야? 왜 여자애들이랑 놀아?	너 꼭 남자애들 같다!
	남자라서 국어를 못하나봐	여자는 운전 잘 못한대!
	너 키가 너무 작다	화장은 예의야 예의!
	개념녀, 개념남, 된장남, 된장녀	엉덩이 크다, 가슴 작다, 어깨 좁다
나의 먼지 차별		

• **낯설게 다가가기, 상대방 입장에서 생각해보자**

위 표에 제시된 예시와 자신이 경험한 먼지차별에 대해 그것이 왜 차별이 되는지 생각해보고, 차이와 차별이 어떻게 다른지 생각해보자. 그리고 상대방의 입장이 되어 기분이 어떨지 깊게 고민해보자.

• **다시 생각해보기**

시몬 드 보부아르는 그의 저서 《제2의 성》에서 "여성(남성)은 태어나는 것이 아니라 만들어진다."라는 유명한 말을 남겼다. 젠더라는 개념은 "특정 사회에서 남성과 여성에게 기대하고 적합하다고 믿는 남성적·여성적 태도와 가치, 행동양식을 습득시킨 결과로 개인이 갖게 되는 성적 태도나 정체성을 의미"한다(김현미, 2014: 64). 중요한 것은 젠더가 단순히 여성성과 남성성의 차이만을 의미하는 것이 아니라는 점이다. 차이가 차별로 작동되는 기제를 알기 위해서는 젠더 규범이 현실 속에서 자원이 되기도 하고 동시에 차별 비용으로 작동한다는 사실을 인식하는 것이 중요하다.[15] 표에 제시된 예시를 참고하여 자신의 경험을 떠올려보자.

내 안의 규범이 내 삶에 부여한 자원/기회와 부담/비용			
규범	남자는 강해야 한다	규범	
	여자는 상냥하고 친절해야 한다		
자원/기회	강한 존재가 될 수 있도록 노력하게 함으로써 실제로 강해질 수 있는 심리적 자원으로 작동	자원/기회	
	친절하고 부드러운 이미지로 다양한 인간관계를 만드는데 도움이 됨		
부담/비용	슬픈 영화를 보거나 슬플 때 남들 앞에서 울기 어렵고, 속내를 털어놓기 어려움	부담/비용	
	부당하게 싫은 상황에서도 화를 제대로 내지 못함		

위 표에 제시된 예시나 자신의 경험이 자원/기회를 늘리고 부담/비용을 줄이기 위해 어떻게 변화되어야 할지 함께 생각해보자. 다음의 표[16]에 직접 기입해보는 것도 좋다.

---

15. 정재원 · 이은아, 2018, 〈대학생 성 인지 감수성 향상을 위한 젠더 트레이닝〉, 《교양교육연구》, 12(5), 11-35/28쪽

16. 정재원 · 이은아, 2018, 〈대학생 성 인지 감수성 향상을 위한 젠더 트레이닝〉, 《교양교육연구》, 12(5), 11-35쪽을 참고함

1. _____

2. _____

3. _____

| 무심코 성차별적 사고를 주입하는 사회 |

성 인지적 관점이란 각종 제도나 정책에 포함된 특정 개념이 특정한 성에게 유리하거나 불리하지 않은지, 성역할 고정관념이 개입되어 있는 것은 아닌지 등의 문제점을 검토할 수 있는 관점을 말한다. 이것은 각종 제도와 정책이 여성과 남성에게 미치는 영향을 고려하고, 남녀 성차별의 개선이라는 문제의식에 기반하여 등장한 개념[17]으로 초점은 '젠더 관계'에 맞춰진다.

성 불평등은 불평등한 사회관계 속에서 만들어지며, 사회적으로 여성과 남성 간 차별적 지위와 역할, 불균등하게 분배된 자원 등 구조화된 성별 권력 관계에 기초한다. 따라서 남녀의 차이를 고려한다는 것은 단지 수량적 차이가 아니라 그 차이를 만들어낸 기존의 젠더 관계에 주목하는 것이다.[18] 그렇다면 우리 사회에서 불평등한 사회적 관계를 유도하는 사례들을 한번 살펴보자.

---

17. 위키백과, 2019.08.22, https://ko.wikipedia.org/wiki/%EC%84%B1%EC%9D%B8%EC%A7%80%EC%A0%81_%EA%B4%80%EC%A0%90

#남자다움_ #여자다움_#무심코 만연된_ #성역할 고정관념이
#사회 구성원의_ #그릇된 가치관을 만들어갑니다

• 성역할을 강요하는 안내 표지들

공공장소에 설치된 안내 표지는 한눈에 직관적으로 그 의미를 알수 있게 사람의 형상이나 행동을 단순화한 '픽토그램(Pictogram)'의 형태를 띤다. 문맹자나 외국인도 정보를 쉽게 얻을 수 있도록 안내 표지의 도안은 일반성과 통일성을 갖춰야 한다. 따라서 공공안내 표지의 경우 ISO국제표준 및 국가기술표준원의 디자인을 따르는 게 보통이다. 예컨대 '엄마와 아이'를 표현한 픽토그램 역시 국가기술표준원이 만든 '디자이너를 위한 그래픽심볼 제작 가이드'의 '아동 보호' 도안이 적용됐고, 비슷한 픽토그램이 강남역과 홍대입구역 등 다양한 공공장소에 부착돼 있다. 이처럼 무수히 많은 장소에 반복 배치되는 공공안내 표지에 성역할을 구분하는 고정관념이 배어 있다는 점은 문제다. 무심히 지나친다 해도 오랜 기간 반복적으로 노출되다 보면 자신도 모르게 인식 과정에 영향을 받을 수 있기 때문이다. 나진경 서강대학교 심리학과 교수는 "엄마가 아이를 돌보는 모습을 그린 표지판에 자주 노출되면 무의식적으로 엄마와 육아를 당연하게 연결 짓는 '암묵적 연합(Implicit association)'을 형성하게 되고 이렇게 생겨난 고정관념이 개인의 양육 태도나 가치관에 부정적인 영향을 끼칠 수 있다"고 지적했다.[19]

---

18. 정재원·이은아, 2018, 〈대학생 성 인지 감수성 향상을 위한 젠더 트레이닝〉, 《교양교육연구》, 12(5), 11-35/18쪽

19. 박서강, 「[뷰엔] 육아는 여성 몫… 성 역할 강요하는 안내표지」, 《한국일보》, 입력 2019.06.27 04:40, 수정 2019.06.27 13:52

기저귀 교환대
Diaper changing station

지하철역 안전 관련 픽토그램 분석

아동이 등장한 픽토그램 중
여성을 보호자료 묘사한
픽토그램

강남역
총 66개
100%

남성 1.3%(3개)

홍대입구역
총 247개
98.7%
244개

남성 1.0%(3개)

합계
총 313개
99.0%
310개

홍대입구역 에스컬레이터 앞에 고객 안전 주의 픽토그램이 게시돼 있다. 이 중 어린이 보호를 위해 손을 잡을 보호자는 대부분 여성으로 묘사된다.

서울 종로구 국립민속박물관 남자 화장실에 부착된 기저귀 교환대 안내표지. 치마 입은 여성이 기저귀를 교환하는 장면이 그려져 있어 '육아는 여성의 몫'이라는 성역할 고정관념을 은연중에 심어준다는 지적을 받는다.

지하철역 안전 주의 관련
픽토그램 분석 결과
(그래픽 강준구 기자)

• **인공지능도 피해가지 못한 성차별적 사고**

여러분은 혹시 "쓰레기를 넣으면 쓰레기가 나온다(Garbage In, Garbage Out)"는 말을 들어본 적이 있는가? 잠시 아래의 두 가지 이야기들을 살펴보자.

사람의 편견 없이 인재를 자동으로 찾아낸다고 해 화제가 된 아마존의 '채용 인공지능'. 하지만 이 인공지능은 뜻밖에 '여성을 싫어하는' 성향을 드러내 논란에 휩싸였다. 인공지능을 개발하는 데 쓴 학습용 데이터가 대부분 남성 구직자의 지원서였고, 그 데이터로 학습한 인공지능이 남성에게 우호적인 경향을 보인 것이다. 아마존은 내부적으로 개발하던 채용 인공지능 프로젝트를 중단했다고 지난해 10월 글로벌 통신사 〈로이터〉가 보도했다.

얼굴을 자동으로 인식한다는 인공지능에서도 편향 문제가 지적됐다. 백인 남성 얼굴 이미지가 많이 포함된 데이터로 학습하며 패턴 인식의 지능을 갖춰 이 인공지능은 백인 남성 얼굴을 상당히 정확하게 가려냈다. 하지만 흑인 여성의 얼굴은 제대로 인식하지 못해 35%나 인식 오류를 일으켰다(2018년 국제학술지 〈기계학습연구회보〉). 인공지능마저 젠더와 인종에 대해 편견과 편향을 지니고 있었던 것이다.[20]

이 이야기들을 통해 무엇을 알 수 있을까? 우리 속담에 콩 심은 데 콩 나고, 팥 심은 데 팥 난다는 말이 있다. AI가 성차별적 경향을 갖게 된 건 결국 우리 사회의 편향적 사고 구조를 담아낸 빅데이터 때문이다. 즉 젠더 감수성이 부족한 개발자들이 알고리즘을 짜고, 그

---

20. 오철우, 〈같은 항암제인데 왜 여성에 부작용 더 많을까〉, 《한겨레》, 등록 :2019-06-08 09:11수정 :2019-06-10 10:16

알고리즘에 편향된 성의식이 무의식적으로 담기게 된다면, 그것을 여과 없이 그대로 기계학습에 이용하는 인공지능의 특성상 너무나도 자연스럽게 젠더 편향이 생겨나는 것이다. 그리고 그렇게 학습된 인공지능은 사람들과 함께 생활하면서 급기야 젠더 편향적 사고 굳히기에 들어간다.

또 다른 젠더 편향적 사례를 제시해보려 한다. 언제, 어디서나 이름을 부르면 응답하는 아마존의 알렉사(Alexa, 알렉산드리아 도서관에서 따 온 여성형 이름), MS의 코타나(Cortana, 비디오게임 '헤일로'에 여성의 이미지로 등장하는 홀로그램 인공지능 이름), 애플의 시리(Siri, 아이폰 공동개발자 중 한 명의 이름이자, 고대 노르웨이어로 '승리로 인도하는 아름다운 여성'이라는 뜻)는 모두 여성의 이름을 갖고 있으며, 기본으로 설정된 목소리도 여성이다. 특정한 이름이 없는 구글의 음성 비서(구글 어시스턴트) 또한 명백한 여성의 음성을 낸다. 이들 주요 기업의 인공지능 음성비서들은 이름과 목소리뿐만 아니라 '정체성(personality)'도 여성에 가깝다.[21] 왜일까?

> "일반적으로 사람들은 여성의 목소리를 '협조'나 '도움'으로, 남성의 목소리를 '권위'로 받아들이는 경향이 있다."

---

21. 위와 같이 도움을 주는 음성 서비스에 주로 여성의 목소리를 사용하는 것에 대해 사람들은 "남성의 목소리보다 피치(pitch)가 높은 여성의 음성이 주변 잡음이 있는 상황에서 더 알아듣기 좋다", "전화기에 달린 작은 스피커가 남성의 저음을 잘 전달하지 못한다", "여성의 음성이 발음이 또렷하고 이해하기 쉽다"등을 이유로 들기도 하지만, 《기즈모도(Gizmodo)》 등 여러 매체의 기사에서 과학적 근거가 없는 것으로 드러났다(김보람, 〈AI에게도 젠더 감수성을〉, 《유네스코뉴스》, 2019.07.06.

"소비자들은 인공지능의 도움을 받기를 원하면서도 인공지능으로부터 명령을 받기를 원치는 않는다."

- 클리포드 내스(미 스탠포드대학교 커뮤니케이션학) 교수의
말과 함께 《와이어드(Wired)》지에 쓰인 내용

사피야 우모자 노블(Safiya Umoja Noble) 미 서던캘리포니아대학교 사회학 교수는 "우리가 (여성) 인공지능에게 사용하는 '~를 찾아', '~를 바꿔', '~를 주문해', '~에게 전화 걸어' 같은 명령은 아이들에게 '여성은 명령에 응답하는 존재'라는 사실을 가르치는 강력한 사회화 도구(socialization tools)가 될 수 있다."고 말했다. 또한 미 하버드대학교에서 무의식적 편향(unconscious bias)을 연구하는 캘빈 라이(Calvin Lai) 연구원도 "성역할을 구분 짓는 상황에 노출되는 횟수와 성적 편향은 비례한다."며 "여성을 조력자로 한정하는 문화에 익숙해질수록 사람들은 현실 속 여성들 역시 조력자로만 바라보게 되고, 그 역할에 머무르지 않으려는 여성들이 불이익을 당하는 경향도 심해진다."고 밝혔다.[22]

• 국가 질병 관리와 신약 개발에도?!

성 불평등 사례는 질병 연구에서도 나타난다. 심지어 국가가 세금을 통해 재원을 확보하여 질병을 연구하는 데 있어서도 불평등이

---

22. 김보람, 〈AI에게도 젠더 감수성을〉, 《유네스코뉴스》, 2019.07.06.

존재한다. 미국의 사례를 들어보자. 남성 탈모와 대머리는 생명에는 아무런 지장이 없다. 그럼에도 이에 관한 연구가 유방암이나 자궁암처럼 생명과 직결된 '병'에 대한 연구보다 훨씬 많은 국가 연구비를 받고 관심을 받는다[23]는 사실을 알고 있는가? 대체로 탈모와 대머리는 대표적인 남성 질환으로, 유방암과 자궁암은 대표적인 여성 암으로 분류되고 있다.

또 다른 맥락으로 여성 질환이나 남성 질환으로 여겨지는 질병에 대한 편견으로 인해 문제가 생기는 경우도 있다. 흔히 골다공증은 여성 질환으로 여겨져 남성 대상으로는 예방 교육이 잘 이뤄지지 않았다. 하지만 남녀를 구분해 성별 차이를 신중하게 살펴보니 여성 못지않게 남성도 조심해야 하는 질환이라는 사실이 확인됐다. 실제로 남성이 골반 골절 환자의 3분의 1을 차지할 정도로 많았고, 증상도 여성에 비해 훨씬 심각한 것으로 조사됐다.

거꾸로 심장질환은 주로 남성 질환으로 알려져 있지만, 생각보다 여성 심장질환 사례가 상당히 많은 것으로 조사됐다. 특히 증상이 남녀별로 달라, 남성 중심으로 증상을 살피는 기존 진단 방법에 문제가 있다는 지적이 제기됐다. 심장질환 증상으로 여성은 남성에게 주로 나타나는 흉통 외에도 요통, 메스꺼움, 두통 같은 증상을 호소하지만, 정작 의사가 진료를 할 때 이러한 증상들이 소홀히 다뤄질 수 있다는 것이다.

---

23. 한국여성연구소, 《젠더와 사회: 15개의 시선으로 읽는 여성과 남성》, 동녘, 2014, 68쪽.

"남녀 성별 차이를 고려한 약물 개발과 처방이 필요합니다. 하지만 신약 개발 초기 단계인 동물실험에서 대부분 수컷 동물을 사용하고, 의약품 임상시험에서 남성 환자가 다수로 참여해 성별 불균형이 생기는 경우는 여전히 많아요. 이런 불균형이 나중에 약물 부작용이나 효능의 성별 차이로 나타나는 거죠."

- 문애리 교수(덕성여자대학교 약학대학)[24]

신체 건강에 있어서 여성과 남성은 호르몬이나 대사, 유전적 특징 등에 차이를 갖고 있다. 그렇기 때문에 특정 질환의 발생이나 증상, 약물 반응에서도 성별 차이가 나타날 수밖에 없다. 그러나 그럼에도 불구하고 정작 신약 개발에 있어서 남성과 여성의 차이가 제대로 고려되지 않고 있어, 다양한 약물 부작용 사례[25]가 발생하고 있다. 이와 같이 다양한 약물 부작용 사례를 줄이거나 없애기 위해서는 신체(몸)에 대한 연구가 훨씬 더 다양하게 이루어져야 한다. 아울러 약물과 약물 안전기준에 대해서도 반드시 새로운 논의가 이루어져야 한다.

---

24. 오철우, 〈같은 항암제인데 왜 여성에 부작용 더 많을까〉, 《한겨레》, 2019-06-08 09:11(수정 :2019-06-10 10:16)

25. 2016년 미국과 중국 연구진은 미국 식품의약국(FDA)의 부작용 사례 보고 시스템(FAERS)에 등록된 데이터를 분석해 부작용이 보고된 약물 668개 중 307개에서 성별 부작용 차이가 나타났다고 밝혔다(과학저널 〈사이언티픽 리포츠〉 논문). 1997~2000년 미국에서 심한 부작용으로 판매 중단 조처된 약물 10개 중에서 대다수인 8개가 여성에게 더욱 위험한 부작용을 초래했다는 조사결과도 있다(오철우, 〈같은 항암제인데 왜 여성에 부작용 더 많을까〉, 《한겨레》, 등록: 2019-06-08 09:11 수정: 2019-06-10 10:16

| 성 인지 감수성의 부재가 학교에 미치는 악영향 |

우리의 학교는 어떠한가? 배움이 이루어지는 학교는 사회보다 성차별적인 분위기가 덜할까? 안타깝게도 학교에서조차 성차별적인 상황이 만연하고 있다. 특히 주목해야 하는 것은 학교에서 성차별은 지속적이고 암묵적이며 집단적인 형태로 이루어지는 경우가 많다는 점이다. 따라서 오랜 시간 학교에 머무르는 학생들에게 미치는 영향이 더 클 수밖에 없다.

◆ 학교에서 경험하는 성차별 상황

2018년 10월 서울시여성가족재단이 발표한 〈서울시 성평등 생활사전_학교편〉 결과를 보면 "학교생활 중 성차별적인 말을 듣거나 행동을 경험한 적이 있나요?"라는 질문에 참가자 중 86.7%가 성차별 언어나 행동 경험이 있었고, 여성의 경우 87.8%가, 남성의 경우 82.5%가 "있다"고 답했다. 그리고 학교생활 중 가장 성차별이 심하다고 생각하는 부분(복수응답 전체 1,013건)에 대해서는 '교사의 말과 행동'이 34.5%로 가장 많았고, 그 다음으로 '교칙'(27.5%), '학생의 말과 행동'(11.2%), '교과 내용'(11.0%), '진로지도'(10.0%) 등이 뒤를 이었다. '교훈'과 '급훈'에 대한 문제 제기(4.8%)도 있었다.[26]

---

26. 서울시여성가족재단, 〈'여·남학생답게~' 그만! 서울시, 학교 내 성차별 언어·행동 바꾸기〉, 2018.10.31.

- 교사-학생

다음의 내용을 살펴보자. 아마도 학교에서 한번쯤은 들어봤을 법한 내용일 것이다.

"남자애가 여자애처럼 무슨 담요를 두르고 있어?"

"우리 반 ○○○은 새침한 게 꼭 여자애 같아서 좀 그렇더라."

"○○는 남자애들보다 목소리가 더 커, 으휴… 남자애들이야 그렇다 쳐도…"

"○○이는 성격이 시원시원해서 좋더라. 다른 여자애들처럼 잘 삐지지도 않고."

"우리 반 회장은 성격이 좋아서 남자애들과도 잘 어울려 놀아!"

"쟤는 여자애들보다 수행평가를 더 잘 챙겨, 아주 야무져!"

대체로 여자아이처럼 행동하는 남자아이, 남자아이처럼 행동하는 여자아이에 대한 일종의 세평(世評)이다. 말하자면 여성과 남성의 행동을 규정해놓고 그것에 맞추어 개인을 평가하는 것이다. 이러한 평가로 인해 아이들은 개인의 특성이 아닌 어떤 성별 특성에 고립된 채 자신이 가진 행동 특성보다는 여자아이처럼 또는 남자아이처럼 행동해야 한다는 부담감을 느끼기도 한다.

또 남자아이의 더러운 자리나 사물함을 보면 으레 '남자아이니까 어쩔 수 없지…'라고 생각하며 대수롭지 않게 넘기면서도, 여자아이의 더러운 자리는 그냥 넘어가지 못하고 잔소리를 한다. 한편 여자아이의 깨끗한 글씨나 꼼꼼한 청소는 당연시하면서도 남자아이의 꼼꼼함과 깨끗함에는 의외라는 듯 칭찬을 날리는 식이다. 개인을 고유한 존재로 바라보는 것이 아니라 성별로 구분 짓고 제한하는 상황은 이처럼 무심코 자연스럽게 일어난다.

이렇듯 아이들은 학교에서 빈번하게 성별에 따른 평가를 받고 있다. 여성성과 남성성으로 규정된 특성에 대해 기대하는 바가 워낙 뚜렷하여 그 기대와 다를 경우에는 의외라는 식으로 취급받는 것이다. 그리고 이런 기대는 배려로 포장된 배제 상황을 만들어내기도 한다. 다음의 표는 특정 상황에서 성별에 따른 차별적 평가가 어떻게 이루어지고 있는지, 그것이 아이들에게 어떠한 영향을 미치는지 간략히 정리해본 것이다.

성별에 따른 차별적 평가와 영향			
	상황	기대 · 제한	
남	거친 행동, 지저분한 사물함, 괴발개발 쓴 글씨	남자애들은 원래 그렇잖아 남자애는 좀 그래도 돼	상황에 맞지 않는 행동을 했을 때 특정 성별을 이유로 관대한 시선을 베푸는 것은 배려가 아닌 배제일 수 있으며, 이러한 배제는 아이들이 성장할 수 있는 기회를 빼앗기도 한다.
여	신체활동을 좋아하지 않는, 말이 없는, 무거운 물건을 들지 않는	여자애잖아 힘들만하지 여자애들은 조용한 게 당연하지	

• 학생-학생

다음의 이야기는 학생을 상담하다 보면 열에 한 번은 듣게 되는 이야기이다.

◆ 단톡방, 그 대화가 싫지만 싫다고 말할 수 없는 이유

최근 제가 진행하는 워크숍을 통해 만난 초등학생 5학년 남학생에게 같은 반 친구가 '고등학생 키스 장면' 동영상을 카톡으로 보내줬다고 해요. 그걸 받고 기분이 매우 별로였지만 티는 낼 수 없었다고 해요. 또 다른 중학교 2학년 남학생의 경우에는 친구들이 단톡방에서 같은 반 여학생의 몸매 이야기를 해서 꺼려하는 티를 냈다가 'X나 에바다'(엄청 오바한다는 뜻이에요)라며 친구들에게 유별난 사람 취급을 받아 민망한 경험이 있었대요.

두 친구에게 "이후에도 같은 일이 생기면 어떻게 할 거 같니?"라고 물으니, 모두 솔직하게 불편한 자기 마음을 말할 수 있을지 모르겠다고 하더라고요. 특히 중학교 2학년 친구는 표현해보려고 하겠지만, 전보다 더 힘들 거 같다고 대답했어요.[27]

활발하게 대화가 오고가는 아이들의 단체 채팅방에는 다양한 화제들이 넘쳐난다. 그리고 꼭 한 번은 나오게 된다는 화제는 다름 아닌 성적인 이야기다. 개인을 성적으로 대상화하거나 야한 사진, 동영상을 공유하면서 외모나 몸매에 대한 신랄한 평가가 이루어지

---

27. 심에스더(kegoora) · 최은경(nuri78), 〈여학생 성기 사진에 발칵 뒤집힌 학교... 뜻밖의 아이들 행동 [이런 질문 해도 되나요?] 왜 영상물을 찍고 유포할까〉, 《오마이뉴스》, 등록: 2019.4.7. 14:04 수정: 2019.4.17. 16:47

고, 뒤이어 아무런 이견 없이 침묵으로 동의하거나, 웃거나, 같은 맥락의 다른 주제를 꺼내 상황을 더 부추기는 등과 같은 동조가 일어나는 바로 '그' 채팅방 말이다.

그렇다면, '그' 채팅방에 참여한 아이들은 과연 '그' 대화 주제에 모두 동의하는 걸까? 백 번 양보해서 대체로 동의하는 분위기라고 해도 분명 열에 한 명은 아닐 것이다. 단지 동조해야만 정상적인 남성으로 취급받을 수 있기 때문에 동조하는 척을 할 뿐이다. 즉 유별나고 예민한 부류로 낙인찍히지 않기 위해서, 동지의식(야한 이야기를 함께 나누는 과정을 통하며 우정을 쌓는)이 없는 남성이 되지 않기 위해서. 무리로부터 소외되지 않기 위해서 불편한 침묵을 유지하고 있는 것이다. 그리고 그것이 아이들이 만들어놓은 '그' 주제를 이야기하는 채팅방의 분위기이자 은밀한 규칙이다.

만약 성적 대화에 대해 반감이나 불편함을 표시한다면? 곧바로 그 아이는 같은 남성을 등지는 사람, 소위 배신자가 되는 것이다. 왜냐하면 그렇게 되어야만 '그' 대화를 이어 나가는 남성문화의 정당성이 유지되기 때문이다. '남자라면' 그 정도 이야기(여성을 성적 도구로 여기는)는 할 수 있어야 하기에.

이렇게, 왜곡된 남성상, 남성문화는 결국 한 명의 아이를 괴롭게 만들 뿐만 아니라, 나머지 아홉 명 아이들을 망치고 있는 것이다.[28]

---

28. 왜곡된 성 가치관은 성 관련 문제를 야기시키며, 개인의 삶에 대한 가치관에도 영향을 미쳐 연애나 결혼 등과 같은 교제 및 만남에 있어서도 잘못된 행동과 판단을 하도록 만든다.

| 성 인지 감수성이 충만한 학교·학급문화 만들기 |

학교는 왜곡된 여성상과 남성상, 남성문화 등 젠더 감수성의 부재로 인해 아무렇지 않게 통용되는 모든 것에 대해 의문을 제기할 수 있어야 한다. 아울러 그것을 어떻게 개선해 나가면 좋을지에 관해 함께 생각할 수 있는 고민의 장이 되어야 한다.

· 교훈 · 급훈편(성평등한 교훈 · 급훈으로 모두의 동의 얻기)

동일 재단 남·여 교훈사례(같은 재단 안에서도 여학교, 남학교의 교훈이 다름)		
	여고 교훈	남고 교훈
A재단	내일을 이끌 숙녀가 된다	높고 큰 목표로 최선을 다하자
B재단	아름다워라! 그리고 성실 근면하자	높은 이상을 갖자! 그리고 성실 근면하자

여자 중·고와 남자 중·고 교훈의 차이 사례	
여자 중·고등학교	남자 중·고등학교
· 공부를 못해도 얼굴만 예쁘면 된다 · 사랑-용서한다, 참는다, 도와준다, 희생한다 · 경건한 여성이 되자, 작은 일에 충성하자 · 부덕을 높이자 · 슬기롭고 알뜰한 참여성	· 지금 공부하면 와이프 외모가 바뀐다 · 꿈을 키우자, 땀을 흘리자, 참을 배우자 · 스스로 배우고, 몸소 행하며, 힘차게 앞서자 · 자주 자립

※자료: 서울시여성가족재단 보도자료[29] 참고하여 사례 작성

제시한 사례에서 남성에게는 개척, 자립, 자주, 창조 등 능동적인 목표를 제시한 반면, 여성에게는 희생, 알뜰, 인내, 부덕 등 가부장제 중심 사회에서 요구되는 여성의 역할을 강조하였다. 이제는 이러한 가부장제 중심 사회의 성역할 고정관념에서 벗어나 모두가 동의하고 추구하는 덕목으로의 교훈·급훈이 만들어져야 한다.

교육목표에 알맞은 바람직한 교훈·급훈 만들기	
추구하는 교육 방향성 갖추어야 하는 인성 요소	- 존중 · 배려 · 협력 · 성실 - 열 사람의 한 걸음으로 걷자 - 참된 시민으로 살아가자 - 내 이야기는 지금부터 시작이다

존중의 규칙 만들기	
- 남/여 교복 분리하지 않기 (셔츠, 블라우스, 리본, 넥타이) 분리되어 있는 사례 옷깃 종류가 다르며, 여학생은 리본, 남학생은 넥타이를 착용하게 되어 있음 - 남학생 긴바지/반바지 여학생 치마/바지 모두 허용하기	- '남자인데~', '여자인데~'와 같이 말 앞에 성별 붙이지 않기 - 혐오 발언 하지 않기(김치녀/한남충) - 외모 폄하 발언을 하지 않기(키작남, 어좁이, 어깡녀, 껌딱지 · 습작녀) - 무거운 물건이나 짐을 드는 일은 힘이 센 학생이나 자원하는 학생이 할 수 있게 하기(무조건 남자애들만 시키지 않기) - 교실에서 조용히 시킬 때는 모두에게 똑같이 '조용히 하자'라고 이야기하기(떠드는 여자애들한테 여자애가 왜 그렇게 목소리가 크냐고 하지 않기)

29. 서울시여성가족재단, 〈'여·남학생답게~' 그만! 서울시, 학교 내 성차별 언어·행동 바꾸기〉, 2018.10.31.

- **규칙편(용의복장규정, 언어생활을 바꾸자 학교가 편해졌다)**

학교·학급 내에서 일어나는 성차별적인 상황 때문에 곤란했던 경험에 대해 생각해보고, '나'와 '너' 서로를 존중하는 마음(성별이 아닌 개인)으로 배려하는 규칙을 만들어야 한다(111쪽 아래 표 참조).

| 실천적 수업으로 성 인지 감수성 기르기 |

실천적 수업으로 젠더 감수성을 기르기 위해서는 학생들이 직접 경험하는 숙의의 과정이 필요하다. 학생들은 기존 문제점을 찾아내고, 이것이 왜 문제인지, 이것에 왜 문제의식을 가져야 하는지, 그리고 이를 어떻게 바꿔 나가야 하는지에 대한 깊은 논의의 과정을 거치면서 감수성을 기를 수 있다. 특히 젠더 감수성과 관련해서는 이론 중심의 수업보다는 아이들의 삶과 밀접한 소재를 바탕으로 하는, 경험과 활동 중심의 수업이 중요하다. 아이들의 일상에 자연스럽게 녹아드는 것이다. 그리고 이러한 과정을 통해 아이들은 젠더 감수성이 충만한 민주시민으로 자라날 수 있다.

- **교과서를 바꾸자!(섬세하고 세심하게)**

교과서는 학생들이 자주 접하게 되는 학습매체로, 학생들의 관점을 정립하는 데 적지 않은 영향력을 발휘한다. 보통 학습에 집중하는 태도로 교과서를 세밀하게 살펴보는 학생도 많다. 그렇기 때문에 교과서는 더더욱 막중한 책임감을 갖고 성 인지적인 시각을 가져야 한다. 학생들이 배우고 익히는 데 사용되는 만큼 더 세심한 배려와 섬세한 시각이 필요하다는 뜻이다. 다음 표에 기존 교과서에서 암묵적으로 강요하고 있는 성차별적 요소와 성평등 구현을 위해 개선되어야 할 방향에 대해 정리해보았다.

교과서 속 성차별적 요소와 성평등 구현을 위한 개선 방향		
교과	기존	변경
국어	문학 내용을 분석하거나 글쓰기 방법에 대해 말할 때 '여성적 어조', '남성적 어조'라는 표현을 씀	'여린·섬세한·가벼운' '단도직입적·무뚝뚝한·무거운'으로 표현하는 것이 좋음
실과·가정	가족을 나타내는 삽화에서 자녀를 돌보거나 식사를 준비하는 일을 여성만 수행하는 것으로 묘사	가족 모두가 같이 식사를 하거나 함께 식사를 준비하는 모습으로 묘사하는 것이 좋음
사회	경제 내용 중 생산자는 남성, 소비자는 여성으로 표현되는 경우가 많음	다양한 상황과 역할로 표현하는 것이 좋음
역사	남성 독립운동가 중심의 서술로 여성 독립운동가 내용이 현저하게 적거나 없으며, 남성은 주체적 활동으로 여성은 단순 조력으로 묘사하는 경우가 많음	독립운동을 주제로 상황적 맥락에 맞게 여성과 남성 모두를 비중 있게 다루는 것이 중요함
진로·직업	의사, 첨단직업, 태권도·배구·축구 선수는 남성으로, 간호사, 상담사, 무용·발레·피겨스케이팅선수는 여성으로 표현하는 경우가 많음	특정 성별이 드러나도록 하지 않거나 남성과 여성 모두를 표현하는 것이 좋음

※자료: *여성가족부 보도자료 참고[30]하여 예시 작성

---

30. 여성가족부, 〈교과서 속의 성차별, 이렇게 바꿔주세요!〉, 2018.9.19.

- 우리나라 성 인지 감수성 현실에 대해 논쟁하기(드러내기, 알아보기, 의견내기)

현재 우리나라의 젠더 감수성 현실을 가장 민감하게 보여주는 것은 무엇일까? 아마도 뉴스나 드라마, 인터넷 방송 등의 미디어일 것이다. 이러한 매체들을 수업시간에 적극 활용한다면 아이들의 몰입은 물론 진지한 참여를 이끌어낼 수 있다.

- 미디어(신문 기사, TV프로그램, 인터넷 방송 등) 다시 보기

신문기사나 텔레비전 프로그램 등의 미디어에서 성차별적인 표현들을 어렵지 않게 찾아볼 수 있다. 이러한 것들을 함께 찾아보고, 젠더 감수성의 눈으로 바라본 후에 다시 쓰는 것 또한 젠더 감수성을 기르기 위한 훌륭한 연습이 된다(115쪽 참조).

- 정상 가족 이데올로기 넘어서기

'정상' 가족이란 무엇일까? 우리는 왜 가족을 정상과 비정상으로 구분 짓게 된 것일까? 다음은 어느 드라마의 대화 일부이다.

> "가족이요?" / "네."
> "아 뭐 하긴, 워낙 친한 사이들이신 것 같네요."
> "그런 의미 말고, 진짜 가족이요."
> "가족이라는 거, 얼마든지 어른이 돼서도 새로 생길 수 있어요.
> 힘든 일을 같이 견디다 보면 진짜 가족이 되는 거 아닌가요?
> 그게 진짜 가족이죠."   -드라마 '미스 함무라비' 7화 中

미디어 요소	젠더 감수성의 눈으로 바라보기	다시 쓰기
[단독] 여고생 극단적 선택, 성폭행 못 견뎠나?[31] **mbc** [단독] 여고생의 '극단적 선택'..."성폭행 못 견뎠나" 단독 김세로 2019.09.04 20:39	- 제목에 '여고생'과 '성폭행 못 견뎠나'라는 문장을 써서 여고생이 성폭행 당한 것을 견디지 못하고 극단적인 선택을 한 것에 대한 기사처럼 보이게 함 - 하지만 기사 전체 내용은 가해자 체포영장에 관련된 내용이 주를 이룸 - '못 견뎠나'라는 표현이 마치 성폭행을 견디내야 하는 것처럼 여겨지게 함 - 성폭행조차도 견디지 못하고 극단적인 선택을 한 나약한 여성의 이미지가 만들어짐	[단독] 여고생의 '극단적 선택'..."성폭행에 사진 촬영까지" 본문듣기 설정 기사입력 2019.09.04. 오후 8:32 최종수정 2019.09.04. 오후 10:04 [단독] 여고생의 '극단적 선택'..."성폭행에 사진 촬영까지" - 여론의 뭇매 속에 위와 같이 수정됨 - 나아가 '여고생'이라는 단어도 '고등학생'으로 수정되어야 함을 제안 - '고등학생'으로 바뀌어도 기사를 읽어내는 데 아무런 문제가 없음

---

31. 김세로, [단독] 여고생의 '극단적 선택'..."성폭행에 사진 촬영까지", 《MBC 뉴스》, 등록: 2019.9.4 20:32 수정: 2019.9.4. 22:04

정상 가족 이데올로기는 소위 결혼제도 안에서 부모와 자녀로 이루어진 핵가족을 이상적 가족의 형태로 간주하는 사회 및 문화적 구조와 사고방식을 말한다. 바깥으로는 이를 벗어난 가족 형태를 '비정상'이라고 간주하며 차별하고, 안으로는 가부장적 위계가 가족을 지배한다. 정상성에 대한 지나친 강조로 인해 가족이 억압과 차별의 공간이 되어버리는 것이다.[32]

어쩌면 우리는 사회의 가장 기본이 되는 가정이라는 공간에서부터 억압과 차별을 배워왔고, 학교를 포함한 외부 세계에서도 그 고정관념 속에 갇혀버린 것인지도 모른다. 즉 정상 가족만 옳다고 간주하는 사고방식에 부여된 정당성 때문에 우리는 고정관념의 장벽을 넘어서지 못하고 있는 것이다. 이제는 기존의 가족 개념과 정상 가족 이데올로기를 탈피하여 새로운 가족 개념으로 확장시켜야 한다. 그것이 우리에게 더 큰, 더 많은 자유를 줄 수 있기 때문이다. 다음 표(117쪽 참조)는 실제 수업에서 이루어진 가족 수업에서 아이들이 확장시킨 가족의 개념이다. 어떤 식으로 정상 가족 이데올로기를 뛰어넘어 개념을 확장시켰는지 보여준다.

▪ 생활 속 차별 언어 찾아 바꾸기

흔히 언어를 그 사회의 얼굴이자 정신이라고 한다. 즉 사용하는 말을 보면 그 사회가 어떤 사회인지, 그 사람이 어떤 사람인지를 알

---

32. 김희경, 《이상한 정상가족》, 동아시아, 2017, 10쪽

새로운 가족 개념으로의 확장		
내 안의 가족	정상 가족 이데올로기 넘어서기	다시, 가족이 되다
아빠, 엄마, 공부 잘하는 딸, 운동 잘하는 아들로 이루어진 핵가족으로, 중산층 수준의 경제 상황, 사이좋은 가족 관계를 유지함	- 핵가족 형태만이 정상 가족의 필수 조건인 것은 아님 - 가족은 이유에 따라 헤어질 수도 합쳐질 수도 있음 - 가부장적 위계를 벗어나 수평적 구조의 가족 공동체가 되어야 함	함께 살며 서로 돕고 의지할 수 있다는 이유 하나만으로도 행복한 가족이 될 수 있음

수 있다는 뜻이다. 그리고 이러한 언어는 사용됨으로써 인간의 사고에 영향을 미치기도 하는데, 우리의 일상 언어 중에는 성차별적 요소가 다분한 언어들도 상당수이다. 그래서 수업시간에 성차별적 표현들을 찾아보고 어떻게 고쳐 나가면 좋을지에 대해 함께 생각해보는 것도 의미 있을 것이다.

다음 표(118쪽 참조)의 예시[33]를 참고하여 자신이 생각하는 차별 언어와 그것을 차별이라고 느끼는 이유, 바꾸어 사용했으면 하는 언어를 생각해보자.

---

33. 서울시여성가족재단, 〈'여·남학생답게~' 그만! 서울시, 학교 내 성차별 언어·행동 바꾸기〉, 2018.10.31.

성차별 언어를 성평등 언어로			
성차별 언어 (바꾸고 싶은 말)	제안 이유		성평등 언어 (쓰고 싶은 말)
① 여○○ - 직업 등 앞에 '여'를 붙이는 것 - (예) 여직원, 여교수, 여의사, 여비서, 여군, 여경 등	"나는 여씨가 아닙니다!"		⇨직업 등 앞에 붙이는 '여'를 빼기 ⇨(예) 직원, 교수, 의사, 비서, 군인, 경찰 등등
② 여자고등학교 - (뜻)여자에게 고등학교의 교과과정을 실시하는 학교	"남자고등학교는 없는데 왜 여자고등학교만 있나요?" (국어사전에도 여자고등학교만 등재)		고등학교 ⇨여자고등학교를 남자고등학교처럼 '여자'를 빼고 고등학교로 명칭하기
③ 처녀○○ - 일이나 행동 등을 처음으로 한다는 의미로 앞에 '처녀'를 붙이는 것 - (예) 처녀작, 처녀출판, 처녀출전, 처녀비행, 처녀등반, 처녀항해 등	"처녀작을 총각은 못 만드나요?"	→	첫 ○○ ⇨행동 등에 붙이는 '처녀'를 '첫'으로 사용 ⇨(예)첫 작품, 첫 출판, 첫 출전, 첫 비행, 첫 등반, 첫 항해 등
④ 유모차(乳母車) - (뜻)어린아이를 태워서 밀고 다니는 수레	"아빠는 유모차를 끌 수 없나요?"		유아차(乳兒車) ⇨유아를 중심으로 표현하는 '유아차'로 사용
⑤ 그녀(女) - (뜻)주로 글에서, 앞에서 이미 이야기한 여자를 가리키는 삼인칭 대명사. 그(우리말)+녀(한자어) 결합	"그남이라는 말은 없어요" *영어 she를 번역한 일본어 피녀(彼女)가 어원. 남성을 중심에 두고 여성을 지칭		그 ⇨여성을 대명사로 지칭할 때 '그'사용 ⇨상황과 문맥에 따라 '그 여자' 등 사용

※ 활동Tip : 차별이란, 특정 집단에 대한 고정관념을 바탕으로 그들을 폄하하거나 불평등하게 대우하는 것 그리고 사회적으로 격리시키는 통제 형태를 말한다.

▪ **성 인지 감수성이 충만한 마을 만들기(마을과 함께하기)**

학교와 가정을 넘어 이제는 우리가 살아가는 공동체 전체에 만연한 성차별적 요소들을 제거하기 위해 어떤 노력이 필요한지 이야기해보자. 예컨대 다음과 같은 활동들이 도움이 될 것이다.

- **공동체 규칙 세우기**: 평등과 포용의 시민 공동체를 실현하기 위해 꼭 필요한 규칙들에 대해 이야기를 나누고 꼭 실천해야 할 규칙들을 정리한다.
- **우리 마을 픽토그램 제작하기**: 성차별을 배제하고, 평등과 포용의 사고를 고양할 수 있는 재미있는 픽토그램을 협동하여 제작해본다. 기존 픽토그램을 다시 그리거나 새로운 픽토그램을 디자인하는 활동도 재미있을 것이다.
- **실천을 위해 '나'와 '우리'가 할 수 있는 것은 무엇일까?**: 지금 당장 할 수 있는 일은 무엇인지 함께 이야기해보고, 단지 말로만 끝내는 것이 아니라 생활 속 실천으로 이어지도록 한다.

성 인지 감수성을 높이는 데 참고하면 좋은 도서 목록			
제목	저자(역자)	출판사	출간년도
저는 남자고, 페미니스트입니다	최승범	생각의힘	2018
젠더와 사회	한국여성연구소	동녘	2014
내가 진짜로 하고 싶은 말	정수임	서유재	2018
우리는 모두 페미니스트가 되어야 합니다	치마만다 은고지 아디치에 (김명남)	창비	2016

우리 마을 픽토그램 제작하기	
기존 픽토그램	다시 그린 픽토그램
〈기존 이미지〉 	〈내가 바꾼 이미지〉
기존 이미지 -공원 화장실	바뀐 이미지
기존 공원 픽토그램 	내가 만든 픽토그램 
기존 이미지  어린이나 노약자는 보호자와 함께 이용하세요	내가 바꾼 이미지  어린이나 노약자는 보호자와 함께 이용하세요

세상의 모든 차별은 어쩌면 그릇된 편견에 갇혀 있는 온갖 고정관념 속에 억지로 나의 모습을 끼워 맞추는 데서 시작되는 것인지도 모른다. 이제부터라도 '나'로 태어나 '나'로 자라고, '나'로 살아가며 '나답게' 행동하는 것이 중요하다는 것을 학생들이 학교에서 깨달을 수 있게 해주어야 하지 않을까? 나아가 직접 실천에 옮길 수 있는 기회를 주어야 할 것이다.

우리는 태어나서 죽음에 이르는 모든 과정을 오직 '나'로 살아갈 뿐이다. 그리고 거기에는 성별도, 인종도 상관없다. 또 그 모든 것에 대한 차별도, 편견도 없다. 그저 세상에 단 하나뿐인 '나'만이 존재한다. 우리가 학교에서 학생들에게 가르쳐주어야 할 것도 이와 다르지 않다.

03
선거권과 시민교육

"시민의식을 키우는 선거교육,
어떻게 이루어져야 하는가?"

오랜 논쟁 끝에 2019년 12월 공직선거법이 개정됨에 따라 선거연령이 만 18세로 확대되었다. 드디어 우리나라도 고등학교 학생들 중 일부나마 선거권을 갖게 된 것이다. 기·승·전·입시로 귀결되고 있는 우리의 공교육체제 안에서 한국 사회 구성원들은 학생들에게 '미래를 위해서'라는 명분을 앞세우며 민주시민으로 성장하는 경험을 암묵적으로 유보해왔고, 때로는 금기시하기까지 했다. 하지만 이제라도 선거 연령이 하향 조정됨으로써 청소년들도 시민으로서 자신의 권리를 당당히 행사할 수 있게 된 만큼 우리 학교의 일상은 물론 교육과정 속에서도 민주시민교육을 한층 강화할 수밖에 없는 계기가 마련되었다고 생각한다.

| 주권자로서의 권리 행사와 학생이라는 신분적 한계 |

이제 학생들은 주권자로서의 확대된 정치적 권한을 행사할 수 있게 되었고, 정치권 또한 학생들의 목소리에 귀를 기울일 수밖에 없을 것이다. 비록 아직 일부이기는 하지만 선거권을 갖게 됨에 따라 그동안 정책 결정 과정에서 소외되기만 했던 청소년의 목소리에 비로소 힘이 실리게 되었다. 예컨대 교육정책이나 입시제도 등 학생들과 직접적으로 관련된 부분에 당사자인 학생의 의견을 주요하게 담을 수 있게 된 것이다. 학부모나 교육 단체의 사리사욕에 우왕좌왕했던 교육정책에서 교육 당사자인 학생에서부터 시작될 수 있는 계기가 마련되었다고 하겠다.

하지만 아직은 갈 길이 멀어 보인다. 왜냐하면 학교 내 선거운동과 정치활동을 두고도 사회적 논란이 시끄럽게 이어지고 있기 때문이다. 선거권을 가진 시민이라면 당연히 일반적인 정치활동이 가능해야 한다. 일반적인 정치활동이란, 선거에 관한 단순한 의견개진 및 의사표시, 선거운동을 위한 준비행위, 정당의 후보자 추천에 관한 지지·반대의 의견개진 및 의사표시, 통상적인 정당활동, 특정 정당 또는 후보자를 지지·추천하거나 반대하는 내용 없이 투표 참여를 권유하는 행위 등을 말한다. 그럼에도 불구하고 새롭게 유권자가 된 우리나라 청소년의 참정권은 온전히 보장받지 못하고 있다. 보장은커녕 오직 학교에 소속된 학생이라는 이유로 크게 제한되고 있다. 무엇보다 우리나라 대부분의 학교는 학칙에서 학생

#18세 선거권_ #하지만_ #모의투표는_ #선거법 위반?!
#학생들의_ #정당한_ #권리 행사와_ #시민의식의 함양을_ #도와주세요~!

의 정치활동을 엄격하게 금지하고 있다. 학교를 정치판으로 오염시킬 수도 있다는 우려를 이유로 말이다.

잠시 다른 OECD 국가들의 현황을 살펴보자. OECD 37개의 가입국 중 25개국이 우리나라의 고등학교에 해당하는 교육기관 졸업 전에 투표권을 행사할 수 있다. 만 18세 선거권을 허용하는 국가는 체코와 스위스, 핀란드, 덴마크, 이탈리아, 독일, 일본 등이다. 심지어 영국과 오스트리아는 만 18세보다도 빠른 만 16세부터 선거를 할 수 있어, 대다수의 학생이 고등학교를 다니는 동안 투표권을 행사할 수 있다. 그런데 우리의 우려와 달리 OECD 어느 국가에서도 학생들이 선거권을 가지거나 정치활동을 허용함으로써 학교가 정치판으로 오염되었다는 소리는 듣지 못했다.

엄연히 선거권을 행사할 수 있는 권리가 있는 마당에 학교 안에 소속되어 있다는 이유로 학생의 학내 정치활동을 금지하는 것은 헌법 및 국제인권규범, 상위법령에 반한다. 따라서 효력 없음을 확인하고 개정되어야 할 것이다.

촛불청소년인권법제정연대에 따르면 청소년 선거권이 온전히 보장되기 위해서는 비단 선거일에 투표할 권리를 보장해주는 것만으로는 부족하다. 선거에 관한 자신의 정치적 의견을 자유롭게 토론하고 선언할 권리, 정당에 관한 홍보나 가입 권유, 지지하는 후보자의 선거운동에 참여할 권리 등 자신의 정치적 의사표현을 위한 권리들까지 자유롭게 보장되어야 한다고 주장하기도 했다.

| 교실 구석구석으로 민주주의가 전파되기 위하여 |

선거권 하향이 이루어졌으니, 이제 학교에서도 학생들이 주권자로서 올바른 정치적 참여를 행사할 수 있도록 교육해야 한다. 특히 10대 새내기 유권자에 대한 선거교육이 절실한 실정이다. 2020 총선 때 14만여 명의 학생 시민들은 생애 첫 선거에 참여할 수 있다. 하지만 현재까지 학교에서 제대로 된 선거교육이나 모의선거를 경험한 학생은 전무한 형편이다.

▪ 걸음마 단계의 우리나라 선거교육

이미 오래전부터 선거교육이 활성화되어 있는 유럽과 달리, 우리나라 선거교육은 아직 걸음마 단계에도 미치지 못하고 있다. 독일 정치 교육 교과서를 보면 정당과 선거에 대해 약 20쪽에 해당하는 방대한 내용을 할애하고 있으며, 학생들과 함께 배우고, 직접 모의선거도 경험하고 있다. 1999년 청소년 모의선거를 시작하여 2017년 9월 실시된 연방총선 청소년 모의선거에 전국적으로 3,490개 학교가 참가했다. 독일 정부는 2022년까지 모든 학교에서 모의선거를 실시하는 것을 목표로 하고 있다. 이에 반해 우리나라는 사회 교육과정에서 정당과 선거의 개념과 제도만 소개하고 있을 뿐이다.

교육이 학생들의 삶과 제대로 이어지지 못한 채 형식적 개념이나 지식 전달에만 치중한 탓에 우리나라 학생들은 선거 4대원칙, 선거구 법정주의, 선거 공영제에 대해서는 달달 외우고 있을지 몰라도, 실제 자신들이 주체가 되어 필요한 정책을 제안해본 경험은 전무하다. 아울러 정치 후보자의 공약을 비교하여 **모의투표**를 해본 경험도 가질 수 없었다. 하지만 이제 학교는 선거교육을 통해 학생들이 자신의 삶과 연계하여 정당의 정책이나 공약을 분석해보고 따져볼 수 있는 냉철한 정치적 판단력을 키울 수 있도록 적극 도와야 한다. 학문에 있는 주요 개념을 암기시키는 현재 교육과정에서 벗어나 학생들의 실제 삶과 연결된 경험 속에서 정치적 사고, 비판적 사고를 할 수 있도록 격려해야 할 것이다.

- **'교육'이란 관점으로 접근하는 선진국의 선거교육**

안타깝지만 아직까지 교육부는 학생을 보호한다는 미명하에 선거법 위반 사례집 배포에만 치중하고 있는 모양새이다. 또한 중앙선거관리위원회는 서울시교육청에서 관할 40개 학교를 대상으로 주관하고자 했던 모의선거교육에 대해 사단법인이 아닌 정부기관이 주도하는 모의선거는 선거법에 저촉될 소지가 있다며 불허 입장을 밝힘으로써 제동을 걸기도 했다. 공직선거법 85조를 근거로 공무원이 선거에 영향을 주는 행위를 해서는 안 된다는 조항을 들어 우려를 표명한 것이다. 한편 교육 선진국이라 말하는 독일, 핀란드, 스웨덴, 미국, 일본, 코스타리카, 오스트리아 등 많은 국가는 우리와 사뭇 다른 모습을 보인다. 즉 국가기관 주도로 각종 선거 직전에 모의투표 운동을 진행하고 있는 것이다. 일본은 문부성과 총무성에서 고3 유권자의 모의선거를 위한 교재를 만들고 있다. 아울러 일본 선관위도 모의선거에 적극 협조하고 있다. 이렇듯 모의선거에 대해 대부분의 선진국 정부가 '교육'이란 관점에서 접근한 반면, 우리나라 선관위만 너무 '선거'란 관점에만 치우쳐 해석하는 모습을 보이고 있는 상황이다.[1]

▪ 규제보다 선거교육의 활성화가 중요한 이유

여기에서 우리가 당장 생각해봐야 할 문제가 있다. 그것은 우리가 지금 경계해야 할 것이 과연 학교가 정치화되고 자칫 선거 범법자를 양산하게 될 것이란 우려일까? 그보다는 오랜 시간 그런 핑계를 앞세워 규제를 강화해오는 바람에 선거교육이 활성화되지 않았다는 점이 훨씬 더 큰 문제이다.

앞으로는 선거법 위반 여부만 따지는 소극적인 방식에서 벗어나 민주시민교육의 철학과 방법, 내용을 어떻게 학교와 지역사회에서 구현할 것인가를 모색해야 한다. 주입과 교화를 하지 않는 조건이라면 현실 속 정치적 쟁점에 주목하고, 이에 관한 자유로운 토론 또한 더 이상 두려워하지 말아야 한다. 동시에 풍성한 자료와 프로그램, 선거와 정치 체험처를 지역사회에서 다양하게 제공해줄 필요가 있다. 이를 통해 학생들이 삶 속에서 자연스럽게 정치적 판단력을 키울 수 있어야 한다.

---

1. 윤근혁, 〈모의선거 훼방에 조희연 선관위도 모의선거 해왔으니〉, 《오마이뉴스》, 2020,1,30, 기사 참조

| 해외에서는 어떤 학생 선거교육이 이루어지고 있나? |

선거교육은 학생들이 주권자의식을 기반으로 사회 및 정치적 활동에 참여하고, 민주시민으로서의 실천적 삶을 살아가도록 안내할 수 있어야 한다. 따라서 이는 학교가 실천해야 할 민주시민교육에 있어서 결코 간과할 수 없는, 아니 매우 중요하고 꼭 필요한 부분이라고 할 수 있다.

학생들에 대한 바람직한 선거교육은 곧 부모들의 선거 참여를 높이는 효과로도 이어질 수 있으므로 결국은 우리 사회의 정치·사회적 발전 및 민주주의의 실질적 구현과도 연결될 수 있을 것이다. 하지만 우리나라 교사는 **정치적 중립성**이라는 기계적 프레임 안에 갇혀 있다. 이로 인해 자신의 삶에서 체화되지 않은 불완전한 선거교육을 실시할 수밖에 없다. 게다가 선거교육과 관련한 다양한 교수-학습 방법 및 활동들마저 구체화되어 있지 않다. 이에 현재 우리 공교육에서의 선거교육 영역은 불모지에 가깝다고 말해도 과언이 아닐 것이다.

한편 해외 사례를 보면 미국, 캐나다, 독일, 일본, 스웨덴, 핀란드 등에서는 이미 모의투표를 통해 학생들이 선거에 관심을 가지고 장차 시민으로서 정치참여활동을 할 수 있도록 이끈다. 즉 어렸을 때부터 정치적 의사결정에 참여해볼 기회를 다양하게 제공함으로써 학생들로 하여금 자신의 결정에 대해 한층 책임감을 가진 성숙한 시민으로 성장할 수 있게 적극 돕는 것이다. 이를 통해 학생들

은 투표가 지니는 중요성과 정치적 참여의 의미를 막연한 지식이
나 이론이 아니라 생생하게 경험할 수 있게 된다.

　아직까지 선거교육과 관련해서 불모지나 다름없는 우리나라의
현실을 감안할 때, 해외의 구체적인 선거교육 사례들을 살펴봄으로
써 분명 의미 있는 시사점을 얻을 수 있을 거라고 생각한다. 이에 정
치제도 및 선거에 대한 지식을 습득하고, 선거와 관련한 다양한 논
점에 대해 자유롭게 토론을 해볼 수 있도록 이끌고 있는 해외 선거
교육 중 미국, 캐나다, 호주의 사례들을 소개하려고 한다.

▪ 미국의 선거교육은?

미국의 애리조나 법률 서비스 및 교육 재단(Arizona Foundation for
Legal Services & Education)에서는 'Kids Voting USA'라는 유권자 교
육 프로그램을 운영하고 있다. 이곳에서는 어린이들로 하여금 투
표하는 습관을 기르고 가족들이 함께 시민권에 대해 논의함으로써
부모들의 투표율을 높일 수 있도록 안내한다.[2] 또한 이 프로그램에
서는 모의투표의 일환으로 지역관리위원회의 허가를 받은 후 성인
투표소 한편에 청소년을 위한 모의 기표소를 설치하여 투표를 미
리 경험해볼 기회를 제공하기도 했다.

　올바른 정치적 판단 능력을 갖출 수 있도록 도와주기 위한 선
거교육의 방법으로 미국의 교사들은 외부 단체가 만든 자료를

---

2. https://www.kidsvotingusa.org

적절히 활용하기도 한다. 대표적으로는 'Ben'Guide to the US Government'를 들 수 있다.[3] 이는 미연방기록보관소에서 만든 사이트인데, 정부의 구조와 정부기관의 역할 및 구성, 선거제도 등에 관한 내용들을 학생 연령에 맞게 재구성하여 만화, 캐릭터 등을 활용해서 제공하고 있다. 학생들은 이 사이트를 통해 선거와 관련한 내용을 이해하고, 민주당 및 공화당의 홈페이지에 접속해서 각 정당의 특징을 파악하기도 한다(곽한영, 2017).

| https://bensguide.gpo.gov | https://www.kidsvotingusa.org |

미국의 경우 〈Ben's Guid〉를 통해 미국 정부기관의 구조 및 역할, 선거제도 등에 대해 알기 쉽게 안내한다. 또 'Kids Voting USA'라는 유권자 교육 프로그램을 운영함으로써 어린이 선거교육 커리큘럼, 모의선거 결과 등을 안내하고 있다.

워싱턴, 제퍼슨, 링컨 등 역대 대통령들과 관련된 역사적 사실을 조사하며 이루어지는 선거교육활동도 있다. 그 밖에도 4~8학년을 위한 교수-학습 프로그램을 제공하는 '미들웹(Middle Web)'에서는 학

---

3. https://bensguide.gpo.gov

생들이 역대 대통령 후보들 중의 한 사람으로서 모의선거운동을 하는 프로그램을 안내하고 있다. 여기에 참여하는 학생들은 자신이 맡은 대통령의 공약, 업적, 역사적 상황 등을 면밀히 조사하여 선거 포스터, 연설문, 홍보 자료 등을 준비하게 된다. 그리고 이를 바탕으로 하여 대통령 재선을 위한 투표활동이 이루어진다. 또한 당선자를 결정하는 데서 끝나는 것이 아니라 후보의 성공 및 실패 이유에 대한 치열한 토론 과정을 거치기도 한다. 역사 속 인물을 통한 선거교육활동을 통해 선거 결과 및 과정에 대한 충분한 성찰이 이루어질 수 있도록 하는 것이다.[4]

• **캐나다의 선거교육은?**

캐나다의 선거교육 프로그램의 주요 특징은 연방 선거에 앞서 학생 선거(Student vote)를 실시하고 그 결과를 분석한다는 점이다. 또한 선거운동이 투표 결과에 어떤 영향을 미쳤는지를 토론해보는 시간을 통해 학생 선거의 과정을 성찰해볼 기회를 준다. 어느 후보가 가장 많이 득표했는지, 몇 퍼센트의 지지를 얻었는지를 살펴보고, 이를 다른 학교의 결과와도 비교해보며 어떻게 해서 그런 결과들이 나타났는지에 관해 함께 논의하기도 한다. 이 모든 과정을 통해 학생들은 투표의 중요성과 시민으로서 권리를 행사하는 것이 갖는 의미를 자연스럽게 깨달아간다(Student Vote, 2018).

---

4. https://www.middleweb.com/27908/a-lively-history-activity-for-presidents-day

학생들을 위한 다양한 선거교육 교수-학습 자료와 선거 매뉴얼 및 선거 결과 등이 탑재된 'https://studentvote.ca'에서 제공하는 선거 교육 관련 질문들을 살펴보면 다음 글상자와 같다. 이 질문들은 선거 결과를 비교하고 투표를 돌아보는 과정에서 함께 논의할 수 있는 내용들을 포함하고 있다.

---

* 모의투표 결과 관련[5]

- 학생 모의선거에서 어느 후보가 승리했으며 득표율은 몇 퍼센트인가?

- 실제 연방 선거에서는 어느 후보가 승리했으며 득표율은 몇 퍼센트인가?

- 학생선거에서 어느 정당이 승리를 거두었으며 얼마나 많은 의석을 확보했는가? 몇 퍼센트의 지지를 얻었는가?

- 실제 선거에서 어느 정당이 승리를 거두었으며, 얼마나 많은 의석을 확보했는가? 몇 퍼센트의 지지를 얻었는가?

* 새로운 정부를 구성하는 선거 관련

- 새로운 정부는 여당과 야당 중 어느 당이라고 생각하는가? 그 이유는?

- 누가 총리가 될 것이라고 생각하는가? 그 이유를 설명하라.

- 누가 야당의 지도자가 될 것인가? 왜 그렇게 생각하는가?

* 선거 돌아보기[6]

- 캐나다 연방 선거에 대하여 배운 것 3가지는?

- 선거교육 프로그램에서 가장 흥미 있었던 2가지는?

- 이 프로그램 중에서 자신을 변화시키고 또 자신의 의견을 발전시킨 방법 1가지를 든다면?

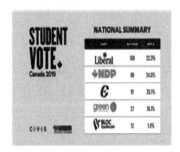

https://studentvote.ca
캐나다 선거교육의 특징은 투표의 중요성과 시민으로서의 권리 행사의 중요성을 학생들 스스로
자연스럽게 깨닫도록 하는 데 있다. 위 사이트에서는 캐나다 학생 선거의 결과 및 선거와 관련한
다양한 질문들을 포함한 교수-학습 자료 등을 제공하고 있다.

▪ **호주의 선거교육은?**

호주는 선거의무제를 시행하고 있는 국가이다. 일찍부터 시민교육
프로그램을 운영하며 아이들에게 선거권과 선거의무에 대한 체험
을 시작하도록 돕고 있다. 호주 시민교육 프로그램의 대표라고 말
할 수 있는 것이 바로 학생선거 지원을 위한 'Get voting' 프로그램
이다. 학교 선거를 실제 호주에서 치러지는 연방선거와 같은 형식
으로 진행하여 학생들에게 연방선거를 체험할 수 있게 하는 시민
교육 프로그램이다. 학교 선거 실시 3주 전에 신청을 하면 호주 선
거위원회에서 접수가 완료되는 날로부터 2일 안에 선거가 실시되

5. https://studentvote.ca/canada/wp-content/uploads/2019/08/Activity-14.1-Results-
   Comparison.pdf

6.https://studentvote.ca/canada/wp-content/uploads/2019/08/Activity-14.2-Election-
   Reflection.pdf

는 학교에 선거도구 패키지를 보내준다. 선거도구 패키지에는 선거정보 서류, 투표함, 투표함 잠금장치, 선거 포스터, 선거위원회가 착용하는 배지, 선거도구 보관함 등이 들어 있다. Get Voting은 아래의 다섯 단계로 이루어진다.

- Get Started 1단계: 선거를 계획하고 후보자를 선정
- Get Organised 2단계: 선거에 필요한 것을 함께 나열해보고 확인
- Get Informed 3단계: 선거의 내용과 올바르게 투표하는 방법 교육
- Get Voting 4단계: 선거 당일을 가상으로 체험
- Get Results 5단계: 개표와 당선자를 공표

※자료: 호주 선거위원회 홈페이지

'Get voting' 프로그램
이 프로그램은 Get Started , Get Organised, Get Informed, Get Voting, Get Results의 5단계로 나누어 학생들이 선거의 각 과정을 직접 경험할 수 있도록 하고 있다.

위와 같은 5단계의 과정을 직접 경험하며 학생들은 선거의 전 과정을 직접 체험해볼 수 있다. 이러한 살아 있는 선거교육을 통해 학생들은 선거권과 선거의무에 대해서 자연스레 배우고, 선거 결과의 공정성에 대한 믿음을 갖게 된다.

또한 호주 교육협의회(Education Coucil)에서는 2004년부터 학생들의 시민교육 및 시민의식에 관한 국립평가프로그램(NAP-CC)을 운영하여 6~10학년 학생을 대상으로 호주의 정치 시스템과 정부, 시민사회에 대한 이해를 묻고 시민활동에 대한 태도와 가치, 참여도 등을 측정하고 있다. 어렸을 때부터 선거와 민주주의에 대한 교육을 진행해 정치를 가까이하고, 정치에 적극적으로 참여하는 시민으로 양성하는 데 많은 노력을 기울이는 것이다.

| 우리나라에서는 어떤 학생 선거교육이 이루어지고 있나? |

앞서 우리는 미국과 캐나다 그리고 호주의 선거교육이 어떻게 이루어지고 있는지 간략하게나마 살펴보았다. 그렇다면 우리나라의 경우는 어떨까? 다음에서 몇 가지 선거교육 사례들을 소개하려고 하니 현장에서 참고가 되었으면 한다.

• 선거관리위원회와 연계한 선거교육 예시
선거관리위원회는 국민투표의 공정한 관리, 정당 및 정치자금에 관한 사무를 처리하기 위하여 설치된 국가기관으로 국회·정부·법원·헌법재판소와 같은 지위를 가진 독립된 합의제 헌법기관이다. 선거철의 선거 관리뿐만 아니라 선거가 없는 때에도 선거에 대한 올바른 의식을 심어주는 선거 홍보나 올바른 민주시민의식 함양 교육에 앞장서고 있다. 미래의 유권자를 위한 교육 사이트, 블로그 등을 운영하여 다양한 교육 프로그램과 자료를 제공하고 있으며, 학생들의 눈높이에 맞게 웹툰, 영상으로 제작된 자료도 탑재되어 있다. 이 중 선거 수업에 쉽게 사용해볼 만한 3가지 기능을 소개하면 다음과 같다.

첫 번째 기능은 **선거 벽보 제작 프로그램**이다. 선거관리위원회 사이트에서 통합자료실 − 선거정보도서실 − 사이버선거역사관 − 선거체험관에 들어가면 선거 벽보를 손쉽게 만들 수 있는 제작 프로그램을 접할 수 있다. 4가지 벽보 중 1가지를 선택하고 사진을 탑재한 후, 정당명, 기호, 슬로건, 공약을 5단계에 걸쳐서 쉽게 제작할 수 있다. 이렇게 제작한 벽보를 출력하여 교실 벽에 붙여놓고 게시한 후 후보자 토론과 정책 질의를 거쳐 투표로 진행해보는 선거 수업을 진행해볼 수 있다.

두 번째 기능은 **투표용지 제작 프로그램**이다. 선관위 사이트에서 첫 번째 기능의 경로와 똑같이 선거 체험관에 들어가면 투표용지 제작 프로그램이 있다. 컴퓨터로 만들어도 되지만 선거에서 쓰이는 것과 똑같은 투표용지에 투표한다면 한층 생생한 선거교육을 할 수 있다. 학생들이 만든 정당과 후보자명을 기입할 수 있으며 많은 후보자를 넣어 투표용지를 제작할 수도 있다. 또한 지역구 국회의원뿐만 아니라 비례대표 의원에 대한 투표도 가능하다.

세 번째 기능은 **희망 공약 제안 프로그램**이다. 선관위 사이트에서 분야별 정보 - 정책공약알림이 - 우리 동네 공약 제안으로 들어가면 공약을 제안할 수도 있고, 우리 동네에 제안된 다양한 공약들을 볼 수도 있다.

교실에서 우리 동네에 필요한 정책에 대해 토론하고 수렴하여 그 결과를 해당 사이트에 탑재하면 우리 지역 국회의원이나 시의회, 시장 등에게 의견을 전달하게 되는 프로그램이다. 또 지역 주민이 바라는 정책이 무엇인지, 어느 분야에 의견이 특히 많이 올라오는지도 살펴볼 수 있는 생생한 선거교육 프로그램이다.

| 선거관리위원회 선거 벽보 제작 프로그램 | 선거 벽보 제작 사례 |

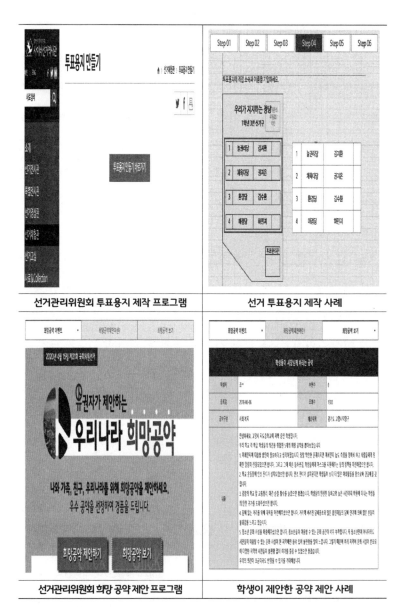

선거관리위원회 투표용지 제작 프로그램	선거 투표용지 제작 사례
선거관리위원회 희망 공약 제안 프로그램	학생이 제안한 공약 제안 사례

이러한 프로그램들을 잘만 활용하면 개념 전달 중심의 수업에서 탈피하여 실제 교실에서 학생들이 민주주의를 체험하고 공감할 수 있는 선거 수업을 만들어갈 수 있다.

▪ 매니페스토를 활용한 선거교육 사례

매니페스토란 선거에 임하는 후보자가 유권자에게 당선되면 실천하겠다고 문서로 제시하는 공약을 말한다. 예컨대 구체적인 예산과 예산 확보의 근거, 목표와 이행 가능성, 추진 일정 등을 구체적으로 제시한 것이다. 이러한 후보별 매니페스토를 모은 자료들을 분석해보면서 우리 자신의 삶과 연계된 공약이 무엇인지 파악하고, 바람직한 사회적 가치와 발전을 위해 어떤 공약이 필요한지에 관해 함께 살펴보는 교육이다.

매니페스토를 활용한 선거교육을 통해서 단순한 인기투표나 특정 이념에 사로잡힌 투표가 아닌, 공약에 신뢰성을 지닌 후보자가 당선되기 위한 발판을 마련할 수 있다. 나아가 뜬구름 잡는 식의 이상주의가 아닌 실천 가능한 공약을 제안함으로써 당선 후 공약 실천에 대한 책임감을 갖게 하는 문화를 조성하는 데도 기여할 수 있다.

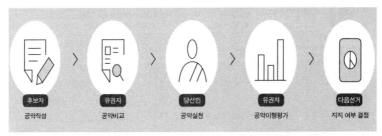

후보자	유권자	당선인	유권자	다음선거
공약작성	공약비교	공약실천	공약이행평가	지지 여부 결정

※자료: 중앙선거관리위원회 홈페이지

매니페스토 선거 과정
이러한 일련의 과정을 통해 단순히 인기에 영합하여 투표를 하는 것이 아니라 신뢰 있는 공약을 제시하는 후보에게 투표할 수 있는 발판이 마련된다.

앞의 그림(140쪽 참조)은 중앙선거관리위원회에서 제시한 매니페스토 선거 과정이다. 유권자는 후보자가 작성한 매니페스토를 읽고 공약을 비교하여 후보자를 선택하며, 공약을 제대로 이행하고 평가하는지를 살펴 다음 선거에서 지지 여부를 결정하는 것이 매니페스토 선거 과정이다. 이를 선거교육에 접목하여 다음 글상자와 같이 3단계로 구성하여 적용해볼 수 있다.

◆ **매니페스토 선거교육 3단계**

■ 1단계 : 선거 후보자 매니페스토 분석하기
  - 각 후보자의 매니페스토를 분석하여 공약 진단표를 통해 진단하기
  - 각 후보자의 공약을 주제별로 분석하여 다른 후보자들과 비교해보기
  - (선거가 없을 경우) 실제 당선된 후보자가 제시한 공약이 어떻게 이행되었고, 이를 위해 어떤 노력을 했는지 파악한 후, 피드백 실시해보기

■ 2단계 : 우리가 원하는 실천 가능한 공약 제안하기
  - 주제별로 우리가 실질적으로 원하는 공약을 제안해보기

■ 3단계 : 우리가 원하는 공약 마켓 열어 제안하기
  - 학생들이 제안한 다양한 공약을 한자리에 모아놓고, 주제별로 제안 공약을 분류한 후 공약 마켓을 열어 공유하고 제안하기. 이를 통해 제시된 대표 공약을 후보자에게 제공함으로써 학생들의 의견이 공약에 반영될 수 있도록 하는 데 의의가 있음.

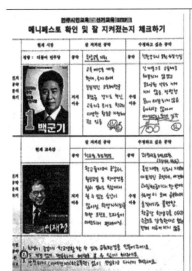

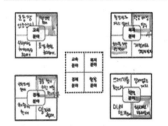

1단계: 주제별 매니페스토 분석하기	2단계: 우리가 원하는 공약 제안하기

3단계: 경기도교육청, 몽실학교 정책마켓 개최[7]	3단계: 우리가 제안하는 학교정책마켓

매니페스토 3단계를 잘 활용해 후보자들의 공약들을 분석해보면서 학생 자신의 삶과 연계되어 실제 그들의 삶을 바꾸는 데 기여할 수 있는 살아 있는 선거 수업을 진행할 수 있다.

▪ 기타 정치교육 사례(EBS 다큐프라임 학교의 고백 5부)

끝으로 한 가지 더 사례를 소개하려 한다. 정치란 국민이 인간다운 삶을 영위하고, 상호 간 이해를 조정하며, 사회질서를 바로잡는 등의 역할을 의미한다. 보통 정치라고 하면 정치인들만 하는 것이라고 생각하기 쉽지만, 전체 사회 구성원이 서로 생각을 공유하고 갈등을 함께 해결하는 모든 과정은 다름 아닌 정치인 셈이다.

그럼에도 정치는 기껏해야 투표에 참여하는 것 정도로 충분하다고 인식하는 경우가 대부분이다. 정치라고 하면 어른들도 어려워하며 거리감을 느끼는데, 하물며 아이들에게는 정치 수업을 어떻게 해야 할까? 학생들에게 특정 정당이나 정치색을 강요하는 것이 아니라 교실 속에서 매일 일어나고 있는 갈등이라든가 다양한 문제 상황에서 정치라는 메커니즘이 어떻게 작용할 수 있는지를 깨닫고, 나아가 현실 정치에 관심을 갖고 정치에 참여함으로써 향후 그들의 삶을 바꿔 나가는 데 어떻게 기여할 수 있는지를 자연스럽게 깨닫도록 도와주는 것이 중요하다. 이에 특정한 정치적 의도 없이 초등학교 정치교육 프로젝트로 제작한 EBS 다큐프라임 〈학교의 고백 5부: 정치 교실〉에서 실시한 프로젝트 수업을 소개하고자 한다. 수업에서 교사들이 '정치'라는 주제를 수업에서 어떻게 접근하여 다루고, 또 학생들과 함께 어떻게 이야기를 나누면 좋은지에 관한 의미 있는 힌트를 제공해줄 수 있을 거라고 생각한다.

---

7. 경기도교육청 보도자료, 제3회 몽실학교 정책마켓 개최, 2019.11.13.

◆ 정치 교실 어때요?

대상은 6학년의 한 학급 학생들이다. 아이들은 식순에 따라 진행되는 학급회의에 지루해 하던 참이다. 정치 수업을 시작하기 전에 선생님은 정치 수업이란 말에 긴장해버린 아이들을 향해 이러한 말을 건넨다.

　'반대까지는 아니지만 정치 수업을 하는 것이 썩 내키지 않았던
　사람도 분명 있을 테니, 그 사람들의 생각도 잘 표현될 필요가
　있다.'

교사는 먼저 교실 책걸상을 뒤로 다 밀도록 하고, 교실 한가운데에 선을 그었다. 그러고 나서 다음과 같이 학생들에게 질문을 한다.

　'정치 수업 프로젝트에 찬성하는 사람은 이쪽에, 꼭 반대가 아니
　더라도 좋은데 약간 생각이 다르다는 사람은 다른 쪽에 앉아 주
　세요.'

반대하는 쪽부터 한 사람씩 손을 들고 왜 반대하는지에 관해 자신의 의견을 얘기한다. 이후 마찬가지로 찬성측도 얘기를 하며 만장일치가 나올 때까지 계속 토론을 한다.

※자료: EBS 다큐프라임 〈학교의 고백 5부: 정치 교실〉

◆ 정당을 만들어요

본격적인 정치 수업을 시작하고 칠판에 주제를 제시한다.

'다르지만 같다. 행복한 학교 만들기'

행복한 학교라는 것에 대해서 학생 30명이 생각이 모두 다를 것이며 의견을 모아가는 과정이 정치이다. 우리 ㅇㅇ초등학교라고 하는 나라를 어떻게 행복한 나라로 만들 것인지 고민하고, 직접 정치인으로서 정치를 해보는 것이라고 얘기해준다. 그리고 행복한 학교에 대한 학생들은 저마다의 의견을 스케치북에 적는다.

예) 내가 생각하는 행복이란 것은 내가 하고 싶은 것을 하는 것
　　자신이 원하는 수업을 다니며 마음껏 즐기고 놀 수 있는 학교
　　체육시간을 늘리자
　　매일 체육만 하고 시험도 보지 않고 용돈도 주고 편하게 대학갈 수 있는 학교

어떤 의견이더라도 지도교사는 이런 학교가 생길지도 모른다며 수용한다. 학생들이 다 쓴 후 둥그렇게 앉아 한 명씩 자기가 쓴 내용을 발표하고 가운데 빈 공간에 내려놓는다. 그다음 학생은 자신과 생각이 비슷한 내용이 있으면 그 위에 겹쳐 올려놓으며 의견을 모은다. 모든 구성원이 생각을 글로 기록, 공유하며 자기주장을 말로 내세우기 어려운 사람들의 의견까지 모으는 **브레인라이팅** 토론기법이다.
이렇게 모은 의견 중 가장 많이 나온 의견은 '자유로운 학교생활'과 '체육활동을 많이 하는 학교생활'이었다. 자유로운 학교생활을 하고 싶은 아이들은 새로운 활동에 대한 갈증, 뭔가를 하기에는 부족한 짧은 쉬는 시간

등을 이유로 들었다. 체육을 원하는 아이들은 작은 놀이터 외에 뛰어놀 수 있는 운동장이 없다고 했다. 그 결과 자유당 13명, 체육당 12명 그 밖에 중립은 6명으로 나뉘었다.

정당이란 정치적 주장이 같은 사람들이 정치적 이상을 실현하기 위하여 조직한 단체이다. 각 당원들에게 전략회의 시간을 주었다. 이때 해야 할 것은 두 가지다. 첫째, 중립 6명을 설득하여 우리 정당으로 끌어올 수 있는 우리 정당의 공약 만들기 그리고 둘째, 각 당에서 설득할 대표 선수 3명을 당원들끼리 뽑기이다. 전략회의 시간이 끝나고 각 당의 대표는 상대 대표와 3:3 토론을 벌였고, 나머지는 이 여섯 명의 대표 토론을 경청했다. 토론을 들으며 상대를 잘 설득하면 중립이 아닌 당원도 상대 정당으로 갈 수 있음을 알려주고, 대표선수들은 서로 토론하고 반박하기도 했다. 이러한 설득 과정에서 학생들은 정확한 논리의 중요성을 알게 된다. 토론을 마친 후 아이들은 자리를 옮겨 정당을 결정한 기회를 가졌다. 토론 결과 자유당 16명, 체육당 5명, 중립 10명이 되었다. 그리고 옮긴 아이들에게 왜 당을 옮겼는지 이유를 설명해달라고 요청하며 수업을 마무리했다.

◆ 정당활동을 해요

이번 시간에는 당에는 대표, 대변인 등 다양한 역할이 있고 스스로 결정할 수 있으며 당의 기본조직을 갖춰보는 것을 안내했다. 두 번째 전략회의에서는 각 당원들이 정당 활동을 위한 준비를 했다. 그리고 객관성을 가진 중립파들은 각 두 정당의 주장을 정리하거나 정당 활동들을 관찰하고 인터뷰 등을 통해 반 친구들에게 알리는 언론 역할 또는 선거관리위원회 역할을 스스로 나누어 맡았다. 선관위는 선거 날까지 지킬 자신들의 눈높이에 맞는 선거법을 만들어보았다.

선거법 예) 1.포스터

-개수 : 각 당마다 2개씩

-위치 : 복도쪽 창문 밑 벽, 교실 뒤 게시판

2.벌점

-폭력 행사 시: 명심보감 1개씩 쓰기(모두)

-뇌물 주고받을 시 : 성실 -1점

-인터뷰 방해: 도토리 1개 압수(모두)

-포스터 훼손: 3일간 포스터 1개 떼기

-소란: 3번 걸리면 명심보감 1개 쓰기(모두)

정당활동을 하는 과정에서 선거관리위원회원이 당대표를 맡는 조건으로 선거관리위원을 포기한 채 당에 입당해서 학생들 사이에 부정청탁이다 등의 소란이 벌어지기도 했다. 하지만 학생들은 이러한 갈등 과정을 차근차근 해결해 나갔고, 이 과정에서 권력의지 등을 생생하게 체험해볼 수 있었다. 이러한 모든 과정을 통해 학생들은 정치란 어떤 것인지를 직·간접적으로 경험할 수 있다.

◆ 경쟁의 무기, 공약을 만들어요

학생들에게 같은 편 사람이 많다고 해서 반드시 이기는 것은 아니며, 그보다 중요한 것은 공약임을 안내한다. 아이들은 스스로 공약을 만들면서, 얼마나 많은 사람들의 요구를 담고 있느냐가 왜 중요한지를 배우게 된다. 넓은 운동장이 없는 조건을 고려한 체육당의 공약은 1. 새로운 운동기구 설치 2.자투리시간 모아 체육시간 늘리기였다. 그리고 이런 공약 조건이 실현 가능한지를 교장선생님께 물어볼 대표 학생도 정했다. 그러면서 학생들은 공약, 즉 공적인 약속의 책임성과 실천가능성을 고려하는 것도 배웠다.

한편 자유당은 자유와 관련된 공약을 정하는 데 어려움을 겪었다. 학생들은 이 과정에서 공약의 내용은 모호하거나 막연해서는 안 되며, 구체적이고 명확해야 함을 배웠다. 논쟁 결과 자유당 공약은 '타임 블록제'로 시간을 자유롭게 쓰는 것으로 정했으나, 구체성 측면에서 다소 떨어져 같은 자유당원들 간에 의견 갈등을 빚게 되었다. 차이를 좁히지 못한 일부 자유당원이 자기 자유당의 의견에 대해 체육당이 반론할 근거를 주는 조건으로 체육당으로 바꾸기도 했다. 하지만 그러한 위기 속에서 당대표는 같은 정당 아이들을 격려하고 공약을 수정·보완하도록 함으로써 학생들의 취미를 개발할 수 있는 '멘티멘토제'와 같은 공약을 만들었다. 또한 정책 토론회에서 내세울 정당 공약 포스터도 만들었다. 이러한 정당활동이 이루어지는 동안에 자유당 14명, 체육당 10명, 중립 7명으로 바뀌었다.

※자료: EBS 다큐프라임 〈학교의 고백 5부: 정치 교실〉

◆ 선거날 - 정책 토론회를 해요

토론에 있어 제일 중요하는 것이 무엇일지 학생들 스스로 생각해보게 하자 주장과 근거, 목소리, 상대방 입장에서 그 사람의 의견을 들어주는 것 등의 답변이 나왔다. 교사는 학생들에게 토론은 혼자 주장하는 것이 아니라 상대가 있기 때문에, 생산적인 토론이 잘 되려면 토론의 규칙을 잘 지켜야 하는 것이 중요하다고 안내하였다. 그리고 그 규칙을 지키도록 감찰하고 관리하는 역할이 선거관리위원회임을 알려주었다. 토론은 선관위가 토론을 주관하되, 당별로 발언 2분, 반론 2분, 각 당의 전략토의 5분 후 다시 재반론 2분을 하겠다고 사전에 안내하였다.

각 정당은 자신들 공약의 구체적인 내용과 좋은 점을 발표하며 자신의 당에 투표할 것을 설득하고, 다른 당은 상대 당의 공약을 들으며 반론할 거리를 생각하도록 했다. 그리고 선관위가 사회를 보면서 각 당의 대표가 서로 질문하고 반론하는 과정을 거쳤다. 논리적인 설득 과정이 아닌 말꼬리 잡기 식의 말싸움을 하거나 인신공격 등 상대를 인격적으로 비난할 경우에는 선관위가 제재를 가한 후 중간 회의를 통해 어떻게 할지 결정하기로 했다. 선관위 회의 결과 잘못 발언한 당대표가 즉석 공개 사과할 수 있도록 하고, 다시 토론을 재개했다.

정해진 토론 시간을 마치고 나서 교사는 다음과 같은 내용을 안내하였다. 즉 '행복한 학교 만들기'를 위해 쭉 해온 토론을 통해 각자 낸 결론을 잘 실행할 수 있는 정당이 어디일지 생각해보고, 아울러 선거를 통해 누구도 소외되지 않고 다함께 행복한 학교생활을 할 수 있는 역할을 뽑는 중요한 선택을 하게 됨을 안내해주었다.

◆ 최종 유세 및 선거를 해요

선관위는 투표 방법과 순서 등을 안내했다. 그리고 마지막으로 각 당은 선거 유세 기회를 가졌다. 행복한 학교 만들기에서부터 시작해서 정당 만들기, 정당 활동, 공약 만들기, 정책 토론 및 정책 검증에 이르기까지 의미 있는 과정을 경험한 아이들은 소중한 한 표를 행사하며 그동안 노력한 것에 대한 결과를 확인했다. 선거 과정도 선관위 주도하에 진지하고 공정하게 진행할 수 있어야 한다. 그리고 지지하는 당이 아닌 상대 당을 잘못 찍은 실수를 한 학생의 경우에는, 본래 선거에서는 불가함을 안내하고, 그 결정권은 선관위에게 주어 선관위 회의를 통해 재투표 여부를 결정하기도 했다. 그리고 공개 개표를 실시한 후에 결과를 발표했다. 실제 투표 결과 초기에 열세 몰렸던 체육당이 과반수의 표를 획득하였고, 이후 체육당을 포함해 각 당은 소감을 발표했다. 선거 이후 체육당은 자신들이 내건 정책을 실현하기 위해 전교생을 대상으로 어떤 운동기구를 설치할지 설문조사를 실시하였다.

처음에는 막연하게 정치를 멀고 어렵게만 느꼈던 아이들은 정치 수업 프로젝트를 통해 정치는 우리 생활에 없어서 안 될 것을 알고 정치에 대해 조금 더 가깝게 느끼게 되었다고 말했다. 또한 경우에 따라서는 소수파가 다수파가 되기도 하는 식으로 항상 변화의 가능성이 열려 있는 것이 민주주의임을 배웠다. 그리고 처음에 생각이 달라도 서로 경쟁하는 과정에서 자신의 생각이 한층 정리되는 한편, 상대방의 생각도 이해가 돼서 누가 이기든지 같이 갈 수 있는 선거를 꿈꿀 수 있었다. 이 수업을 통해 학생들은 학교가 즐겁고 행복해지고 더 나아가 나라가 발전하고 변화하는 데 기여하는 것은 개개인의 정치 참여에서 시작된다는 것을 배웠다.

| 18세 선거권, 교사의 책무는 무엇인가? |

공직선거법 개정으로 선거 연령이 하향 조정되면서 만 18세부터 선거권을 갖게 된 지금, 청소년은 법적으로도 시민의 권리를 당당히 행사할 수 있는 주체가 되었다. 이러한 역동적인 역사적 흐름을 바탕으로 지금까지와는 다른 살아 있는 시민교육이 이루어져야 하며, 이는 우리 교사들에게 더 이상 미룰 수 없는 중요한 사명이자 과제이다. 현재 우리 교사들은 스스로의 힘으로, 우리 아이들에게 우리 삶의 현장인 학교에서, 그것도 가장 민주적인 방법으로 학생을 시민답게 가르쳐야 한다는 사명을 이룰 절체절명의 기회 앞에 서 있는 형국이다.

세상은 우리 교사들을 전문가라고 말하면서도 전문가로 인정할지 말지를 고민하고, 또 정치적 중립성을 지키라고 말하면서 선거 외에 정치적인 권리를 인정하지 않아 왔다. 그렇지만 이제 우리 교사들은 온갖 치열한 정치적 다툼이 벌어지고 있는 소용돌이의 한복판에 서게 되었다. 이런 현실은 아이러니하게도 학생들에게 권리 행사를 제대로 하도록 가르칠 수밖에 없는 구조를 만들어냈다고 할 것이다. 이는 앞으로 교사인 우리들에게 어쩌면 엄청난 영향력과 전문적인 역량을 내뿜을 수 있는 기회가 될지도 모른다. 이것이 비단 핑크빛 환상으로 끝나지 않도록 우리도 우리의 목소리를 찾아야 할 때이다.

앞선 연구가들은 우리나라 교육 현장에서는 정치교육보다는 민주시민교육이, 정치참여보다는 사회참여라는 표현이 저항감이 덜하고 확장성이 크며, 이를 위한 교육은 어느 기관보다도 **학교**가 중추적인 역할을 담당해야 한다고 말한다. 또 학생들에게 민주주의의 이념에 대한 교육뿐만 아니라 실제 참여로 이어질 수 있는 교육과정을 제공해야 한다고도 말한다.

비록 현실이 우리 역사의 질곡만큼 녹록하지 않아 반세기라는 오
랜 시간이 지나버렸지만, 늦었어도 때는 왔다. 우리가 그토록 바라
던 가장 본질적이고 궁극적인 그것을 현실화할 수 있는 때 말이다.
학교와 교실이 중심이 되어 학습 생태계와 연대하여 교육을 통해
사람을 사람답게 키우고, 서로가 서로를 행복하게 살리는 역량을
갖춘 사람을 기르는 교육을 할 수 있는 기회가 왔다. 그것도 가장
보편적인 방법으로 누구나 누릴 수 있도록 말이다.

04
다문화 사회와 시민교육

"다문화 감수성을 가진 세계시민,
어떻게 교육할 것인가?"

오랜 시간 학교에서 마치 훈장처럼 강조해온 '우리는 단일민족'이라는 표현이 무색할 만큼, 우리 사회는 급격히 다문화 사회로 변화하고 있다. 통계청에 의하면 2018년 현재 우리나라의 다문화 가구는 33만 명 이상, 가구원은 100만 명 이상으로 총 인구의 2%를 차지하며, 다양한 이유로 우리나라에 거주하는 '외국인'까지 포함하면 다문화 인구는 전체 인구의 4% 이상을 차지한다.

우리나라 인구의 4% 이상이 다문화 인구라면 일상생활에서 이들을 마주칠 가능성이 매우 높아야 한다. 하지만 실제 일상에서 이들을 만날 경우는 생각만큼 흔하지 않다. 그 이유는 우리나라의 다문화 인구가 주류 집단과 어울려 살기보다는 같은 국적끼리 특정 지역에 모여 있는 경우가 많기 때문이다. 즉 우리 사회의 다문화 인구는 공간적으로 고르게 분포하지 않아 다문화 성원과 주류 집단 모두 서로 자연스럽게 접촉할 기회가 상대적으로 부족한 편이다.

우리나라의 다문화 인구는 노동 현장이나 학교, 지역사회에서 이미 소수집단으로서 많은 어려움을 경험하고 있다. 이들은 일터에서 임금과 대우의 차별, 학교에서의 집단 따돌림, 다문화 가정 자녀 및 중도입국 자녀가 겪는 정체성의 혼란, 배우자의 부모를 비롯한 새로운 가족 성원과의 문화 갈등 등을 호소하고 있다. 이들의 어려움을 바라보는 한국 주류 집단의 시선도 곱지만은 않다. 이방인에 대한 무조건적 배타적 감정, 인종 차별주의, 혐오, 시혜적 시각으로 이들을 대상화하는 온정주의 등이 다양한 문화 집단의 상호 공존을 방해하고 있다. 그러나 우리 사회의 구성원, 특히 청소년이 살아가게 될 세상은 특정 국가의 경계를 넘어서 다양한 문화가 상호 공존하는 지구마을 공동체의 성격이 더욱 강해질 수밖에 없다. 이들이 다양한 문화의 공존을 넘어서 바람직한 세계시민으로 성장하기 위해서 제대로 된 다문화 교육이 어느 때보다도 필요한 시기이다.

| 다문화 인구의 증가는 전 지구적인 현상이다 |

한국 사회의 다문화 인구를 구성하는 사람들은 주로 이주노동자와 결혼이민자이다. 한때 우리나라는 전후 급속한 산업 성장 과정에서 노동력을 수출하는 국가였으나, 1980년대 중반부터 시작된 저출산 고령화 현상으로 인해 경제활동 인구가 부족해지고 본격적으로 노동력 수입국으로 변모하였다. 또한 주로 농촌 미혼 남성의 아시아 국가 여성과의 국제결혼이 증가를 중심으로 결혼이민자도 증가하였다. 다문화 인구의 증가는 저출산과 고령화로 인한 경제활동 인구 부족을 해소하는 등 인구 감소폭을 25% 줄이는 효과와[1] 이중 언어 사용자의 증가로 국가경쟁력을 높일 것으로 기대되고 있다. 이처럼 다문화 인구 증가에 대한 장점은 매우 이해타산적인 반면 이들이 겪는 어려움은 매우 구체적이고 실제적이다. 다문화 가족이라는 이유만으로 받는 차별, 피부색에 따른 이중적 잣대, 일터에서 주류 집단과는 다른 차별적 대우, 주류 집단과 어울리지 못하는 집단 거주 현상 등은 우리가 함께 극복해야 할 문제들이다.

다문화 인구의 증가 현상 및 이로 인한 문제점에 대한 우려는 단순히 우리나라만의 일이 아니다. 매년 전 세계 인구의 3%가 지구촌 사회에서 이동하고 있고 이주의 목적도 다양하다. 과거에는 주로 정치적·종교적 자유를 찾아 떠났고, 지금은 더 나은 교육적·경제적 환경을 찾아 떠나고 있다. 개발도상국의 노동자들은 다국적기업에서 일하다가 기업의 본사가 있는 곳이나 다른 국가로 이주하기도 하고 이들의 가족은 교육적 이유로 또 다른 국가로 이주하기도 한다.

한편 정치적·종교적 갈등과 전쟁, 굶주림 등에서 벗어나기 위한

---

1. 한국보건사회연구원, 2010.

난민들도 늘고 있다. 자발적 이주와 달리 이들은 억압을 피해 강제적으로 이주를 해야 하는 상황이지만, 모든 국가에서 환영받는 것은 아니다. 최근에는 지구온난화로 인해 국토의 일부가 물에 잠기면서 또는 그 밖의 천재지변으로 인해 다른 나라로 어쩔 수 없이 이주해야 하는 기후난민도 증가하고 있다.

IOM(국제이주기구)에 의하면, 전 세계 인구 7명 중 1명이 이주자이고, 국내외이주를 포함한 전 세계 이주자의 수는 현재 10억 명

◆ **이주의 시대, 고향의 의미를 다시 묻는 영화 〈브루클린〉**

타지에서도 고향의 향수를 느낄 수 있을까? 영화 〈브루클린〉은 1950년대 아일랜드 출신의 에일리스(시얼샤 로넌)가 미국으로 이주하여 뉴욕 브루클린에서 겪는 향수병을 그리고 있다. 에일리스는 밤낮으로 꿈을 실현하려 애쓰며 브루클린에 적응하려고 노력하지만 아일랜드에 있는 가족에 대한 그리움으로 지독한 향수병에 시달린다. 에일리스에게 고향은 어떤 의미이며, 과연 어디인가?

'고향을 그리워하는 사람은 미숙한 존재들이고, 타향을 고향처럼 느끼는 사람은 성숙한 인간이고, 세상이 다 타향처럼 느껴지면 완성된 인간이다'라는 말이 있다. 전 세계 10억 명 이상이 자신의 고향을 떠나 다른 곳에서 살고 있다는 이주의 시대. 이 영화는 우리에게 고향의 의미를 다시 묻는다.

에 이르는 것으로 나타났다. 전 세계인의 이주 현상은 세계화 현상과 맞물려 더욱 유기적으로 전개되고 있다. 이처럼 이주로 인한 다문화 인구의 증가는 특정 지역에 국한된 것이 아니라 전 지구적 현상이다. 현재의 청소년이 살아가게 될 미래에는 이주민을 배제하면서 단일민족 신화만을 그리워하며 살아갈 공간은 없다.

| 다문화교육의 목표는 다문화 감수성을 가진 세계시민 |

우리는 이제 피부색이나 국적을 넘어서 다양한 문화 속에서 어떤 인식과 태도로 살아가야 하는가의 문제에 당면해 있다. 다문화 사회에서 우리는 어떤 시민으로 성장해야 하는가. 사람을 구분하는 기준인 '국적'의 비중이 점차 약해진 지금, 이제는 개인의 정체성을 지역이나 국가에만 국한하지 않는 다중적인 세계시민의 정체성으로 확장할 필요가 있다.

사실 국적과 국민의 개념이 자리 잡은 역사는 생각보다 그리 길지 않다. 1648년 베스트팔렌 조약 이후로 유럽의 국가들은 독립과 동시에 영토와 종교의 자유를 부분적으로 얻어 국민국가로 정착하는 계기를 마련하게 되었다. 이후 유럽의 각 국가의 국경선을 분명하게 그리기 위한 전쟁은 계속되었고, 이에 따른 갈등이 심화될수록 유럽인들의 민족국가, 국민으로서의 의식 또한 더욱 분명해지면서 근대사회 전개의 중요한 배경이 되었다.

반면 포스트모던 시대라고 불리는 현대사회에서는 이러한 국민국가 중심의 시민성이 약화되기 시작하였다. 이러한 현상은 교통과 통신의 발달로 국가 간 교류가 활발해지고, 특히 경제 영역에서의 국경선이 모호해지는 **세계화** 현상과 함께 두드러지게 되었다. 경제 영역의 세계화는 생산과 판매가 전 세계를 대상으로 이루어지게 하였고, 문화 영역의 세계화는 한 지역의 문화 현상을 전 세계에서 동시에 즐길 수 있게 만들었다. 세계 모든 지역과 국가가 다양한 영역에서 상호 긴밀하게 연결되어 있어, 인권, 평화, 불평등, 빈곤, 환경, 자원 고갈 등의 문제는 특정 국가의 힘만으로는 해결하기 어려워졌다.

특히 경제와 문화 영역에서 국가 간 경계가 점차 희미해지면서 국민국가 안에서 합리성을 강조하던 근대적 시민성 개념에도 변화가 생겨나기 시작했다. 이전에 지역 주민 또는 한 국가의 국민으로 자신을 인식하던 개인은 이를 넘어서 세계라는 공동체의 일원인 **세계시민**으로서 스스로를 인식해야 한다.

다문화교육의 목표는 다양한 문화적 배경에서 자신의 다문화적 정체성을 형성하고, 자신과 다른 집단에 대한 **상호 문화 감수성**을 갖고, 환경, 정의 등과 같은 지구마을 차원의 문제에 대해 공동체 의식을 갖고 실천하는 세계시민으로 성장하도록 돕는 것이다. 이러한 다문화교육은 단순히 자라나는 아이들에게만 요구되는 것이 아니다. 다문화 가족 자녀를 비롯한 모든 아이들, 이들의 가족과 이웃, 이들을 가르치는 교사도 마찬가지이다. 즉 다문화교육은 모든 사회 구성원을 대상으로 해야 한다. 다문화사회에서 규정하는 공동체는 세계, 즉 지구마을인 것이다.

| '우리'와 '그들'을 구분하는 절대적 기준 따위는 없다 |

문화(culture)라는 영어단어는 '땅을 경작하다'라는 라틴어에서 유래하였다. 좁은 의미로는 발전된 것이나 세련된 것을 뜻하는 '문명(civilization)'의 의미나 교육, 예술, 문학 등 세련된 정신을 바탕으로 한 산물을 의미한다. 한편 넓은 의미로는 의식주와 같이 한 사회 구성원들이 갖는 생활양식을 포괄하는 것으로, 생각, 감정, 행동 등도 포함된다. 따라서 이러한 문화는 집단적 현상일 수밖에 없다. 문화는 동일한 사회 환경 안에서 살고 있거나 산 적이 있는 사람들 사이에서 형성되고 공유되며 학습되고 축적되어 전달된다. 그런 의미에서 볼 때, 문화는 한 공동체와 구성원들을 다른 공동체와 구성원들로부터 구별할 수 있게 해준다고 할 수 있다. 하지만 한편으로 문화는 시간의 흐름에 따라 새로운 발명과 발견, 환경의 변화, 다른 문화와의 접촉 등으로 인해 끊임없이 변화할 수밖에 없다.

문화가 이와 같이 한 집단의 시간적, 공간적 환경 속에서 관계에 의해 정의되는 것이기에, 사회에 따라 문화는 다르다. 한 사회 내에서도 국가, 지역뿐만 아니라, 직업, 성별, 사회계층, 세대, 취향

등 집단을 구분하는 기준은 수없이 많으며, 세상에는 그만큼 다양한 문화가 존재한다.

한 사회에서 다양한 집단이 있다는 것은 그만큼 한 사회의 문화가 단일하지 않다는 것으로 해석될 수 있다. 문화 집단의 다양성만큼이나 집단 내 개인이 갖고 있는 문화의 다양성도 존재한다. 모든 개인은 스스로 사회의 어떤 집단에 속해 있다고 느끼고, 이러한 소속감을 갖고 자신과 문화적 특성을 공유한다고 믿는 사람들을 '우리'라고 부른다. 그리고 그 경계 밖에 있는 사람들을 가리켜 '그들'이라고 부른다.

◆ 타이거 우즈는 어느 나라 사람일까?

※자료: https://commons.wikimedia.org/wiki/File:Tiger_Woods_2018.jpg

골프의 천재로 불리는 타이거 우즈는 어느 나라 사람일까? 많은 사람들이 알고 있듯이 그는 미국인이지만 그는 스스로를 캐블리네시안(Cablinasian)이라고 불렀다. 이는 타이거 우즈가 Caucasian + Black + American-Indian + Asian을 합성한 신조어로, 1/4은 중국, 1/4은 태국, 1/4는 아프리카 흑인, 1/8은 미국 인디언 그리고 나머지 1/8은 네덜란드인의 피가 흐른다는 의미이다. 그는 스스로 자신이 다인종의 혼혈이란 사실에 거부감을 느끼지 않는다고 밝혔다. 타이거우즈를 인종이나 민족으로 단일하게 구분할 수 있을까? (매경 시사용어사전)

'우리'와 '그들'을 구분하는 절대적인 기준은 없다. 한 개인이 갖는 문화가 단일하지 않기 때문이다. 예컨대 하나의 기준에 의하면 '우리'에 속하지만, 다른 기준에 의하면 '우리'에 속하지 않을 수도 있다는 뜻이다. 나와 같은 국적의 '우리'라 해도 성별, 나이, 학력 등을 기준으로 하면 누군가는 다시 '그들'이 된다. 처한 환경이 달라지면 '우리'와 '그들'의 기준도 달라진다. 나와 어떤 사람을 '우리'와 '그들'로 영원히 구분하는 절대적이고 유일한 기준은 없다.

| 다문화 시민이 경계해야 할 두 가지 태도 |

우리나라에서 문화적 다양성이 증가하고 있는 한편, 이로 인한 사회 갈등, 특히 다른 문화 성원에 대한 차별, 민족적 배타성, 피부색에 따른 이중적 시각 등은 우리가 반드시 해결해야 할 과제이다. 우리가 위와 같은 태도를 극복하고 다문화 사회의 구성원으로서 올바른 인권의식을 갖기 위해 반드시 경계해야 할 태도가 혐오와 온정주의이다. 혐오와 온정주의는 다문화 사회에서 문화 감수성을 갖춘 시민이 경계해야 할 최대의 적이다.

▪ 외국인 혐오(제노 포비아)

제노 포비아(xenophobia)는 '외국인', '이방인'이라는 뜻의 '제노(xeno)'와 혐오의 의미를 가지는 공포, 즉 '포비아(phobia)'의 합성어

#우리와_ #그들을_ #구분하는_ #절대적 기준 같은 건_ #세상에 없다!

로 '이방인에 대한 혐오 현상'을 나타낸다. 국가, 민족, 문화 등 동질성을 가진 집단이 외부 요소에 대한 극도의 혐오를 나타내는 현상으로 역사적으로 항상 존재해왔다. 대표적인 사례가 2차 세계대전 당시 나치에 의한 유대인 학살 '홀로코스트(holocaust)'이다. 외국인 혐오 현상은 우리나라에서 '다문화 반대운동'이나 '외국인 인종 차별' 현상으로 나타나기도 한다.

그렇다면 '외국인 혐오' 현상은 왜 나타나는 걸까? 심리적으로 분석해보면, 외국인 혐오 현상은 다른 집단 성원에 대한 편견과 고정관념이라는 심리적 현상이 극단적으로 표현된 것임을 알 수 있다. 심리학적으로 볼 때, 사람은 자기 집단과 다른 집단을 구분하려는 경향을 가진다. 이러한 구분을 구체화하려는 인지적 노력을 최소로 하기 위해[2] 사람들은 자기 집단과 타 집단을 자동적으로 범주화하는 경향을 보인다. 예컨대 '중국인끼리 모여 있으면 시끄럽다'는 고정관념은 한국인과 중국인을 구분하려는 경향, 모든 중국인을 구체적으로 살펴보려는 인지적 노력의 최소화로 나타나는 것이다. 자신이 경험한 일부 중국인의 특징만으로 '그들 집단'과 '우리 집단'을 구분 지으려는 것이다. 이러한 최소 노력의 결과, 사람들은 특정 집단에 대한 고정관념이라는 인지적 과정을 만들게 되었고, 이러한 고정관념이 사람들로 하여금 편견을 갖게 한다.[3] 이러한 편견

---

2. 이를 인지적 절약자(cognitive misers)라고 부른다(Fiske, 1998b; Fiske & Depret, 1996; Jones, 1990; Taylor, 1981, Aronson et al., 2007에서 재인용).

3. Allport, G. W., The nature of prejudice. Cambridge: Addison-Wesley, 1954.

은 때로 혐오와 차별을 정당화하기도 한다. 한편 '외국인 혐오' 현상은 악의가 없는 상대방을 자신과 다르다는 이유만으로 경계하는 심리상태의 하나로, 자기 과보호의식이나 지나친 열등의식에 기인하기도 한다.[4]

• 온정주의

다문화적 정체성을 갖춘 세계시민으로 성장하는 데 경계해야 할 또 하나의 태도는 온정주의이다. 온정주의(paternalism)는 "사회적으로 자신보다 낮은 지위의 사람을 원칙보다는 온정으로 대하는 태도"를 말한다. 다른 문화의 소수집단 사람들을 온정으로 대하는 것이 대체 뭐가 문제인가 싶겠지만, 이는 사회에서 다른 사람을 자신과 동등한 존재로 대하지 않는 것을 의미하므로, 적절한 상호 관계가 미처 형성되기도 전에 타인에 대해 온정주의적 태도를 갖는다면 이는 다른 문화에 대한 거부감을 가중시킬 위험이 있다.[5]

과거 교육부에서 발표해온 다문화교육 목표에서도 다문화교육의 대상을 다문화가정의 자녀로 한정하면서 이들을 시혜적 온정주의의 대상, 주류문화 적응을 위해 교육해야 할 대상, 이중 언어를 사용할 수 있는 미래의 글로벌 인재[6] 등으로 다양하게 대상화한 모

---

4. 한국다문화교육연구학회, 《다문화교육용어사전》, 교육과학사, 2014
5. 같은 책
6. 교육부, 2012, 〈다문화학생 교육 선진화 방안〉

습을 볼 수 있다. 하지만 제아무리 좋은 말로 포장을 한다고 해도 이러한 식의 대상화는 결국 편견을 싹 틔우는 빌미를 제공할 수밖에 없다.

| 다문화 시민의 필수 역량, 문화 감수성! |

현실 상황은 무시한 채 핑크빛 미래만 꿈꾸는 교육이 과연 의미 있을까? 교육은 현재를 딛고 선 채 올바른 미래를 지향해야 한다. 다문화 시민교육도 마찬가지다. 다문화 사회에서 우리가 딛고 서야 할 현재는 무엇이며, 지향할 미래는 어디인가? 우리가 미래의 지구촌 다문화 사회를 함께 열어가기 위해서는 특정한 역량이 필요하다.

• 다양한 문화 접촉으로 인한 갈등을 해결하기 위해 필요한 역량들

다문화 사회란 다양한 인종 · 종교 · 문화를 가진 사람들이 함께 공존하는 사회를 의미한다. 소위 단일민족 국가라며 하나의 민족이 구성하는 국가를 자랑스럽게 여겼던 우리 사회와 같은 경우에는 특히나 더 다문화 사회라는 그 용어에서부터 갈등의 요소가 생겨날 수 있다. 왜냐하면 다양한 인종 · 종교 · 언어 등의 문화가 관광객처럼 그저 스쳐지나가는 것이 아니라 우리 사회에서 서로 연결되어 함께 어울려 생활해야 하는 것을 인정해야 하기 때문이다. 이제 다문화 사회로의 이행은 필연적인 만큼 다문화 사회에서 나타날 수 있는 갈등들을 줄이는 한편, 다양성으로 야기될 수 있는 요소들을 문화 창조로 발전시킬 필요가 있다. 그렇다면 이러한 다문화 사회의 갈등을 해소하고 다문화 사회에서 살아가는 데 필요한 태도와 자세에는 어떤 것들이 있을까?

첫째, 다양한 인종, 종교, 언어 등과 같은 문화적 배경에 대해 **관심**을 갖기 위해서 노력해야 한다. 우리가 처음 외국에 갔을 때를 한번 생각해보자. 처음 보는 것에 대한 낯섦을 느끼고, 한편으론 새로운 것에 대한 관심이 들면서 좀 더 알고 싶어질 것이다. 이는 다름을 인정하고 배우려는 마음과 다르지 않다. 이처럼 서로 다르다는 것에 대한 개방적인 자세, 즉 관용을 가져야 한다.

둘째, 다문화 사회에서 존재하는 다양한 문화를 **인정**하고 **존중**해야 한다. 다양한 문화에 대한 존중과 인정, 문화 교류를 통해 문화의 다양성을 유지할 수 있고, 문화 간 융합을 통해 한 사회의 문화는 창조적 문화로 발전할 수 있다.

셋째, 다른 문화에서 온 사람들에 대한 차별을 막고, 그들과의 갈등을 합리적으로 해결할 수 있는 **법과 제도**가 마련되어야 한다. 이를 통해 우리 사회에서의 갈등을 해소하여 이주민이 우리 사회의 구성원으로서 권리와 책임을 알고 누리며 다할 수 있도록 하는 노력이 필요하다.

· 문화 감수성과 상호 문화 감수성 발달이론

다문화교육에서는 위와 같이 다른 문화에 대한 개방적 태도, 편견과 차별에 대해 저항하는 능력, 보편적 정의를 추구하는 태도를 포괄하는 역량을 기르는 것을 중요한 목표로 삼고 있는데, 이러한 역량이 바로 문화 감수성이다. 다문화 교육을 연구하는 많은 연구자들은 다문화적 역량을 기르기 위한 핵심적 요소를 문화 감수성으로 보고 다음과 같이 그 개념을 밝히고 있다.

문화 감수성의 다양한 개념 정의[7]	
연구자	문화 감수성 개념(Conceptions of intercultural sensitivity)
Bhawuk & Brislin (1992)	서로 다른 방식으로 상호작용하는 타문화에 대한 이해, 타문화를 대할 때 갖는 열린 마음, 타문화의 맥락 속에서 자신의 행동을 적절하게 변화시키는 능력
Chen & Starosta (1998)	문화적 차이를 이해하고, 그 가치를 평가하고, 수용하기 위해 자신을 동기화시키는 열망
Hammer et al. (2003)	문화 장벽을 넘어 긍정적 관계를 수립함으로써 문화적 차이를 구별하고 경험할 수 있는 능력
Ang et al. (2007)	문화적으로 다양화된 맥락에서 효과적으로 기능할 수 있는 능력인 문화지능
Bennett (2007)	둘 이상의 문화집단 사이에서 나타나는 문화적 차이에 반응하면서 형성되는 인지적·정서적 특성이나 행동 경향성
이향규 외 (2013)	다양한 문화적 환경에서 타인과 조화롭게 관계 맺고 소통할 수 있는 태도, 가치, 행동역량
정해숙 외 (2014)	다양한 문화적 환경에서 타인과 조화로운 관계를 맺으며, 소통하고자 하는 태도, 가치, 행동역량

7. 김현경, 2018, 〈중학교 자유학기제 다문화교육 프로그램의 문화감수성 함양 효과〉, 《다문화교육연구》, 11(3), 151쪽에서 재인용

연구자에 따라 개념 정의에 다소 차이는 있지만, 분명한 공통점이 있다. 바로 '서로 다른 문화적 맥락에서 이루어지는 상호작용 상황에서의 효과적인 의사소통 능력'에 초점이 맞춰져 있다는 것이다. 이 능력은 경우에 따라 지능으로 보기도 하고[8], 태도로 보기도 한다[9].

이 중 베넷이라는 연구자는 문화 감수성을 상호 문화 감수성 발달이론(The Developmental Model of Intercultural Sensitivity, DMIS)으로 설명했다. 이 이론은 다수 또는 소수 집단이 서로 접촉하면서 자문화와 타문화에 대한 태도가 어떻게 달라지는지 보여준다.[10]

문화 감수성은 문화 접촉 상황에서 다른 문화에 대해 갖는 상호 문화 역량(intercultural competence)으로, 문화적 접촉 상황에서 효과적으로 의사소통하고 다양한 문화적 맥락에서 적절히 인식 및 행동하는 능력이다. 이 능력은 의사소통 양식이나 문화적 가치 등의 문화적 맥락을 만들어내는 틀인 사고방식(mindset)과 상호작용을 이해하고 오해를 예견하며 적절한 행동을 만들어가는 기능(skill)이 종합될 때 올바로 발전할 수 있다. 문화 감수성은 부정, 방어, 경시, 수용, 적응, 통합의 6단계 발달단계로 나눠볼 수 있다.

---

8. Ang, S., Dyne, L. V., Koh, C., Ng, K. Y., Templer, K. J., Tay, C., & Chandrasekar, N. A., 2007, Cultural intelligence: Its measurement and effects on cultural judgement and decision making, cultural adaptation, and task performance. *Management and Organization Review*, 3(3), pp.335-371.

9. 이향규·양승주·박성춘·이옥순, 2013, 〈청소년을 위한 다문화감수성 증진 프로그램 개발 연구〉, (재)이주배경청소년지원재단 무지개청소년센터 보고서.

10. Bennett & Bennett, 2004. 이후 설명하는 상호 문화 감수성 발달이론의 6단계에 대한 설명은 및 그림은 Bennett & Bennett(2004)의 "Developing intercultural sensitivity: An integrative approach to global and domestic diversity"의 147-158쪽을 요약한 것임을 밝힌다.

• 문화 감수성의 하위 발달 단계별 특징은?

상호 문화 감수성 발달 단계 중에서 첫 3단계는 자문화 중심주의 (ethnocentric) 단계로서 문화적 차이를 회피하고 이를 부정하거나 방어하며 그 중요성을 경시하는 단계로 부정, 방어, 경시로 나뉜다. 나와 다른 문화를 **부정(denial)**하는 단계에서는 오직 자기 문화만이 실제하며 우월한 것으로 인식하고 다른 문화와의 차이를 인정하지 않고 다른 문화를 모두 부정하거나 모호한 것으로 바라본다.

두 번째 단계인 자기 문화에 대한 **방어(defense)** 단계에서도 여전히 자기 문화만이 좋은 것이라고 보고, 문화적 차이를 인정하지 않는다. 이 단계의 가장 큰 특징은 자기 집단에 대해서는 일반화된 평가를 부정하고 다른 집단에 대해서는 일반화된 고정관념에 사로잡혀 있다는 것이다. 우리 집단은 '사람'마다 다르다고 말하면서 다른 집단은 모두 똑같다고 말한다. 이 단계에서는, 주류 집단은 소수집단이 일자리를 빼앗아 갔다고 보고, 소수집단은 주류 집단이 자신의 문화를 없애려 한다고 보아 갈등이 일어날 수 있다.

다른 문화를 **경시**하는 단계는 자기문화의 요소만이 보편적인 것이며, 다른 문화의 경우는 비록 받아들일 만하더라도 이를 자문화와 닮아 있는 것이라고 생각한다. 이 단계는 문화적 차이를 회피하는 가장 복잡한 단계라고 볼 수 있다. 예절이나 다른 관습에서의 표면적 문화 차이를 알고 있음에도 불구하고, "깊이 들어가면, 우리는 모두 같다"는 식으로 가정하기 때문이다. 이 단계는 일반적으로 편견적 경험과는 모순된 것이기 때문에 차별을 경험하는 소수

집단에게는 잘 나타나지 않는다. 반면 제도적 특권을 누리고 있는 주류 집단은 그들이 속한 조직 내의 사람들은 모두 차별 없이 동등한 기회를 갖고 있다고 생각하기 때문에 스스로가 경시 단계에 있다는 것을 인식하지 못한다. 소수집단이 경험하는 차별에 대한 감수성이 부족한 단계이다.

▪ 문화 감수성의 상위 발달단계별 특징은?

위에서 언급한 세 단계와 달리 문화 차이의 중요성을 받아들이는 문화 상대주의(ethnorelative) 단계는 수용, 적응, 통합으로 구분된다. 이 중 첫 번째는 **수용 단계**로써, 이때 '수용한다'는 것은 다른 문화에 대한 동의나 선호와는 관계없이 '타인과 다르지만 동등하다'는 태도를 말한다. 즉 문화 상대주의를 나타내는 사람이라고 해도 다른 문화의 가치 및 이점에 대해 여전히 동의하지 않거나 싫어할 수 있다. 또한 다양한 문화의 사람들이 같은 생각을 공유하고 있다고 인식하지 않을 수도 있다.

적응 단계에서 사람들은 비로소 다른 문화의 시각으로 자유롭게 이동할 수 있게 된다. 즉 한 사람의 경험은 잠재적으로 다른 문화에 속한 다른 사람의 문화적 경험을 포함할 수 있다는 뜻이다. '적응'은 문화적 공감과 같은 능력으로써, 본질적으로 '느끼는' 것이다. 이 단계에서 사람들은 인식 틀을 전환할 수 있게 되고 경험을 통해 다른 사람의 시각으로 전환하는 능력을 갖게 되며, 행위양식도 함께 전환하게 된다. 이들의 행동은 근본적으로 다른 사람들에게 '기대되는' 행동이 아니라 '옳다고 느끼는' 행동이 되고, 자연스럽게 한 문화에서 다른 문화의 맥락으로 자연스럽게 전환할 수 있는 능력을 갖게 되는 것이다.

마지막으로 **통합** 단계에서는 어느 한 사람의 자아에 대한 경험은 다른 문화의 시각으로 자유롭게 이동할 수 있는 능력으로 발전된다. 이 단계에서 가장 중요한 것은 문화적 정체성인데, 이 단계에서 갖게 되는 '정체성'은 한 사람의 경험에 일관성을 제공하는 메타수준을 유지하게 된다. 통합적 시각을 가진 사람들은 이미 다문화성의 소유자이므로, 이들의 문화적 정체성은 어떤 한 문화에 얽매이지 않는다. 또한 이들은 확장된 경험을 포괄하는 정체성을 새로이 정립할 필요를 느끼게 되며, 이들이 정립하게 되는 정체성은 또 다른 문화의 '경계(marginal)'가 될 수 있는 것이다.

예를 들어 어머니가 필리핀인이고 아버지가 한국인인 A라는 아이의 정체성에 대해 생각해보자. 이 아이의 정체성은 어느 한 문화에 얽매이지 않고, 때로는 한국인, 때로는 필리핀인일 수 있다. 그러나 정확히 말하면 A의 정체성은 한국인 혹은 필리핀인만으로는 설명할 수 없는 A만이 갖고 있는 고유의 정체성으로 보아야 한다. 그리고 A를 바라보는 사람들의 인식도 그를 어느 한 국적에 가둘 수 없을 것이다. 또한 A가 갖고 있는 정체성이 비단 국적으로만 규정될 필요도 없다. A가 갖고 있는 정체성은 한국과 필리핀이라는 국적, 예술, 종교, 언어 등 다양한 영역이 통합된 것으로 보아야 한다.[11]

• 다문화 시민성과 문화 감수성

만약 사람들이 원래 자신이 갖고 있던 문화적 정체성을 잃어버리고 정박된 경계성(encapsulated marginality)을 갖게 되면 어떻게 될까? 자기만의 생각에 빠져들고 문화 사이에 끼어버리게 되며 폭넓은 경험으로부터 소외되고 말 것이다. 이와 달리 '통합' 단계의 사람들은 건설적 경계성(constructive marginality)을 갖게 된다. 이는 문화적 맥락 사이에서 의도적으로 유연하게 이동할 수 있는 능력으로 문화적 상황에 대해 거리를 두고 보는 것과는 다르다. 한 사람이 갖는 정체성이 둘 혹은 그 이상의 문화 경계로 정의되어 문화적 맥락의 안팎을 유연하고 자유롭게 이동할 수 있는 능력을 갖게 되는 것이다.

앞선 자문화 중심주의의 세 단계는 문화의 우위를 인정하여 자문화를 우월한 것으로 인정하고 문화적 차이를 회피, 부정, 방어하거나, 그 중요성을 경시하는 단계이다. 한편 후자인 문화 상대주의의 세 단계는 문화적 차이를 발견하고, 그 중요성을 수용하며, 전체적인 생각을 정체성으로 통합한다.

지금까지 설명한 이들 상호 문화 감수성의 6단계를 도식화하면 다음과 같다.

---

11. 이러한 정체성은 소설에서도 종종 나타난다. 이문열의 《리투아니아 여인》이라는 소설의 주인공 김혜련은 한국인 아버지와 리투아니아인 어머니 사이에서 태어났지만 자신의 정체성은 국적을 초월한 유목민적 예술가라고 이야기하고 있다. 소설 속에서 주인공은 '예술가의 국적은 노마드(Nomad)'라는 메세지를 전달하고 있다.

상호 문화 감수성 발달

부정 denial	방어 defense	경시 minimization	수용 acceptance	적응 adaptation	통합 integration

자문화 중심주의 ethnocentric · · · · · · · · · · 문화 상대주의 ethnorelative

상호 문화 감수성 발달 모델[12]
상호 문화 감수성은 자문화만을 우월한 것으로 인정하는 단계에서 다른 문화를 수용하고 적응
하고 통합하는 문화 상대주의 관점을 발달해간다.

문화적으로 다양한 배경을 가진 사람들이 의사소통하며 함께 살아
갈 수 있으려면 어떤 교육이 이루어져야 할까? 다문화 역량을 가
진 시민으로 성장하기 위해 어떤 교육이 필요할까? 현대사회 다문
화교육의 목표는 문화적 다양성을 이해하고 다양한 문화적 맥락을
유연하게 이동할 수 있는 상호 문화 감수성과 같은 핵심역량을 함
양하는 것이다. 문화 감수성이야말로 다문화 시민이 갖춰야 할 시
민성의 내용 중 핵심적인 부분이자 다문화적 배경이 증가하고 있
는 글로벌 시대에 세계시민으로 갖춰야 할 역량(이향규 외, 2013: 8)
으로 평가되고 있다. 또한 다문화 사회의 역량 있는 세계시민이라
면 글로벌 이슈에 대해서도 깊은 관심을 갖고 보편적 인류애에 기
반을 둔 공동의 책임의식을 가져야 한다. 따라서 학교에서도 이러
한 능력을 함양시키는 데 초점을 맞춰야 한다. 즉 다문화교육을 통
해 문화적 경계를 유연하게 넘나드는 감수성을 지닌 다문화 시민

---

12. Bennett & Bennett, 2004: 153

성을 함양해야 하며, 이는 세계시민으로서의 자질을 육성하는 글
로벌 교육의 목표와도 유사한 지향점을 갖는다고 볼 수 있다[13].

| 글로벌 시대, 인류의 보편적 가치가 더욱 주목받는 이유 |

우리는 모두 글로벌 시대를 살아가고 있다. 정치, 경제, 문화 등 모
든 면에서 국가 간에 상호 유기적인 영향을 주고받는 오늘날의 세
계는 전 지구적 문제를 해결하는 데 모든 나라가 공동의 책임의식
을 가질 필요가 있다. 전 지구적 문제란 문제의 발생 원인과 영향
이 어느 한 나라의 국경 안에 머물지 않고 여러 국가와 지역에 걸쳐
있으며, 그 해결 방법 또한 전 지구적으로 접근해야 하는 문제를 말
한다. 예컨대 다국적기업 등에서 나타나는 경제적 불평등, 전쟁 등
으로 인한 인권의 유린, 에너지의 고갈과 환경오염, 기후 변화 등은
어느 한 지역에서 두드러지게 나타난다고 해도 그 지역만의 문제
가 아닌 전 세계의 문제인 것이다.

 전 지구적 문제는 원인이 발생하여 피해를 입는 지역과 영향을
미치는 지역이 서로 다르게 나타날 수 있어서, 이로 인해 수많은 갈
등이 발생할 수 있다. 예컨대 선진국의 대기오염물질이 주변 개발
도상국의 산성비 피해로 이어지거나 황사가 주변국에 피해를 주는

---

13. 모경환·임정수, 2014, 〈사회과 글로벌 시티즌십 교육의 동향과 과제〉의 77-78쪽 참조

것 등을 대표적인 사례들로 꼽을 수 있다. 무엇보다 심각한 것은 인권과 평화를 위협하는 문제일 것이다. 지금도 세계 곳곳에서 일어나고 있는 전쟁이나 테러 등은 우리 인류의 안위를 위협하고, 오랜 시간 공들여온 국제적 노력들을 무산시키고 있다.

▪ 전 지구적 공동체의식의 필요성

전 지구적 문제를 해결하기 위해서는 특정 지역이나 국가가 아닌, 전 세계가 함께 고민하고 행동해야 한다. 즉 지구온난화, 난민, 불공정무역, 자본의 독점, 굶주림 등과 같은 문제에 대해서는 국제 경제, 문화, 역사 등 다양한 측면에서 그 원인을 면밀히 파악하고, 연대하여 실천해야 한다. 아울러 세계적 차원에서 내린 결정이 다른 지역의 환경, 사람, 미래의 행복에 중대한 영향을 미칠 수 있음을 잊지 않는 신중한 자세가 요구된다. 또한 이러한 문제의 해결을 위해서는 다양한 국제기구, 국가, 국제 비정부기구 등의 노력과 무엇보다도 지역과 국가라는 경계를 뛰어넘어 세계시민으로서 공동체의식을 갖고 해결하기 위해 노력하는 개방적이고 책임 있는 태도를 갖는 것이 필요하다.

위와 같은 글로벌 이슈는 단일 지역, 국가의 차원을 넘어서 전 세계의 모든 주체들이 함께 공감하고 노력해서 해결해야 할 과제이다. 특히 다문화 사회에서는 이러한 문제에 영향을 미친 역사·문화적 요인들을 먼저 파악해야 하고 이를 해결하기 위해 세계시민의식에 바탕을 둔 실천의 자세가 필요하다.

- **한국 사회의 다양한 인권 문제를 해결하는 실마리는 세계시민성**

현재 우리나라에서 나타나고 있는 다문화 인구의 인권 문제도 세계시민의 시각으로 해결해야 할 과제이다. 우리가 잊지 말아야 할 것이 있다. 그것은 바로 우리도 언제든지 소수자가 될 수 있다는 점이다. 유럽 여행지에서 동양인이라는 이유만으로 무시당한 경험이 있는 사람은 우리나라에서 외국인을 대해왔던 이중적 시각에 대해 성찰의 기회를 갖게 된다.

인권의 문제는 비단 나와 동떨어진 지역에 국한된 문제가 아니다. 우리나라에서 차별받고 있는 소수집단의 고통이 나에게는 결코 일어나지 않을 일이라고 장담할 수 있을까? 인권 문제해결을 위해서는 세계시민성을 갖고 자신과 공동체의 문제 해결을 위해 충분히 연대할 수 있는 마음가짐이 필요하다.

세계시민성이란 인류와 세계의 지속가능한 발전을 위해서 우리가 지구공동체 일원으로서 가져야 하는 책임과 실천 능력을 말한다. 좀 더 구체적으로 설명하면 세계시민이 갖춰야 할 인식과 태도는 인권의식, 배려와 관용, 사회정의와 평등의식, 지속가능한 발전에 대한 지향, 문화다양성 존중과 공감, 문제해결에 대한 실천의지, 지구적 공동체의식 등으로 열거해볼 수 있다. 이러한 인식과 태도를 갖기 위해서는 타인의 눈을 통해 우리 자신을 바라봄으로써 편협한 시각과 태도에서 벗어나, 인류의 보편적 가치에 기초한 해결 방법에 대해 함께 모색해보려는 적극적인 자세를 필요로 한다.

| 세계시민이 지구촌에서 평화롭게 공존하기 위하여 |

모든 사람의 인권이 보장되어야 하는 이유는 다름 아닌 인간의 존엄성 때문이다. 인간은 인간이라는 이유만으로 존중받아 마땅하다. 세계시민이 갖는 권리도 이러한 인권사상을 기반으로 한 것이다. 세계시민은 모두 동등한 인권을 가지고 있고 이러한 권리는 누구나 존중받아야 한다. 그리고 이는 타인의 인권도 존중해야 할 책임을 져야 한다는 의미를 함께 내포한다.

세계시민은 특히 소수집단이 가져야 할 권리에 대해서도 관심을 기울여야 한다. 세계시민이라면 불평등한 상황에서 소수집단이 겪는 어려움에 대해 보편적 인류애를 갖고, 적극적 소통과 연대의 태도를 가져야 한다. 특히 다문화 사회에서 주류나 소수집단 구성원 모두 서로의 문화를 이해하는 긍정적 관계를 기반으로 공동 과제에 대응하는 적극성과 협력적 태도가 필요하다. 다문화 사회에서 소수집단의 문화적 권리가 정당한 이유 없이 함부로 침해되는 일은 결코 없어야 한다.

세계시민이 지구촌에서 평화롭게 공존하는 법을 알기 위해서는 인권의식뿐만 아니라 사회정의와 윤리적 책임, 보편적 가치에 대한 관심도 필요하다. 세계시민이라면 자신이 어디에 살고 있느냐에 관계없이 누군가의 권리가 침해당했을 때 자연스럽게 책임감을 느끼게 된다. 전 세계 난민들의 권리에 대해 함께 해결하고자 하는 태도 역시 성숙한 시민의식을 보여주는 하나의 예라고 할 수 있다.

▪ 세계시민이 함께 해결해야 할 전 지구적 문제

전 세계가 당면하고 있고, 세계시민으로서 함께 해결해야 할 전 지구적 문제들은 에너지를 비롯한 자원의 고갈, 환경오염, 빈곤과 불평등, 문화 갈등과 충돌 및 전쟁 등 다양하다. 세계시민이라면 이러한 문제를 그저 아는 수준에 그치지 않고, 적절하게 해결하기 위한 노력을 기울여야 한다. 이를 위해서는 우선 서로 다른 문화를 가진 사람들에 대한 이해와 존중이 필요하다. 즉 다양한 문화에 대한 감수성, 문화 상대주의적 태도, 문화적 소통 능력 등을 길러야 한다. 문화 간 소통 능력은 나와 다른 문화와 가치체계를 이해하고 문화 성원과 적절한 방식으로 소통하는 능력이다. 여기에는 언어적 의사소통뿐만 아니라 시간과 공간에 대한 생각, 비언어적 의사소통 등에 대한 이해까지도 모두 포함하는 것이다.

아울러 세계시민으로서의 인식과 태도를 갖춰야 한다. 예를 들어 사회정의와 평등, 지속가능한 발전에 대한 긍정적 지향, 분쟁 억제와 평화에 대한 인식, 전 지구적 문제에 대한 공감과 책임감 및 해결을 위한 실천의식, 인권의식, 문화 다양성에 대한 인정과 관용, 지구 공동체에 대한 공동체의식, 갈등과 분쟁에 대한 의사소통 및 협상의 태도 등이다. 이러한 모든 인식과 태도는 꾸준한 실천 노력으로 이어져야 한다. 참다운 세계시민이 되기 위해 특히 청소년에게는 창의적이고 주도적으로 전 지구적 문제를 해결하고자 하는 협력적 사고를 길러주어야 한다. 여기에는 학교가 당연히 앞장서야 할 것이다.

세계시민으로서 지구촌의 문제를 해결하기 위해 문화적 소통 능력을 갖춰 다양한 문화 성원과 공감하고 소통한다는 것은 결국 한 문화의 주체인 자기 자신을 이해하는 방식이 되기도 한다. 왜냐하면 타인의 눈을 통해 우리 자신을 바라봄으로써 편협한 태도에서 벗어나 전 지구적 협력이 필요한 문제를 해결해갈 수 있을 것이기 때문이다. 문화 간 의사소통 능력을 함양한 세계시민은 문화 갈등을 합리적으로 해결하고 전 지구적 문제를 행동으로 실천하여 책임 있는 세계시민의 참모습을 보여줄 수 있을 것이다.

| 문화 감수성을 키우기 위한 수업 만들기 |

이제 관건은 학생들이 문화적 소통 능력을 갖춘 세계시민으로 성장하게 하는 것이다. 그렇다면 우리의 교실에서 어떻게 학생들의 문화 감수성을 키워줄 것인가? 문화 감수성을 키우기 위해서는 학생들의 생활과 친근하고 익숙한 사례들로 접근하는 것이 좋다. 예컨대 다문화가정의 자녀나 외국인 유학생에 대한, 실제 혹은 가상의 인터뷰를 통해 차별 경험을 간접적으로 경험하는 것도 유효하다. 이러한 방법들을 적절히 활용하면 다문화적 환경에 대한 학생들의 공감 능력을 기를 수 있을 것이다.

좀 더 감수성을 심화하는 수업 방법으로 역할극을 추천한다. 역할극의 시나리오를 함께 짜거나 주류 집단과 소수집단 성원의 입장에서 변호하는 역할을 체험해보면 다른 사람의 입장에서 생각하는 공감 능력을 자연스럽게 키울 수 있다.

문화 감수성 수업을 좀 더 부담없이 시작하기를 원한다면 다양한 문화 콘텐츠(책, 영화 등)들을 활용하는 수업이 적당하다. 예컨대 책을 읽고 책 속에 등장하는 다문화적 배경을 가진 주인공에게 편지쓰기(아빠, 잡히지마, 완득이), 그림책을 읽고 다문화 감수성과 관련된 주제를 정해서 토론하기(벌집이 너무 좁아), 영화를 감상한 후 문화적 갈등을 겪고 있는 인물을 중심으로 갈등 지도 그리기(히든 피겨스) 등의 활동들은 아이들과 교사 모두 부담없이 시작할 수 있다.

· 다양한 문화 콘텐츠를 활용한 수업사례 1. 그림책 토론[14]

그림책 《벌집이 너무 좁아》는 공동체의 문제를 해결하기 위한 발상의 전환을 보여주는 내용을 담은 책이다. 그림책 토론은 책읽기에 대한 부담없이 토론을 진행할 수 있다는 장점이 있다. 그림책 토론을 통해 다문화 사회에서 나타나는 문제점을 극복하는 인식의 전환을 가져올 수 있다. 토론 주제는 얼마든지 자유롭게 정할 수 있으며, 여기에서 제시하는 수업사례에서의 토론 주제는 "난민을 수용해야 하는가?"였다.

---

14. 헥사 토론 《벌집이 너무 좁아》의 출처는 한국교원연수원 원격연수, '생각이 자라는 그림책 토론 수업'임을 밝힌다.

◆ 그림책을 이용한 헥사 토론 : 《벌집이 너무 좁아》

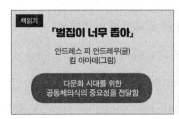

* 수업의 흐름

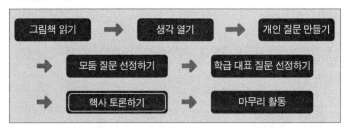

- **헥사 토론**
- 토론 준비하기: 토론 전 토론 준비표에 이유와 근거를 찾아 적으며 토론을 준비함
- 입론하기: 찬성과 반대 의견에 맞춰 주장을 입론함
- 지지 발언 및 반론하기: 모둠별로 주장을 뒷받침하는 지지 발언과 반론을 발표함
- 재반론 및 결론 내리기

헥사 토론활동의 절차와 실제

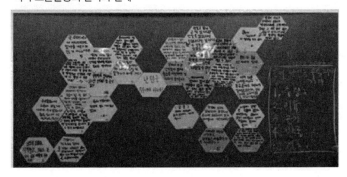

- **다양한 문화 콘텐츠를 활용한 수업사례 2. 영화로 배우는 다문화 감수성**

영화 〈히든 피겨스〉는 천부적 두뇌와 능력의 소유자인 흑인 여성들이 NASA 최초의 우주궤도 비행 프로젝트에 선발되지만, 정작 흑인이라는 이유로 주요 회의에서 배제된다거나 유색인종 전용 화장실을 사용해야 하는 등의 부당한 차별을 받는 내용을 그리고 있다. 학생들과 함께 영화를 감상한 후에 영화 속 다양한 차별 사례들에 관해 이야기하는 시간을 가졌다.

◆영화로 배우는 다문화 감수성 : 히든 피겨스(Hidden Figures)[8]

히든 피겨스(Hidden Figures) 감상하기

↓

차별적 상황을 묘사하는 대사 찾기

↓

등장인물 간의 갈등을 씽킹맵(thinking map)으로 표현하기

---

15. 히든 피겨스(Hidden Figures)는 소설로도 수업이 가능하다.

* 성차별

  - There's no protocol for a man circling the Earth.

    : 남자만 지구를 돌라는 규정도 없잖아요.

* 인종차별

  - Every time we have a chance to get ahead, you'll move the finish line.

    : 우리(흑인들)가 앞서갈 기회만 생기면 (백인들이) 결승선을 옮긴다니까.

* 직장 내 급여의 차별

  - And simple necklace pearls. Well, I don't own pearls. Lord knows you don't pay the coloreds enough to afford pearls!

    : 진주목걸이라뇨? 진주 같은 건 없어요. 그런 거 살만한 급여를 흑인들은 받지 못해요!

* 성 · 인종 차별

  - Merry! If you were a white male, would you wish to be an engineer?
  - I wouldn't have to. I'd already be one.

    : - 메리! 자네가 백인 남성이라면 엔지니어가 될 꿈을 꿨겠나?
  - 그럴 필요 없겠죠. 이미 되었을 테니까요.

* 성차별(백인 뿐 아니라 흑인남성에게도 편견과 차별을 받은 흑인여성)

  - They let women do some things at NASA, Mr. Johnson. And it's not because we were skirts. It's because we were glasses!

    : 나사에서 여성들에게 일을 맡긴 거예요, 존슨 씨. 그건 우리가 치마를 입어서가 아니라, 안경을 썼기 때문이에요(실력이 있어서죠).

· 다양한 문화 콘텐츠를 활용한 수업사례 3. 역할극으로 배우는 다문화 감수성

사례에서 활용한 어울림 프로그램은 학교폭력예방을 위해 개발된 프로그램으로, '의사소통'이라는 다문화 감수성 함양의 방법으로 비폭력대화 방법을 사용하고 있다.

◆ 다문화 시대, win - win의 문화공존![9]

도입	전개 1	전개 2
① 다문화 관련 신문기사 소개 및 체험 나누기 ② 신문기사 소개를 듣고 관련된 체험을 개별 발표를 통해 공유하기	㉠ 비폭력 대화법 설명하기 ㉡ 역할극 모델과 의미 이해하기	㉠ 역할극 모둠 활동 안내하기 ㉡ 역할극 시연하기

전개 3	정리 및 평가
㉠ 브레인라이팅 기법을 이용, 다문화 시대 장점을 살려 win-win할 수 있는 문화공존 방법 토의하기 ㉡ 모둠별 토의 내용 발표, 질의·응답하기	㉠ '어미판다 이야기' 동영상 시청 - 출처: http://tv.jtbc.joins.com/clip/pr10010177/pm10016844/vo10034584/view https://www.youtube.com/watch?v=_9_nHc1HPKs ② 시청 후 메시지 전달

---

16. 역할극으로 배우는 다문화 감수성은 중앙교육연수원의 어울림 교과연계 프로그램 사회과를 참고한 것이다.

역할극 대본

●다음 자료를 읽고 다른 문화를 이해하는 태도에 대하여 역할극을 진행해 보자!
〈역할극 예시자료〉

상황	이슬람문화권인 인도네시아에서 전학 온 친구가 학교생활의 어려움을 느끼고 있다. 멋진 한국 생활을 기대했지만 현실은 매우 다르다.	
등장인물	역할	
A (전학생)	우리 문화와 본국의 문화가 달라서 겪는 불편한 점 (예) 친구들이 히잡을 쓴 제 옷차림을 보고 수근거려요. 급식메뉴에도 제가 먹을 수 없는 것이 많아요. 저는 돼지고기를 안 먹거든요.	
B (친구 1)	우리나라 학생의 입장에서 불편한 점 (예) A는 우리와 피부색도 다르고 옷차림도 달라서 가까이 다가가기가 어색해요. 왜 한국에 왔으면서도 이상한 복장을 하고, 급식도 함께 먹지 않을까요?	
C (친구 2)	다문화 문화갈등 해결을 위한 문제 제기(나 전달법 표현) (예) 나도 겉모습이 달라서 처음에는 어색하고 신기했어요. 이제는 친하게 지내고 싶어요. 좋은 방법이 없을까요?	
D(담임 선생님)	다문화 시대, 문화 공존을 위한 바람직한 태도 제안 (예) 서로에 대한 오해나 편견을 갖고 있기 때문이야. 이번 기회에 인도네시아의 문화도 이해하고, 어려움을 도와주면서 서로 존중하는 태도를 가졌으면 좋겠구나.	

〈역할극 주제 선택 〉
1. 모둠별로 1개의 주제를 선택하고, 모둠원은 협의하여 예시자료에 제시된 역할을 분담하세요.

2. 다문화 가정의 학생이 우리 학교에 전학 와서 느끼는 감정을 공감하여 비폭력대화로 대본을 작성하세요.

1	베트남에서 온 학생	4	필리핀에서 온 학생
2	조선족 출신 학생	5	일본에서 온 학생
3	프랑스에서 온 학생	6	인도네시아에서 온 학생

◆ [유의사항] 역할극 대본 작성 시 확인할 점

- 다른 문화에 대한 편견 극복의 모습이 있는가?

- 우리 문화의 중심에서 다른 문화를 평가했는가?

- 문화 공존의 태도를 갖기 위해 노력했는가?

- 다른 문화를 이해하며 공존의 방향을 제시했는가?

05
평화와 시민교육

"평화와 공존의 통일 한국의 주체,
어떻게 양성할 것인가?"

남과 북의 평화는 국제사회에서도 크나큰 관심을 기울이는 이슈 가운데 하나이다. 2018년 남북정상회담과 북미정상회담 등의 굵직한 이벤트 속에서 남과 북 사이에 극적 화해 분위기가 조성되기도 했다. 하지만 그것도 잠시, 남북관계는 또다시 뿌연 안갯속에 머물고 있기 때문에 앞날을 섣불리 장담할 순 없다. 비록 통일은 요원하다고 하지만, 우리는 이미 상당수의 북한 사람들과 함께 대한민국 사회에서 공존하고 있다. 바로 탈북민들이다. 2016년 11월, 통일부는 사회통합형 탈북민 정착 지원 방안을 발표[1]한 바

---

1. www.hani.co.kr/arti/politics/defense/772213.html

있다. 이는 탈북민 3만 시대의 탈북민 지원 방향이 기존의 단순 '정착'에서 한층 심도 있는 **통합**으로 전환될 필요성에 대한 인식이 확대되어온 것에 기인한다.[2]

| 통일의 관점에서 시민교육 바라보기 |

우리는 뉴스에서 종종 한국 사회에 제대로 적응하지 못한 북한 이탈 주민(이하 '탈북민'으로 통칭)의 극단적이고 비극적인 선택에 관한 내용을 접하고 있다. 꼭 극단적인 선택까지는 아니라도 탈북민이 한국 사회에 정착하는 과정에서 겪는 어려움은 이미 언론과 여러 매체를 통해 잘 알려진 바 있다.

• 탈북 지원의 근본적인 방향 전환이 이루어진 이유

어려움의 원인은 대체로 탈북민들에 대한 무분별한 편견과 차별에 기인하고, 또 그로 인한 개인 간, 개인과 사회 간 갈등으로 귀결된다. 하지만 이제는 탈북의 역사가 오래된 만큼, 또 그 어느 때보다 적극적으로 통일을 준비해야 하는 때인 만큼 〈사회통합형 북한 이탈주민 지원방안 모색〉을 통해 탈북 지원의 근본적인 방향 전환에 대한 사회적 합의가 공식적으로 구현되었다고 평가할 수 있다.

---

2. 〈사회통합형 북한이탈주민 지원방안 모색〉, 《통일부 연구용역 최종보고서》, 2016. 12.

〈사회통합형 북한 이탈주민 지원방안 모색〉의 주요 내용을 살펴보면 과거 현금 지원, 수혜 중심으로 이루어진 탈북민 지원에서 자활 및 자기 주도적 정착을 위한 다변화된 정착 지원으로 전환하는 데 관한 것이다. 또한 탈북민에 대한 '인식' 개선을 위한 방안도 함께 추가되었다.

한편으로 보면 통일부의 정책 방향이 순회한 것은 현재 남한 사회에서 제대로 정착하지 못한 채 고통받고 있는 탈북민의 실태를 반증하는 것이기도 하다. 실제로 많은 탈북민들은 경제적인 어려움, 한국 주민들의 차가운 시선, 탈북민을 상대로 이루어지는 각종 범죄 등으로 인해 크나큰 고통을 받고 있다. 심지어 남한 정착 후에 다시 제3국으로 이민을 떠나거나 위장 망명을 하는[3] 등 '탈남' 현상이 이루어지는 형편이다. 죽음을 각오하고 탈북해서 어렵사리 남한에 들어온 탈북민들이 이러한 선택을 하게 되기까지는 수많은 좌절이 있었을 것이라고 쉽게 예측할 수 있다.

특히 탈북 여성들의 고충은 더욱 심각하다. 출산과 육아를 홀로 담당하는 와중에 경제활동을 위해 취업을 해야 할 때, 사회적 안전망과 지지가 확보되지 않아 정착의 이중고를 겪고 있다. 그리고 제3국에서 태어나 한국으로 온 '비보호 탈북 청소년'들의 경우에는 북한 출신 탈북민들에 비해 혜택을 받지 못해 정착에 더욱 큰 어려움을 겪고 있는 실정이다.

---

3. https://www.voakorea.com/a/3609872.html

• 통일의 첫걸음은 탈북민의 어려움을 이해하고 해결하는 것

'탈북민은 먼저 온 통일'이라는 말이 있다. 즉 탈북민들이 겪고 있는 어려움의 현상과 원인에 대한 정확한 진단과 해결 방안을 제시하는 것은 다름 아닌 통일을 준비하는 첫걸음이라고 할 수 있는 것이다. 이러한 점에 미루어볼 때, 통일부가 제시한 '사회통합형 정착 지원'의 방향은 긍정적이다. 기본적으로 탈북자들의 사회적 참여를 확대하고, 고용기회를 늘리는 동시에 탈북 청년의 적응 지원을 강화하는 방안 등을 담고 있으며, 통일 과정 그리고 이후의 사회통합을 위해서는 탈북민에 대한 남한 주민들의 인식 개선 및 상호 이해가 선결되어야 함을 전제하고 있기 때문이다.

그동안 정책 기조에 따른 여러 시행 계획이 발표되었지만, 급작스러운 정권 교체로 인하여 전방위적인 정책 재정비가 이루어지다 보니, 사회통합형 탈북민 정착 지원이 일관성 있게 이루어지기는 힘든 실정이었다. 필자는 이 부분에 착안하여, 과연 통일 이후의 사회통합을 위해 우리가 긴 호흡으로 준비해야 할 것은 무엇인가에 대한 성찰과 사회적 합의가 필요하다고 생각한다.

평화로운 통일에 대한 담론은 김대중 정부 이후부터 줄곧 있었지만, 과연 구체적인 정책으로 실현되고 일관되게 추진되어왔는가, 또한 그 정책 대상이 적절하며 적재적소에 필요한 것들이 제때 심어지고 있는가에 대해서는 의문이다. 이는 필자가 통일에 관심이 깊어 국제 관계학과 북한학, 안보 및 평화 논리, 남북 및 동아시아 협력의 내용을 접하면서 느낀 것인데, 사회와 정치는 급변하고 결국 파워 게임의 측면이 크다. 또한 경쟁 기반의 자유시장경제를 옹호하는 자본주의사회에서 위정자들이 오직 가치에 기반한 선택을 한다는 것은 결코 쉽지 않다.

그럼에도 불구하고, 우리 한반도의 더 나은 미래를 위해서 준비해야 할 것은 평화로운 통일이다. 물론 통일의 과정과 완성된 형태에 대해서는 아직까지 사회적 합의 단계에 이르지 못했으나, 적어도 점진적이고 단계적인 한반도의 통일에 대해서는 거의 이견이 없다고 봐야 한다. 따라서 이제 그를 위한 가장 근본적이며 중요한 과제가 무엇인지 깊이 고민하고 정책화하며 또 이를 실현해야 할 단계인 것이다.

▪ 시민교육을 바탕으로 통일을 준비해야 하는 이유

이 글에서는 통일에 준비하기 위한 중요 과업을 교육, 특히 '시민교육'으로 설정하려 한다. 시민교육의 필요성에 대해서는 지난 2016년의 촛불혁명 이후 광장의 민주주의를 학교로, 교육 안으로 유입하자는 취지에서 꾸준히 그 필요성이 제기되어왔다. 하지만 시민교육을 통일이라는 주제와 연결 짓는 시도는 생각보다 많이 이루어지지 않았다. 왜 그럴까?

우선 시민교육의 개념에 대한 사회적 합의가 아직까지 정립되어 있지 않다. 이런 상황에서 시민교육을 한다고 한들 민주주의, 세계시민, 인권 등에 대한 지식 위주의 교육에 한정될 수밖에 없는 실정이다. 이러한 현상의 근간에는 한국 사회와 역사의 특수성, 특히 정치적 맥락을 떼놓고 설명할 수 없을 것이다.

첫 부분에서는 왜 시민교육을 통해 통일을 준비해야 하는지 이야기했다. 이제 두 번째 부분에서는 시민교육이 무엇을 가르쳐야 하는지, 세 번째 부분에서는 어떻게 가르쳐야 하는지에 대해서 기술할 것이다. 이 과정의 첫 단계로서 한국의 시민교육은 언제부터, 어떻게 진행되고 있는지 현황 분석에서 시작하여, 통일을 준비하는 매개로서의 시민교육의 근간이 어떻게 재구조화되고 어떠한 방향성을 가져야 하는지에 관해 전후 통일과 국가 발전의 사례로 한국 시민교육의 모델이 될 수 있는 독일의 사례와 비교하며 글을 풀어나가 보려 한다. 이 내용에는 필자의 짧은 독일에서의 생활과 독일의 통일 과정 그리고 정치교육(Politisch Bildung)에 대한 깊은 관심이 담겨 있다. 예컨대 이주민 문제와 사회적 갈등과 이질감 극복 등에 당면한 독일의 현재 진행 중인 사회통합의 과정에 대한 경험과 관찰, 연구를 통하여 한국의 시민교육이 앞으로 나아가야 할 길에 대한 유의미한 해답을 찾아보았다.

| 시민교육은 사회통합의 디딤돌이다 |

서로 헐뜯고 대립하며 분열하는 사회에 성장과 발전은 요원한 일이다. 특히 서로 다른 문화를 만들어온 시간만큼의 괴리감은 통일 이후 분열의 주요 원인으로 작용할 것이 불을 보듯 뻔하다. 게다가

"남북 간에는 여전히 긴장감이 감돌고 있지만,
통일은 어쩌면 생각보다 우리 가까이에 다가와 있는지도 모릅니다!"

국내에서도 통일과 관련해 서로 다른 생각들이 여전히 차이를 좁히지 못함으로써 이 또한 통일 후에도 사회분열을 일으키는 원인이 될 수 있다. 사회통합을 위한 아이디어가 절실한 상황이다.

이에 시민교육은 통일 한국의 내적 사회통합을 위한 디딤돌이 되어야 한다. 한 가지 명제 안에 두 가지 개념이 존재하니 시민교육과 사회통합을 한국 사회의 맥락적 상황에서 풀어보겠다.

• 시대적 필요성과 각성 없이 시작된 시민교육

먼저 현재 한국에서 시민교육을 언제 시작했고, 또 어떻게 하고 있는지 간단히 살펴보자. 2017년 경기도교육청이 시민교육 3종 교과서를 출간하고, 이를 각 학교에 배부하면서 시민교육을 활성화하려는 움직임이 시작되었다. 시민교육 3종 교과서는 통일시민, 세계시민, 민주시민 교과서 세트로 이루어져 있는데, 왜 굳이 3종으로 분리했는지 그리고 교육과정상 필수가 아닌 시민교육을 어떻게 하라는 것인지에 관해서는 뚜렷한 안내가 없다. 심지어 시민교육이 정확하게 무엇인지에 관해 현장의 교사들이 제대로 파악하고 실천할 수 있는 절차도 없다. 게다가 아직까지는 시민교육이 무엇인지에 대한 사회적 합의도 부재하며, 교과서에 '시민'은 무엇인지에 대한 개념조차 마련되어 있지 않다.

사정이 이렇다 보니, 통일시민 교과서에는 분단의 역사, 북한 이해, 탈북민의 이야기 등이, 세계시민에서는 세계화된 현상, 앞으로 살아갈 세상 이야기 등을 다루고 있을 뿐이다. 마지막으로 민주시민 교과서에는 민주주의와 선거가 무엇인지에 관한 지식적인 측면들이 주로 등장한다. 물론 교과서에 제시된 지식을 꼬치꼬치 따져 문제삼으려는 것은 아니다. 하지만 시민 교과서는 함축적으로 시민교육이 지향하는 바를 담고 있는지, 또 그 교육을 현장에서 실천해야 할 교사들은 시민교육에 대해서 알고 있는지가 관건이다. 부끄럽게도 우리의 교육 현실은 시민교육에 대한 시대적 요구와 각성을 제대로 반영하지 못하고 있는 것 같다.

▪ 한반도의 미래가 지향해야 할 시민교육

그 다음으로 통일과 시민교육에 있어 **사회통합**이 무엇을 의미하는지에 대하여 한반도의 미래가 지향해야 할 방향과 관련지어 생각해보자. 한반도는 지정학적 특수성으로 인해 동아시아 3개국 중 가장 험난한 세월을 겪었다. 숱한 전쟁에 휘말려야 했으며, 급기야 남과 북이 분단된 채 현재에 이르고 있다. 통일에 대한 국민적 열망은 높지만 아직도 가야 할 길은 멀기만 하다.

물론 경제적 측면에서 보자면 한국은 OECD 10위권에 입성하는 쾌거를 이루었다. 그러나 남은 과제, 통일. 벌써 70년이 지났지만, 북의 핵과 미사일 문제는 뫼비우스의 띠처럼 이제는 처음도 끝도 보이지 않는 미궁이다. 특히 2019년 들어 북미, 남북협상이 한창 진행된 마당에 다시 터진 미사일 문제는 짐짓 고개를 갸우뚱하게 만든다. '통일이 과연 현실적인 바람이기는 한 것일까?' 하는 회의감과 함께 북에 대한 적개심마저 사회 전반에 감도는 것 같다.

그러나 핵과 미사일이 북한의 생존 전략이며, 필사의 줄다리기라고 생각해보면 어떤가? 또한 통일은 한반도의 미래를 구상할 때, 경제적 측면으로 보나 정치·사회·역사의 발전적 측면에서 보나 당연히 이루어야 할 과업이라는 당위임에는 분명하다. 이 멀고 험한 길을 어떻게 가야 할까? 필자의 생각은 다음과 같다.

"정향(正向)과 정도(正道)를 찾고, 그 길을 꿋꿋이 걸어간다."

지극히 원론적인 말이지만, 이 **정향**이 무엇인지, **정도**가 무엇인지 아직도 혼란스럽기만 한 것이 바로 시민교육 분야이다.

▪ 사회통합이야말로 시민교육의 '정향'

현장 교사로서 그리고 시민교육 연구자로서 시민교육의 '정향'에 대하여 필자가 내린 결론은 바로 **내적 사회통합**이다. 시발점은 촛불혁명이었다고 해도, 민주주의 자체에 대한 지식과 주체적 참여 정도로 축소하기에는 우리 한국 사회가 달성해야 할 과업이 크다.

그렇다면 내적 사회통합은 무엇을 의미할까. 바로 심리·사회적 통합이다. 체제 자체의 통합은 그것이 가능하다 한들 시작에 불과하다. 또한 통일이 반드시 체제 통합으로 귀결되지 않을 수도 있는 점 또한 간과할 수 없다. 따라서 좀 더 넓은 범위에서 볼 때, 사회통합이란 서로에 대한 이질감을 최대한 좁히고, 소통하며, 서로를 이해할 수 있는 것이어야 하지 않을까?

다시 탈북민의 이야기로 잠시 돌아와 보자. 현재 그들이 겪고 있는 남한 사회에서의 어려움은 자본주의 사회의 경쟁적 사회구조로 인해 양산되는 사회경제적 계급 간 불평등에서 기인하는 것도 있을 것이다. 하지만 그들을 더더욱 힘들게 하는 것은 바로 그들에 대한 편견과 차별, 그로 인한 내·외적 갈등이다.

독재에 대한 공포 및 생활고 때문에 탈북한 탈북 1세대에 비하여, '자유에 대한 갈망과 더 나은 삶에 대한 기대감으로 탈북을 시도한 현재의 탈북 세대가 느끼는 내적 갈등과 공허감은 훨씬 더 심각하다. 이러한 편견, 차별, 갈등이 또 다른 편견과 차별을 낳는 악순환을 미연에 방지하려면 뭔가 근본적인 변화가 필요한 것이다. 그것이야말로 시민교육의 역할이 아닐까?

· 상호 이해를 바탕으로 한 갈등 극복의 첫 걸음
정향의 시민교육은 지식을 전수하는 것이 아니다. **상호 이해**를 위한 민주적 의사소통 기술을 미래 세대가 스스로 깨우치도록 함으로써 갈등의 연결고리를 스스로 끊어내도록 돕는 것이다.

우리나라는 OECD 10위권 안팎에 들어섰다고는 해도 한 나라와 사회의 수준을 보여주는 여러 지표에서 고전을 면치 못해온 것이 사실이다. 그런데 우리가 만약 상호 이질감을 극복하고 서로를 이해하고, 북한 출신 남한 출신 할 것 없이 서로 협력하여 상호 발전

---

4. 한상미, 〈[기획보도: 한국 탈북민 3만명 시대] 3. 탈북민의 한국사회 정착…문제점과 개선 방향〉, 《VOA뉴스》, 2016. 11. 23

하는 사회가 된다면, 선진국의 정치 리더십을 갖춘 명실상부한 동아시아의 선진국으로서 입지를 굳건히 다지게 될 것이다. 시민교육을 통해 길러진 민주시민의 역량은 곧 자기주도적이며 주체적이되 상생과 협력의 가치를 실현하는 과정(正道)을 통해 곧 국가와 사회의 발전에 이바지할 것이기 때문이다.

▪ 이상을 현실로, 독일의 시민교육이 우리에게 주는 시사점

시민교육의 정향에 관한 이야기는 얼핏 뜬구름 잡는 이상향처럼 여겨질 수도 있을 것이다. 하지만 이것이 실제로 펼쳐진 나라가 있다. 바로 독일이다.

독일은 2차 세계대전을 일으킨 전범국이자 패전국이다. 1945년 바로 그해, 독일은 국제사회에서 가장 실패한 나라이자 감시의 대상국이 되었다. 당시 독일 사회를 휩쓸었을 좌절감과 무력감 그리고 패배감, 실망감은 타국민으로서는 상상조차 힘들다. 그러나 잘못된 이데올로기가 빚어낸 참극이 국가의 패망으로 이어지지는 않았다. 독일은 진정한 반성을 보여주며 거듭난 것이다.

패전 이후 독일은 철저한 역사 반성과 좌우 어느 한쪽에 치우치지 않는 일관성 있는 정치를 펼쳤다. 그리고 1919년 수립된 바이마르 공화국 이후 꾸준히 실시하던 정치교육을 역사교육과 연관하여 **민주시민교육**[5]으로 탈바꿈시켰다. 나치즘의 만행을 잊지 않기 위해

---

5. '정치교육'이라는 말은 독일어로 'Politisch Bildung'으로 말 그대로 정치적 지식에 관한 교육을 포함할 뿐 아니라, '시민성'을 갖춘 주체적인 시민을 길러내는 포괄적 개념이다.

민주적인 원리와 과정에 입각하여 스스로 사유할 줄 아는 주체적인 시민을 길러내고자 했고, 그 과정에서 나타난 시민교육에 대한 사회적 합의가 바로 **보이텔스바흐 합의**(1976)이다. 이 합의는 연방 정치교육원 및 15개 주 정부의 주 정치교육원, 각종 정치재단, 시민 단체, 종교재단 그리고 학교까지 모두 연대하여 전방위적인 시민 교육을 실시하고 정착시켰다. 그야말로 **독일의 시민교육** 역사에 지대한 영향을 끼친 것이다.

물론 독일이 현재 완벽한 내적 사회통합을 이루었으며, 편견과 차별 그리고 갈등이 사라진 완전무결의 사회인가라는 질문을 받는다면, 당연히 그렇지 않다. 아직도 구동독 지역의 사회경제적 수준은 서독 지역에 비해 다소 떨어지는 편이다. 또한 전후 냉전시대에 형성되어 아직도 사라지지 않고 있는 오만한 서독인(Wessi), 게으른 동독인(Ossi)이라는 차별을 담은 혐오 표현 또한 여전한 갈등의 언어적 현신이라 볼 수 있다.

하지만 동독 이탈주민들이 독일 통일의 가교 역할을 톡톡히 하였다는 점은 우리 한국 사회에 분명한 시사점을 던져준다. 물론 상황과 맥락은 좀 다르다. 1949~1989년 사이의 동독 이탈주민은 수백만 명에 이르며,[6] 당시 그들은 동독의 가족·친구들과 편지, 소포를 주고받고 서로 방문했다. 또한 이들은 향우회와 동향단, 중부 독일인 연맹 등을 만들어 통일이 서독의 정치 현안에서 멀어지지

---

6. 대부분이 동서 베를린 사이에 지하철과 도시 고속철도가 운행될 때 동독을 떠났다.

않도록 정치적 영향력을 행사하여 통일 논의가 끊어지지 않게 하는 데 기여했다.[7] 즉 독일은 1989년 11월 9일 베를린 장벽이 무너질 때까지는 어느 정도의 동·서독 교류를 통하여 정치권에서 이미 통일을 준비하고 있었으며, 서독의 경우 동독 이탈주민을 정치적 난민으로 선별 수용하여 내국인과 같은 자격을 부여함으로써 한층 빠른 정착을 도왔던 것이다.

여기에서 우리가 주목해야 할 점은 이탈주민의 '자립'을 중시하여 취업을 적극 유도하고, 공공임대주택제도로 주택 문제를 해결하며, 기존의 사회보험제도 안으로 흡수했다는 것이다. 세간에는 서독 통일 과정이 흡수 통일 과정이라는 비판도 있지만, 서독으로 온 동독 이탈주민들은 정처 없이 떠도는 주변인이 아닌 어엿한 사회의 일원으로서 편입되었다.

또한 보이텔스바흐 합의 이후 연방, 주 정부, 시민 단체, 종교단체, 학교 등이 총 협력하여 역사 반성에 기반한 시민교육을 실시하고 좌우에 치우침 없는 하나의 독일을 꿈꾸는 민주시민을 길러냈으니, 독일 통일이 40년 만에, 예기치 못한 순간에 이루어진 것은 역사의 필연이라 할 수 있겠다.

대한민국의 분단 역사도 어느덧 반세기를 넘었다. 세계화된 시대에 어쩌면 남북은 사회문화적 측면에서 보면 공통점보다는 차이점이 더 많아질 법한 긴 세월을 보낸 것이다. 이러한 측면에서 이

7. 최승완, 《동독민 이주사 1949~1989: 분단의 벽을 넘어 또 다른 독일로 간 동독민 이야기》, 서해문집, 2019

제는 한민족의 민족 정체성을 강조하는 배타적 민족성은 효력을 잃은 지 이미 오래다. 게다가 우리 사회의 다문화는 벌써 상당히 광범위하게 진행되었기 때문에 내적 사회통합을 위한 시민교육에서 배타적 민족성을 가르칠 순 없는 노릇이다.

그러므로 시민교육은 북한 출신의 탈북민을 포함하여 미래의 통일 한국에서 함께 살아가는 모든 이들을 고려해야 한다. 이를 통해 서로 다름으로 인한 이질감 극복을 위한 상호 이해, 민주적 의사소통의 기술, 상생과 협력의 마음가짐(공동체정신)이 조화롭게 구현된다면 통일 한국의 방향이 자연스럽게 사회통합의 길로 나아가지 않을까 싶다.

┃ 통일을 준비하는 시민교육의 방향은? ┃

필자의 서사를 펼치기 전에, 한국의 **민주시민교육** 분야에서 단연 돋보이는 책 이야기부터 해볼까 한다. 《시민교육이 희망이다》[8]의 저자 장은주는 "촛불혁명 이후의 한국의 민주주의는 결손되었으며, 우리 사회의 시민은 시민적 덕성, 자질을 갖춘 것 같지 않다"라고 지적했다. 참으로 뼈아프지만 아주 정확하게 한국 민주주의의 현주소를 정확하게 표현했다고 생각한다.

---

8. 장은주, 《시민교육이 희망이다》, 피어나, 2017

▪ 좀 더 객관적으로 바라본 한국 민주주의의 현주소

자본주의의 경쟁, 유교적 근대성 그리고 메리토크라시[9]가 뒤얽힌 계층 간 위계가 형성된 사회, 역사적 특수성과 결합한 계파정치, 패권주의적 지역주의 등 민주적으로 얼마나 선진화되었는가의 측면에서 보면 현재의 한국 사회는 각종 문제들이 산적해 있다. 필자는 2016년 촛불혁명이 일어나던 그 시점에 독일에 있었고, 운 좋게도 약간 타자화된 시선에서 촛불혁명을 바라볼 수 있었다. 당시 필자와 함께 어학당에 다녔던 외국 친구들은 비선실세와 국정농단 등의 사태에 대해 너무나 놀랍다는 반응이었고, 함께 일했던 독일 동료들과는 한국의 정치 상황과 독일의 정치 상황에 대해서 함께 치열한 토론을 벌였다. 그때 확실히 자신이 속한 사회와 국가 그리고 어떤 교육을 받았는지가 한 개인을 형성한다는 느낌을 깊게 받았다.

독일인들의 정치적 성향과 의견을 표현하는 방법, 내용, 토론에 임하는 자세는 한국인들의 그것과는 확연히 달랐다. 언제 어디서나 자유롭게 토론하는 독일인을 보면서 나 또한 확실한 주관과 열띤 토론 등은 오직 학문적 토론의 장에서만 가능하다고 여기는 사회적 관습(norm)에 어느새 젖어 있었다는 생각이 들었다. 그들은 성장 과정에서, 자연스럽게 뭔가를 습득한 채 그렇게 살아가고 있다고 느꼈고, 신기한 것은 정치적 의견에 있어서도 어느 한쪽에 치우친 것이 아닌, 상호 발전적이며 정반합의 과정이 살아 있는 대화

---

9. 능력 지상주의. 능력이나 실적에 따라 지위나 보수가 결정되는 사회체제.

그 자체를 즐기고 있었다. 그때 처음으로 독일인들이 어떤 교육을 받는지, 특히 민주주의 국가의 시민성을 어떻게 체득하는지에 대한 관심이 강렬히 일어났다. 이렇게 2016년 가을, 시민교육이 나에게로 왔다.

• **철저한 정치교육과 역사교육에 기반한 사회 구성체들의 긴밀한 연대**

학문의 세계는(필자가 말하려고 하는 바는 주로 '사회과학' 분야에 해당되는 것 같다) 사회현상에 대한 관찰과 분석에 기초한 첨예한 문제의식에서 비로소 시작되는 것일까. 필자는 이러한 경험을 계기로 독일의 시민교육에 대해 연구하게 되었는데, 특히 독일의 통일 사례와 교육의 접점을 찾아보고, 나아가 한국에 적용해볼 수 있는 시사점을 찾아보고자 결행하게 된 독일행이 결실을 맺게 된 것이었다. 시작이 반이라고 했던가. 결국 독일의 사례와 비교 연구하여 학교 민주주의와 시민교육에 대한 석사 논문을 2017년 끝 무렵에 완성했다.

독일 시민교육의 핵심은 **정치교육**(Politische Bildung)과 역사에 대한 철저한 반성과 성찰을 통한 **역사교육**, 또한 이를 실현하기 위한 **사회 구성체들의 연대**이다. 언뜻 봐도 참 쉽지 않을 것 같은 이 과제를 대체 어떻게 해낸 걸까 하는 궁금증으로 독일의 사례를 들여다보니 바로 보이텔스바흐 합의가 눈에 들어왔다. 정치교육의 역사가 오래되었다고는 하나, 전후 전범국이자 패전국으로서의 독일은 역사의 교훈을 딛고 미래로 나아갈 매개로서의 시민교육의 원칙과 방향을 사회적 합의를 통해 창출해낸 것이다.

보이텔스바흐 합의의 세 가지 원칙은 널리 알려져 있다. 교조·주입금지, 논쟁 지속, 정치 상황의 분석·문제해결 및 관철의 원칙이다. 이를 통해 시민교육의 토대를 만들었고, 정치 시스템의 연대로 민주시민을 양성했는데, 특히 중점을 둔 부분이 리더의 양성이다. 리더란 특정 정파에 치우치지 않고, 국민과 국가를 위한 리더십을 발휘할 수 있는 인재로서 이들이 독일의 대연정을 가능케 했다. 그 덕분에 독일은 유럽을 이끄는 선진국으로 우뚝 선 것이다. 여기에 한 가지 더하자면, 독일 시민교육은 독일 시민을 넘어 전 유럽과 함께 연대하고자 하는 유럽 시민을 길러내고자 하였는데, 이는 독일을 유럽의 중심으로 만든 원동력이 되었다.

이렇듯 분명한 성과를 드러낸 독일의 시민교육이지만, 그럼에도 그림자는 있다. 독일 학계에서는 아직도 전후 그리고 통일 과정에서 이루어진 시민교육과 그 영향에 대한 연구가 이루어지고 있고, 내적 성찰이 주는 반향이 크다. 특히 언젠가 닥쳐올 통일을 앞둔 한국 상황에서 더욱 그렇다.

허트먼(Jens. Hüttmann)[10] 박사는 정치교육의 중요성을 역설하면서 아직도 독일이 사회통합을 위해 가야 할 길이 멀다고 지적하였다. 우선 1991년 독일 연방정부의 기록에 사회적 통합에 대한 정치교육의 방향성을 명확히 제시하고 있었고, 통일에 대비하는 교사

---

10. 교육부, 2019 《한독교사교류》, 교육부, 2019 내용 참조

양성훈련도 5년간 실시하여 통일을 준비하였으나, 현 세대 학생들은 전후 현대사에 대한 이해와 지식이 부족하고, 서독의 의회 민주주의와 구동독의 사회주의 통일당 독재체제의 차이점을 제대로 구분하지 못한다고 지적하였다. 역사학자의 지나친 우려가 아닌가 싶기도 하지만, 한국의 시민교육에 분명 시사하는 바가 있다.

한국의 전후 현대사는 독일 못지않은 풍파의 연속이자 기적의 연속이었다고 해도 과언이 아니다. 경제적 성장과는 다른 정치, 사회의 변화 과정을 면밀히 파악하고, 비판적으로 분석할 수 있는 능력은 올바른 시민교육을 통해서만 가능하다. 즉 그동안 역사와 사회 교과에서 다루었던 시간 순서에 따른 역사적 사실, 지식 암기 위주의 교육으로는 역사의 과오를 발판삼아 더 나은 미래를 디자인할 수 있는 시민의 역량으로 이어질 수 없다는 뜻이다. 또한 독일의 시민교육은 현재 진행형이기도 하다. 2016 이후 난민 수용문제와 이로 인한 사회적 갈등의 양산은 독일의 상황이 새로운 국면에 접어들었음을 보여주었고, 이에 독일의 시민교육은 현재 사회통합과 국가 번영을 위한 새로운 방향성을 찾아가고 있다.

• 우리가 꼭 배워야 할 민주시민교육의 세 가지 축

이제부터 통독 이전의 시민교육에서 현재의 시민교육 연구에 이르기까지 독일의 시민교육 사례를 참고하여 한국 시민교육에 참고할 수 있는 바를 선별해보고자 한다. 필자는 시민교육의 내용으로 네 가지 축을 제시하고자 한다. 첫 번째는 시민공동체 양산, 두 번째는 평화 지향성, 세 번째는 상호 이해, 마지막은 민주적 의사소통 능력의 함양이다. 언뜻 보면 당연한 이야기이고, 이미 교육과정에 다 있을 법한 내용이지만, 교육자로서 경험한 현실이 그렇게 녹록하지 않고, 다른 많은 교육자들 또한 동의할 법한 내용이라고 생각한다. 시민교육의 내용이면서 실은 방법론이기도 한, 때로는 삶 자체여야 하는 이 교육 내용들을 무엇을 통해, 어떻게 달성할 것인가에 대한 노력이, 그리고 사회적 합의가 필요하다.

시민공동체 이야기부터 시작해보자. 필자는 이를 **함께 있음의 공동체**라 명명해보겠다. 뒤르켐은 "어떻게 이질감을 극복하고 일체감을 형성해야 할 것인가?"라는 질문에 대한 대답으로 사회집단에 대한 애착을 이론화했다. 이 애착은 민족 정체성을 발현하고 견고하게 하는 동인(動因)으로 작용하는데 다문화, 세계화, 통일시대에 추구할 정체성은 평화, 공존을 함께 추구할 수 있는 공동체의 형성이라 할 수 있다. 위에서 필자는 다문화, 세계화된 한국 사회에서 배타적 민족성은 더 이상 효력이 없다고 지적한 바 있는데, '민족성' 개념을 빼고 뒤르켐의 논리를 빌려보면, 평화 공존의 공동체 형성은 시민교육을 통해 가능한 이야기가 아닐까.

민족성이라는 것도 사회적으로 학습되고 습득되는 것이라는 측면에서, 이제는 그 존재마저 희미해진 마당에 구태여 민족성의 의미를 학습할 필요도, 교육할 필요도 없을뿐더러, 자연히 이 개념은 지속되지 않을 것이라고 생각한다.

민족성을 대신하여 앞으로는 **평화**와 **공존**이 통일 대한민국을 관통하는 핵심 키워드인 동시에 새로운 공동체의 핵심 가치가 되어야 할 것이다. 하지만 말이 쉽지 평화·공존은 효율성이 전혀 없을 것이라는 비판적 시각도 있다. 일종의 실험군과 대조군이라고 볼 수 있는 해외 사례들을 살펴보면, 서독은 동독을 흡수했고, 프랑스 또한 다양한 인종에 대해 동화 정책을 펼쳤다. 그리고 그에 따른 부작용들은 아직까지도 사회통합의 걸림돌로 작용하며 돌이키기에는 다소 어려운 후유증마저 낳았다. 하지만 북유럽의 노르웨이[11]는 공유 가치에 대한 사회적 합의를 통해 공유 시민성을 구축하였는데, 이는 시민교육이 '가치'를 중심으로 이루어졌음을 시사한다. 이 사례의 함의는 '가치'에 대한 사회적 합의가 이루어졌다는 뜻이다. 경쟁·효율성의 시장주의에 왜곡되고 짓눌린 한국이 앞으로 나아가야 할 방향이 아닐까 생각한다.

다음으로 **평화 지향성**이다. 현재(2019년 8월)를 기준으로 또 북한 미사일 문제로 인해 남북협상 성과의 구현과 남북관계의 진전은 교착상태에 빠진 듯 보이고, 한반도의 평화 또한 아직까지는 어쩐지 요원해 보이기도 한다. 그런데 사회과학적 개념으로서 평화는 갈등의 완전한 소거(소극적 개념)이나, 시민교육의 근간으로서의 '평화 지향성'은 또 다른 언덕에 축을 딛고 있어야 한다. EU권 국가 중 갈등의 골로 유명한 북아일랜드[11]와 영국은 시민교육을 통해 공유적 시민성을 형성하여 화해와 공존으로 나아갔다. 이는 평화운

---

11. 이헌근, 2016, 〈노르웨이 시민교육, 정치참여 그리고 민주주의〉, 《한국시민윤리학회보》, 29(2), 115-139쪽

동의 교육적 결실로서, 한반도에도 적잖은 시사점을 준다.[12]

시민교육의 내용이 처음부터 완벽하게 합의되기는 힘든 상황에서, 우선 시민의 선택권을 인정하고 점진적으로 공유된 가치를 창출할 수 있는데, 이는 분리주의 교육의 특수성을 감안한 상호 이해 교육(EMU)을 통해 가능했다. 정전협정을 맺지 않는 한반도는 필연적으로 갈등의 구조 안에 있지만, 정치적 해결책이 없을 때에는 교육이 한층 장기적이고 근본적인 해결을 제시할 수 있다. 만약 한국의 통일 과정에서 1국가·체제의 점진적 단계라면, 시민의 정체성 획득 과정에 시간을 줄 수 있다. 다만 이 과정에서 보이텔스바흐 협약(Beutelsbacher Konsens)이나 EU 가이드라인 같은 시민교육의 원칙과 사회적 합의가 도출되어 빠른 시일 내에 공유된 가치에 대한 접점을 찾아야 하는 과제가 있다.

시민교육의 세 번째 축은 **상호 이해**이다. 분단 기간 동안 남북 간의 경제·사회·문화적 격차는 계속 벌어져 왔다. 다만 격차를 좁혀가는 데 있어 유의할 것이 있다. 특히 사회·문화적 측면에서의 격차는 통일을 준비하는 데 있어서 수직적 격차보다는 수평적인 의미, 즉 다름의 의미로 이해되어야 할 것이다. 그런데 워낙 폐쇄적인 북한체제의 특성상 우리는 북한의 사회문화적 측면에 대해서는 공개되어 알려진 부분만을 겨우 볼 수 있을 뿐이다. 한편 북한에서는 온라인, 미디어 콘텐츠 등을 통해 전해진 남한 사회의 모습을 꽤

---

12. 강순원, 2016, 〈[통일의 길] 통일교육, 공존의 패러다임으로!(8): EU 민주시민교육, 민족을 넘어 세계시민으로!〉, 《통일한국》, 385, 60-61쪽

속속들이 파악하고 있다.

국가 대 국가가 아닌 개개인의 시민 차원에서 보자면 어떨까. 현재 시민교육 교과서에는 북한 이해, 인권, 통일 등의 내용이 일부 다루어지고 있지만, 서로 다른 언어와 문화, 사회적 관습, 사고방식 등에 대해 우리 학생들이 실제적으로 접할 기회는 없다. 더욱이 통일에 대한 생각, 체제를 수반한 개념의 국가, 정치사상에 대한 비판적 성찰 등은 정치적 중립성이라는 미명하에 금기시되어왔다.

종합하면 남과 북의 시민들은 서로에 대해 잘 알지 못한다. 오랫동안 서로 떨어져 있었으니 잘 모르는 것이 당연하다고 볼 수도 있다. 그러나 서로에 대한 무지로 인해 편견이 싹트고, 그 편견은 차별과 갈등으로 이어질 수 있다. 이미 우리는 탈북민의 사례에서 그 영향을 확인한 바 있다. 그렇기 때문에, 직접 맞닥뜨렸을 때 서로 다른 남과 북의 시민들이 융화되어 살아가려면 더더욱 상호 이해에서 출발해야 한다. 상호 이해의 내용은 북한에 대한 관심과 긍정적인 인식을 기본으로(위의 평화 통일의 논리 선상에서) 필요한 내용이 들어가되, 구조화·체계화되어야 할 것이다.

| 우리나라 학교 시민교육의 현황과 나아가야 할 방향 |

우선 현재 시민교육의 내용이 어떻게 이루어져 있는가를 살펴보면, 이미 앞에서 언급한 것처럼 경기도교육청에서는 2017년 시민교육 교과서 3종 세트를 보급한 바 있다. 이를 현재(2019년 기준) 업무협약을 통한 사용 승인을 통해 전국 11개 시도에서 사용[13]하고 있고, 이에 따른 교사 역량 강화, 시민교육 교과서를 활용한 학생 토론 교실 운영 등의 각종 사업을 경기도교육청에서 우선 실시하고 있다. 이 결과, 2018년 4월 기준 시민 교과서를 활용하는 학교는 통계상 경기도 전체 학교의 68%에 이른다. 김광옥 경기도교육청 민주시민교육과 과장은 시민교육에 있어 사회적 쟁점을 토론하면서 시민성을 함양해야 함을 강조하기도 했다.

▪ 범교과의 일부가 아닌 하나의 교과로 자리 잡아야

그런데 실상 시민교육을 가능하게 하는 내용으로서의 시민교육의 요소가 교육과정과 교과서에는 빠져 있다. 이로 인해 학교 현장에서의 유기적이며 통합적인 구현이 어렵다는 비판의 목소리가 교육학계 내에서는 더 큰 실정이다. 심성보[14]는 범교과의 하나로 들어가 있는 현재의 민주시민교육을 가리켜 "초점이 없는 엉성한 민주시민교육"이라고 주장하기도 했다. 이는 시민교육을 분절적으로 해석하기 때문이며, 앞으로 범교과에 퍼져 있는 인권·평화·정치·환경·다문화·갈등 해결·도덕·인격교육을 민주시민교육에 포함하여 '시민교육'을 과목화해야 비로소 초점을 가진 시민교육으로

---

13. '더불어 사는 민주시민' 4권, '평화 시대를 여는 통일 시민' 3권, '지구촌과 함께 하는 세계시민' 3권 등 총 10권

14. 심성보, 《민주시민교육: 인간과 사회의 진보를 위한》, 살림터, 2011

발전할 수 있다고 주장했다.

또 다른 연구를 살펴보자. 김원태[15]는 학교 시민교육의 현황을 유럽 20개국과 비교하여 필요조건과 충분조건이 구현되어 있는 정도에 따라 분석하였다. 그는 이 연구에서 한국은 타 교과에 시민교육 요소가 존재하지 않는 상황에서 필요에 따라 교과서가 개발, 보급되었다고 지적하며, 아울러 2022 개정교육과정(2025~)에 민주시민교육 요소가 반영되고, '시민교육' 과목이 생기면 교육적 효과가 2030년부터 나타날 것으로 예상하고 있다. 시민교육이 분절적으로 해석되는 것은 시민교육이 엄연한 하나의 교과로 자리잡지 못한 채 범교과 속에 위치해 있다는 것은 시민 교과서가 3종으로 나뉘어 있다는 데서 이미 충분히 짐작할 수 있으며, 범교과와 시민교육 안의 내용을 재구조화해야 할 필요성을 여실히 보여준다.

• **학교 시민교육에서 다루어야 할 내용은 무엇인가?**

통일 이후 사회통합을 바라보는 한국 사회의 현실에서 시민교육이란 기본적으로 민주시민교육을 의미하지만, 통일 한국의 관점에서 '상호 이해'와 융합을 준비하는 시민교육의 내용을 다음 교육과정에 담아내야 할 것이다. 이에 대해 좀 더 구체적으로 살펴보면 정치교육(사상, 삼권분립, 정당정치, 민주주의에서 시민, 북한 정치 이해 등), 역사교육(일제강점기 이후 사상사, 전후 한반도 현대사), 세계시민

---

15. 김원태, 2019, 〈학교 시민교육의 필수조건과 충분조건 갖추기〉

(세계화, 다문화, 인권, 평등, 정의), 사회·문화(남북의 변천 과정과 현재, 통일 한국의 미래, 4차 산업혁명 이후의 모습) 그리고 지속가능성(환경, 사회, 인간의 공존을 위한 국가 사회의 발전 방향 추구)의 내용 등을 포함시켜야 할 것이다.

이 중 가장 명시적인 사회적 합의가 필요한 것이 바로 **북한 이해** 부분이다. 북한에 대한 관점은 정권의 교체와 사법부 및 행정부의 판단에 따라 달라져 왔고, 그렇기 때문에 교육계는 더더욱 조심스럽게 접근할 수밖에 없었다. 이제는 한층 지속가능하고 통일의 방향에 부합하는 관점을 설계해야 한다.

독일의 사례를 들여다보면 동독 이해 교육에 있어 차이점보다는 유사점을 찾고자 했고, 하나의 독일이라는 유대감을 형성하는 데 주력했다. 또한 비교를 통해 동독의 체제와 그로 인한 결과를 학생 스스로 판단하게 함으로써 학생들이 교육의 주체이자 통일의 주체로서 접근하도록 했다. 물론 독일 교육계 내부에서는 역사교육과 체제에 대한 비교·분석적이고 비평적 교육이 제대로 이루어지지 않았다는 자성의 목소리도 있다. 하지만 시작이 반이라는 말도 있듯이, 상호 이해 교육의 방향성을 설정함에 있어 이와 같은 관점의 초석을 잡는 것은 매우 중요하다고 할 것이다.

이와 더불어 새로운 교육과정에는 위의 내용이 시민교육의 내용요소로서 적재적소에 포함되어야 하며, 시민교육 교과서는 위의 내용을 통합한 형태로 출간되어 교과화되어야 한다. 이렇게 되면, 각 교과에서 시민교육의 내용 요소를 지식과 가치 탐구의 방법으로 학습한 학생들이 시민교육 시간에는 그것을 융합하고 새로운 지식을 창조하는 방식으로 배움을 완성하는 교육과정을 통한 시민 교육의 유기적 구현이 가능할 것이다.

마지막으로 시민교육의 내용에 꼭 필요한 것은 **소통 및 갈등해결 능력**이다. 위에서 언급한 함께 있음의 공동체, 평화통일의 논리, 상호 이해의 초석이 마련되어도, 정작 소통과 갈등해결 능력이 충분히 길러지지 않는다면 통일 이후의 사회통합은 결실을 맺지 못할 것이다. 서로 다른 이들이 모인 공간에서는 차이가 두드러지는데, 이 차이를 조율하지 못하면 갈등이 되고 편견과 차별이 뒤따른 채 시간의 흐름에 따라 골이 깊어지기 때문이다.[16] 갈등이란 두 명 혹은 그 이상이 의견 합치를 보지 못하는 것인데, 보통 부정적으로 여겨진다. 하지만 갈등을 잘 해결하기만 하면, 훨씬 생산적인 결과를 창출할 수 있다. 의견의 불합치를 보였던 해당 사안의 해결뿐만 아니라 소통과 갈등해결 과정에서의 협동 능력 향상, 비평적 사고, 새로운 아이디어, 대안적 해결책의 제시까지 가능하다. 이런 점에서 볼 때, 정답을 가르치지 않고 기존의 지식을 융합하고 새로운 지식을 창조해야 하는 4차 산업혁명 시기의 교육에 부합한다. 나아가 이러한 과정을 통해 학생들은 협력을 이끌어내는 리더로서의 자질도 갖추게 된다. 갈등관리이론에 따르면, 갈등해결 기술을 익히면

---

16. Ellis, V. L., & Toney-Butler, T. J., Conflict Management. In StatPearls [Internet]. StatPearls Publishing, 2019

감정지능이 향상되고, 뛰어난 소통 기술을 통해 개인 간의 상황과 갈등을 해결할 수 있다. 소통과 갈등관리 역량을 갖추게 된 시민들은 세대의 간극을 좁히고 새로운 문화를 창출할 것이다. 프랑크푸르트대학교 철학과 명예교수인 하버마스(Jurgen Habermas)[17]는 일찍이 인간이 가진 의사소통적 이성에 대해 말한 바 있다. 이는 진리의 다양성을 수용하고 타자와의 대화를 통해 열린 결말을 인정할 수 있는 인간의 능력에 대한 것으로 상호 이해 교육을 통해 상호 긍정적 인식과 정서적 공감을 이끌어낼 수 있다.

| 학교에서 평화를 지향하는 시민의 삶을 살게 하라! |

그동안 시민교육의 개념과 방향, 내용에 대한 사회적 합의가 이루어지지 않은 상황에서 시민교육의 방법 또한 갈피를 잡지 못한 채 표류해왔다. 따라서 필자는 앞선 논의에 이은 지극히 결과론적인 시민교육의 방법론을 제시하고자 한다.

• 학생 주체로 공동체와 평화, 소통 및 갈등해결 능력을 기르는 교육
우선 통일 이후의 사회통합을 바라보는 시민교육은 편견과 차별, 갈등을 극복하고, 예방하는 방향으로 실시되어야 하며 공유 가치

---

17. 이경식, 2018, 〈의사소통적 이성으로 실시하는 통일교육〉, 《윤리교육연구》, 48, 117-139쪽

를 설정한 **함께 있음의 공동체**를 설정하였다. 또한 평화적·점진적 통일의 논리 안에서 평화로운 공존을 지향해야 하며, 긍정적 인식을 바탕으로 한 상호 이해 교육과 위의 시민교육 내용을 보완하고 한층 더 나아가게 할 소통 및 갈등해결 능력의 함양에 대하여 이야기하였다.

어떻게 가르칠 것인가에 대한 철학적 근간은 '시민'의 개념에서 찾고 싶다. 시민이란 the public[18], 즉 공중으로서의 시민이며, 이는 존 듀이가 제안했던 중용적 시민상이자, 공론을 형성하고 토론하는 주체이다. 민주주의적인 가치관 및 사회에 대한 관심 및 분석 능력으로 문제의식을 형성하고 공론을 형성할 수 있는 시민, 이를 함께 토론하는 공동체의 일원으로서의 시민, 토론에서 극단에 치우치지 않고 최적의 접점 혹은 대안을 찾는 시민이 바로 시민교육의 방법론이자 목적지여야 할 것이다. 이러한 점에서 현재 경기도교육청 등을 중심으로 이루어지는 '학생 중심 교육과정'은 상당히 고무적인 방법론이라 할 수 있다.

학생 중심, 배움 중심의 핵심은 가치와 지식을 주입하지 않고 배우는 이가 스스로 지식을 창출할 수 있도록 디딤돌을 제공하는 방법론으로 교육학적으로는 구성주의적 관점에 기반한다. 이 학생 중심, 배움 중심 철학과 관련된 시행계획인 협동학습, 프로젝트 학습, 토의·토론학습, 활동·참여형 수업 등으로 현장을 변화시켰

---

18. 장은주, 《시민교육이 희망이다: 한국민주시민교육의 철학과 실천모델》, 피어나, 2017

고, 이는 학생들이 스스로 참여하여 배움을 형성하는 매개가 되었다. 필자는 교육자로서 학생들을 가르치며, 지식 전수 위주의 수업과 학생 중심 수업을 모두 경험하였다. 각기 장단점이 있지만, 수업을 만들어가는 과정의 즐거움과 지속가능성, 배움의 효과 면에서 볼 때 후자에 더 큰 점수를 주고 싶다.

물론 교과 특수성이라는 것을 완전히 무시할 순 없기 때문에 지식과 정보의 제공이 상대적으로 더 큰 비중을 차지하는 교과도 있는 게 사실이다. 하지만 교육철학의 근간으로서 학생 중심 수업은 어떤 과목, 어떤 수업에서든 가능하다. 학생들은 배움의 과정을 통해 스스로 판단하고 결정하는 자기 결정력을 기를 수 있다. 더불어 시민교육은 교과 외 학습을 통해서도 충분히 가능하다. 독일의 경우 학급 내 '또래 중재위원회'를 두어 갈등을 해결하는 과정을 학생들 스스로 배우며 성장한다. 나아가 학급회의는 학생자치회의 및 지역 학생자치회의, 주 정부 간 대표회의로 이어지는 등 거대한 민주주의의 피라미드를 이루게 된다.

이는 한국에서도 얼마든지 가능하다. 학급자치를 통해 학생들은 자신을 구성하는 학급 구성원들과의 사안을 발견하고 해결하는 연습으로 시작해서 점차 주체적인 학급운영의 주체, 나아가 학교운영의 주체가 될 수 있다. 자치회의뿐만 아니라 동아리 등의 학생 그룹이 활성화되고, 다양한 경험을 스스로 만들어 경험하며, 타 학교의 사례나 타 지역의 사례를 참고하여 실현해보고, 스스로 지역의 문제해결에 참여해보는 과정에서 상향식 지식 구성은 계속 일어날 수 있다. 이 지식은 주체적 시민으로서의 방법론적 지식·기능·가치와 태도를 포함하는 개념으로 볼 수 있을 것이다.

▪ 학생 중심으로 학급과 학교의 운영 원리 재구조화

두 번째로 학생들이 일상에서 주체적인 시민으로서 살아갈 수 있도록 학급과 학교의 운영 원리를 재구조화해야 한다. 다시 말해, 기존의 교사 및 교육과정 중심의 학교운영이 아닌, **학생 중심의 학교운영**이 이루어져야 한다.

실제로, 경기도교육청은 2000년대 초반부터 혁신교육정책을 시행해오고 있는데, 이 교육의 핵심은 다름 아닌 '민주시민교육'이다. 그런데 혁신교육의 기치 아래 많은 학교 정책을 시행하고 있음에도 불구하고, 어찌된 일인지 학생들이 실제로 학교의 주체로서 느끼는 자기효능감은 낮다고 한다. 혁신학교에서는 일부 다모임을 실시하고 있지만 어디까지나 선택사항이므로 실제 보급률은 낮다. 또한 일상으로서의 시민교육 수단이 되기에는 보여주기식 이벤트 같은 특성을 띠기 때문에 역부족인 것이다.

그렇다면 어떻게 해야 학생들이 학교에서 시민의 일상을 살아가게 할 수 있을까? 우선 시민교육은 학급 단위에서부터 실시되어야 한다. 1990년대에는 교육과정상에 형식적으로만 존재했던 학급자치가 시민교육을 위한 실질적 수단으로 자리매김해야 할 것이다.

학급자치의 대표적인 형태라면 학급회의를 꼽을 수 있다. 다만 학급자치는 학급 임원의 대표성에 대한 회의감과 형식적인 운영으로 인해 어느 순간 자취를 감추었는데, 만약 이것이 올바른 원칙과 방향성, 방법에 의해 이루어진다면 시민교육의 수단으로서 크게 기능할 거라고 기대할 수 있다. 성공적인 사례를 제시하면[19] 독일에서는 최근 **학급평의회**라는 제도를 정착시켜 광범위한 주제에 대해 협의 및 토론하고 결정한다고 한다. 이 과정에서 학생들은 직책을 수행하기도 하고 다수결보다는 타협이나 합의를 통하여 선택에 대해 한층 책임감을 갖게 된다. 또한 민주적 공동체의 일원으로서 자기 규제를 통해 공동의 목표에 도달하는데, 처음에는 개인 간 문제에서 시작해서 점차 수업의 내용과 방법, 궁극적으로는 학교 전체의 문화 형성에까지 광범위하게 아우르고 있다.

이렇게 학급평의회라는 '수단'을 통해 다각도로 주체적인 삶을 경험한다면, 추후 지역사회 및 국가 및 사회에 이르는 다차원적인 영역 확장으로 이어질 것이다. 물론 한국 학교 특유의 권위적·위계적인 문화, 교육과정상 시민교육의 내용 요소 부재 등이 학급자치의 실제적 어려움으로 작용할 수는 있을 것이다. 하지만 분명 가능한 범위 내에서 교사와 학생들의 의지로 충분히 실현시킬 수 있는 부분들이 있다고 본다.

• 학급회의와 학급자치를 통해 이끌어낸 학생들의 주체성

필자는 2012년 시골 분교의 교사로 발령이 난 이후로, 5번의 담임

---

19. 장은주, 《시민교육이 희망이다》, 피어나, 2017, 207쪽

을 맡으면서 학급회의와 학급자치를 통해 학생들의 주체성을 이끌어내고 시민의 소양을 갖추도록 돕기 위해 노력해왔다. 학급의 갈등을 중재하는 또래중재위원회를 두어 갈등관리의 과정을 경험하게 했고, 매주 학급회의를 통해 학급의 현안, 배움의 현안, 나아가 학교의 현안에 대해 깊이 생각하고 토론하고 결정하고, 의사를 반영하는 등 연속적인 훈련을 이끌어왔다.

학생들은 우리 어른들이 생각하는 것보다 훨씬 주체적이며, 성숙한 사고를 위한 자아를 이미 갖추고 있다. 다만 교사는 어른으로서 또 교육자로서 약간의 방향 수정이라든가, 길이 보이지 않을 때 가능한 대안들을 제시해줄 수는 있다.

결과는 항상 성공적이라는 말 그 이상이었다. 학생들의 사고와 행동양식은 이미 시민의 그것을 담아내고 있었고, 방법으로서의 시민성이 갖추어지자 학생들은 점차 내용과 범위를 스스로 확장해 나갔다. 그러면서 그들은 스스로 숙고하며 진정한 시민으로 성장하였다. 필자는 주체적인 토의와 결정을 앞둔 학생들에게 항상 이렇게 묻곤 한다.

"여러분은 시민인가요? 아직, 아닌가요?"

대답은 언제나 예스. 학급회의와 학급자치를 오늘날의 시대적 요구, 예컨대 통일 이후의 사회통합, 시민교육의 필요성 등에 맞게 교육과정으로 구현하고, 실질적으로 실천될 수 있도록 해야 한다. 이를 위해서는 교사 양성 및 재교육에 있어서도 대대적인 개혁이 불가피하다.

[20]독일의 경우, 교직과정에 헌법, 정치학, 사회학이 필수이며 이는 교사의 정치·사회적 역량이 제대로 된 시민교육과 직결된다는 것을 독일 교육이 간파하고 있음을 시사한다. 그 사회의 시민이자 교육자로서의 교사는 시민교육을 통해 사회경제적 배경으로 인한 계층 불평등의 재생산을 조금이라도 완화하고, 인본주의와 평등, 정의 등의 가치를 학생들에게 전하는 역할을 해야 할 것이다.

| 통일 관점의 시민교육, 어떻게 실천할 것인가? |

아래에 필자가 직접 학생들과 함께 실천했던 시민교육의 사례 몇 가지를 소개하려 한다. 시민교육에서 일방적인 지식 전달은 무의미하다. 제시된 사례들에서 볼 수 있겠지만, 학생들이 매일의 학교생활에서 서로 토론하고 협의하면서 스스로 깨달을 수 있는 기회의 장을 제공하는 데 주로 초점을 맞추었다. 이러한 과정에서 학생들은 한층 폭넓은 시야를 갖게 되고, 나아가 깊이 사고함으로써 학교생활 속에서 자연스럽게 성숙한 시민의식을 키워가는 모습을 발견할 수 있었다.

---

20. 박성희, 《독일교육 왜 강한가》, 살림터, 2014, 94쪽

▪ 사례 1. 학급단위 시민교육 - 학급회의, 우리는 문제 발굴단!

그간 교직에 종사하면서 가장 크게 공을 들여왔던 것이 바로 '학급 자치'이다. 학급자치란 무엇인가? 학급 단위 학생들의 관점에서 시작해서 공통의 인식과 자발적 참여로 일궈 나가는 자치의 과정이다. 초등학생인 나의 제자들은 여태껏 주로 11~12세 학생들이었고, 이들의 인지발달 수준은 분류상 '구체적 조작기'에 속한다. 즉 발달단계상으로는 직접 경험하지 않은 것에 대한 추상화나 논리적 추론 등은 어려운 연령대인 것이다. 그러나 내가 지켜본 이 어린 학생들은 눈과 손으로 직접 확인하는 것을 넘어 놀라운 인지 발달을 보였다. 학생들이 무엇을 경험하고 어떠한 관점을 접하느냐에 따라 발전의 정도가 현저히 달라질 수 있다는 것을 느꼈다.

가장 먼저 한 것은 2000년대 초반 활발히 실시되던 '학급회의'를 되살린 일이다. 매주 월요일 혹은 금요일 5교시는 한 주의 생활을 반성하고 계획하며 학급의 제반적인 일에 대한 문제 제기를 하거나 제언하는 장이 되었다. 처음에는 수동적이던 학생들이 점차 문제의식과 책임감을 가지고 생활하게 되었고, 학급회의 시간은 의견을 적극 피력하고, 조율하며, 해결 방법을 구안하는 민주주의의 장이 되었다. 3월과 9월 그리고 12월 즈음의 아이들은 사고의 수준과 시각의 범주에 있어 확연한 성장을 보였고, 나는 교사로서 학생을 믿고, 그들이 주체가 될 수 있는 장과 시간을 제공하는 것이야말로 학급자치의 시작이자 반임을 굳게 믿게 되었다. 대표적으로 학급회의에 제기되었던 의제와 제언, 그 결과를 정리해보면 다음과 같다.

학급회의에서 제기된 의제와 문제의식, 제언 및 실천 결과			
학급회의 의제	문제의식	제언	실천 결과
깨끗한 학급 환경	분리수거가 제대로 되지 않고 쓰레기를 버려 교실 환경이 악화되고 있음 · 원인1 – '나 하나쯤이야' 라는 생각 · 원인2 – 분리수거 방법을 정확히 모름	학급 환경의 심각성을 인지하고 분리수거 방법 학급 게시판에 안내, 올바른 방법으로 쓰레기 버리기 서로 독려하기 환경부와 분리수거 당번, 학급 임원들이 분리수거함, 쓰레기 무단 투기 감시	분리수거 방법에 대한 전체적인 이해도가 높아져 한층 수월하게 이루어짐 공통의 인식과 단속 강화로 쓰레기통 주변이 정화됨
바른 언어 사용	학급 친구들이 비속어, 혐오 표현, 외계어 등 언어생활을 해치는 언어를 무분별하게 사용하고 있음	인터넷상에서 쓰이는 은어, 비속어, 외계어의 심각성에 대한 인식 공유하기 나쁜 뜻을 가지고 있는 언어에 대해 제대로 알고 쓰지 않기 바른말, 경어 사용을 잘한 친구를 일주일에 한 번씩 뽑기	'무분별'했던 언어습관이 순화되어 학우 간의 불필요한 오해가 줄어들고 관계가 개선됨 선생님과 함께 은어, 혐오 표현, 외계어의 유래에 대해 공부하고, 의식적으로 피하게 됨
수업시간 바른 학습 태도의 중요성	수업시간에 계속 떠들고 장난치는 친구들, 교과서나 숙제를 지참하지 않는 친구가 늘고 있음	수업시간 바른 학습 태도의 중요성에 대하여 학급회의에서 이야기 나누기 1. 왜 문제인가? 단·장기적으로 어떠한 결과를 초래하는지 생각해보기 2. 학업 성적, 선생님과의 신뢰 관계에 미치는 영향에 대하여 토의하기	· 교과서, 숙제 지참 문제는 상당수 해결됨 · 지나치게, 습관적으로 떠드는 친구들 이외에는 수업시간 태도에 대한 공통의 인식이 생겨 면학 분위기가 조성됨

- 사례 2. 시민교육의 촉진제 - 원 만들기, 모둠활동

최근에 학교의 구조가 학생들의 성장에 미치는 영향에 대한 재조명이 일어나고 있다. 한국 학교의 전통적 구조가 감옥의 그것과 비슷해서 학생들의 창의력과 시민성을 발달을 저해한다면 참으로 곤란한 일이다. 단기간에 학교 구조를 바꿀 수는 없지만, 교실 안에서의 변주는 얼마든지 가능하다. 모둠 대형을 다양하게 해본다던가, 책걸상을 모두 양옆이나 뒤로 치워놓고 둥글게 원을 만들어 앉아볼 수도 있다. 실로 다양한 배치로 바꿔가며 교수-학습활동을 진행해 본 결과, 서로의 눈을 마주보고 소통할 수 있는 전체 원 구조에서나 모둠활동을 할 때 학생들은 훨씬 주도적으로 참여했고, 소통하였으며, 본인의 역량을 최대한 발휘해내는 모습이었다. 물론 성장은 자연히 따라오는 것이었다.

학교 민주주의 구현을 목적으로 한 시민교육 부서가 생겨나고 적

모둠별 프로젝트 학습과 협력하여 문제해결 능력을 기르는 학생들의 모습
학교의 구조를 단기간에 바꿀 수는 없겠지만, 교실 안에서의 변주를 통해 학생들의 창의력과 시민성의 발달을 꾀할 수는 있다. 이 또한 우리 교사들의 중요한 과제일 것이다.

극적 민주주의를 학교에 정착시키기 위한 노력은 궁극적으로 우리 사회의 민주주의 구현을 위한 교육정책이다. 여기에 더하여 남북 교류 문제를 다루는 평화팀이 존치되어 '휴전 상태'인 불완전한 우리 사회의 평화를 극복하기 위해 노력하는 일련의 평화통일 정책 실행은 민주주의를 위협하는 분단 상황을 평화가치의 구현으로 방향을 전환한 평화지향 시민교육의 좋은 사례라고 할 수 있겠다. 이는 소극적 평화에서 적극적 평화로 나아가는 과정 조건으로 민주주의를 구현하고자 하는 것이다.

▪ 사례 3. 민주시민교육이 꽃 - 학생자치

2016년, 독일 본에서 유네스코의 일을 지원하면서 필자의 주된 관심사는 '학교 교육은 어떻게 민주시민을 양성하는가?'였다. 특히 학교 교육에 마을교육공동체, 시민사회, 정당, 종교단체가 서로 유기적으로 연결되어 기능하고 있는 것이 참으로 인상 깊었다. 특히 '학생자치' 부분은 놀라울 만큼 체계적으로 네트워크화되어 있었다.

물론 우리나라에도 교육 NGO 및 교육부 산하기관, 학교, 관련 기관 등이 분주히 움직이고 있다. 하지만 너무 제각각 움직이고 있다. 그래서인지 몰라도 독일에서 더더욱 마음 깊이 품게 된 구절이 바로 Network of Network이다. 즉 모든 것이 연합되고 연결되어 있는 것이다. 독일의 경우 학교의 학생자치 대표들이 마을 단위에서 하나의 연합을, 각 마을의 대표단이 모여 주정부 단위의 연합을, 그들이 모여 전국 단위의 연합을 이루고 있었다.

| 행복한 교우 관계를 위한 규칙 정하기 | 학생자치회 캠페인 학교폭력 없는 학교 만들기 |

| 학생자치회 캠페인 스승의 날 행복한 사제관계 | 학생자치회 협력적 리더십캠프 |

학급의 의견이 전국 단위로 확장된다면? 아직 시기상조이기는 하지만, 내실 있게 학생자치를 이루고 학생들의 민주시민의식을 고양시켜 나간다면 학급 학생들의 의견이 시민사회를 긍정적으로 변화시키는 그런 때가 분명히 올 것이다.

학급의 의견이 학급 단위에 머물지 않고 전국 단위로 확장된다? 이 얼마나 조직적이며 체계적인 시민교육의 산물이란 말인가! 우리나라도 학생자치의 시·도 단위 확장 등 첫발을 떼고 있으나 아직은 교육자치, 학교자치가 미흡한 까닭에 지지 기반과 동력을 제대로 얻지 못하는 실정이다. 그러나 기회는 준비된 자에게 오는 것. 학교 차원의 학생자치를 내실 있게 이루고, 학생들의 의식이 민주주의의 고지를 바라보고 있다면, 시스템이 갖춰지는 순간 무섭게 그들이 이루는 네트워크가 시민사회를 이루고 사회를 변화시키지 않을까? 2017년 학생자치 담당 업무를 맡았을 때, 리더십 캠프를 통해 학생자치회 학생들이 회의 진행법, 토론법 등을 배웠고, 학교의 구성원이자 학급 대표로서의 책임의식을 배웠다.

한 달에 두 번씩 진행한 학생자치회 회의에서 각 학급의 의견을 수렴하고, 공동의 의제를 정해 다 함께 개선해가야 할 방향과 방법을 찾았다. 매 회의에서 나온 내용은 교장 선생님과의 면담을 통해 지원받을 것은 지원받고, 캠페인 및 학생자치회 멤버들의 솔선수범으로 학교문화를 바꾸어 나갔다. 한 달에 두 번씩 계기에 걸맞은 캠페인을 진행하였고, 자치회에서 나온 의제를 캠페인화하여 의식 제고에 힘썼다. 한 달에 한 번 학생자치회 조회를 통해 학생자치회에서 하는 일을 알리고 참여를 촉구하며, '학생의 목소리' 함을 만들어 학생들의 의견을 수렴·반영하여 운영을 내실화하였다.

물론 학생자치회 임원들과 멤버들이 처음 맞닥뜨리는 상황을 헤쳐 나가는 것은 기존 학교문화에서 결코 쉬운 일이라고는 할 수 없었다. 하지만 필자는 자치회 담당교사로서 기존의 틀을 과감히 깨보려는 시도와 함께 학생들의 지원군이 되고자 노력했다. 비록 학생들의 시도가 성공에 닿지 못해도 그들의 마음속에 한 걸음 더 나아가기 위한 성공의 불씨가 되었으니, 그들의 의식은 이미 시민의 반열에 올랐다고 봐야 하지 않을까?

| 통일교육과 시민교육은 별개일 수 없다! |

필자는 이 글에서 통일과 시민교육이 어떠한 관련성이 있고, 통일 이후의 사회통합을 지향하는 시민교육은 무엇을 담아내야 하고, 또 어떻게 이루어져야 하는가에 관해 이야기하고 싶었다. 2017년 이후 시민교육에 대한 국내 연구는 가히 폭발적인 상승세였다. 하지만 막상 통일교육과 시민교육은 별개의 영역으로 연구되고 있고, 상호 간 접점과 지향점이 잡히지 않는 것에 대한 안타까움에서 고민과 연구를 시작하게 된 것이다.

탈북민은 먼저 온 통일이라는 말처럼, 통일은 이미 우리 안에 있다. 이러한 현실에서 평화와 공존을 지향하는 통일 한국을 지향하며 서로를 이해하고, 소통하며, 공동의 발전을 이룩해낼 주체적인 시민의 양성이야말로 이 시대가 풀어야 할 교육 과제가 아닐까? 이 과정에서 학교는 학생들 스스로 주체가 되어 시민의 삶을 살아가는 터전이 되어야 할 것이다. 아울러 교육자와 교육과정은 함께 있음의 공동체로서 정체성을 담아낸 시민교육의 내용을 바탕으로 학생들이 현재의 삶을 풍요롭게 하는 동시에 지속가능한 미래를 가꿔 나갈 수 있는 능력을 기르도록 도와야 할 것이다.

하지만 무엇보다 중요한 것은 교육의 장에서 직접 소통하는 교사와 학생이 매 시각, 어떠한 관점으로 삶을 영위해 나가며, 어떠한 방식으로 배움을 일궈낼 것인가에 달려 있다. 그 과정에서 학교와 사회의 전폭적 지지는 분명 크나큰 힘이 될 것이다. 교육의 측면에서 보자면 가정과 학교의 연계가 학생의 성장을 위한 필수조건인데, 통일 이후의 사회통합과 주체로서의 시민 양성이라는 시대적 요구에 부합하려면 가정, 학교, 사회의 제도, 방법론, 철저히 준비된 내용적 토대가 갖추어져야 할 것이다.

아울러 앞으로는 교육자들이 통일을 논함에 있어, 학생들이 자유롭게 주체성을 발휘하는 순간에 주춤한다거나 눈치를 보며 움츠러드는 분위기만큼은 사라졌으면 한다. 통일은 특정 정치색과 무관한 인류 보편적 가치 지향과 다르지 않다. 따라서 학생들이 내면에 평화 지향적이며 인류 보편적 가치를 품은 주체적인 시민으로 자라날 수 있도록 도와야 한다. 그렇게 된다면 아마도 우리 사회가 좀 더 따뜻하고, 긍정적인 성장의 기운으로 가득차게 될 것이다.

06

미디어와 시민교육

"미디어 홍수 속에 더 절실한 비판적 사고,
어떻게 키울 것인가?"

바야흐로 미디어 홍수의 시대이다. 한국언론진흥재단의 언론산업통계(2017)에 따르면 종이신문 매체 1,429개, 방송 매체 51개, 인터넷 매체 2,796개로 총 4,295개의 보도 매체가 존재한다. 우리가 좀 더 주목해야 할 것은 이미 언론사보다 인터넷 매체의 수가 많으며, 소셜미디어(SNS)나 유튜브(Youtube)는 기성 언론사 구독자보다 훨씬 더 많은 지지층을 가지고 있다[1]는 점이다.

2019년도 기준으로 한 달간 유튜브를 이용하는 전 세계 이용자는 약 19억 명이며, 하루에 유튜브를 보는 시간은 무려 10억 시간

---

1. 정수영, 《어카운터빌리티, 새로운 미디어 규범》, 커뮤니케이션북스, 2015

이라고 한다. 스마트폰에 유튜브 앱을 깔지 않은 사람을 찾기 힘들다는 의미로 '갓튜브'라고 불리기도 하는데, 현재 유튜브에는 1분마다 400시간 분량의 영상이 계속 탑재되고 있다고 한다.

또한 이른바 TGIF, 즉 트위트, 구글, 아이폰, 페이스북으로 대변되는 스마트 미디어는 시민들의 상호작용 방식마저 바꾸고 있다. 유명 인사나 유튜버들은 자유롭게 각종 뉴스들을 생산하고 있으며, 이는 기성 언론에까지 큰 영향을 끼치고 있다. 이제 평범하고 힘없는 사람도 누구나 자유롭게 목소리를 낼 수 있게 되었고, 경우에 따라서는 강한 파급력을 미칠 수도 있다. 해시태그를 달며 전 세계적으로 퍼졌던 미투(Me Too) 운동, 성 소수자들의 커밍아웃을 통한 인식 개선 운동, 유튜버 '굴러라 구르'님이 유튜브 채널을 통해 공개한 평범한 장애인의 일상 등 삶에서 중요한 이슈를 공유함으로써 세상을 바꾸고자 하는 움직임들이 증가하고 있으며 이러한 미디어 활동은 민주주의 심화에 기여하고 있다.

하지만 시민으로서의 사회적 책임 없이 언론과 표현의 자유라는 미명하에 무분별하게 생산·유포되는 가짜뉴스의 확산은 심각한 사회문제로까지 이어지고 있다. 또한 기성 미디어에 비해 규제에서 좀 더 자유롭다는 점과 광고수익 같은 자본주의의 영향까지 더해지며, 하루가 다르게 더욱 자극적이고 비인권적인 저작물들이 마구 쏟아지고 있다. 그리고 이는 중·고등학생뿐만 아니라 초등학생들에게도 지대한 영향을 끼치고 있다.

| 교실 속 미디어의 지배, 어디까지 왔나? |

본격적인 이야기를 이어가기 전에 소개하고 싶은 토론 사례가 있다. 다음은 학교 교실에서 나타나는 미디어의 영향에 대해 시민교육에 관심 있는 교사들이 모여 '자신이 경험한 교실 속을 지배하는 미디어'에 대해 토론[2]한 대화 내용이다.

◆ **내가 경험한 학교 교실 속을 지배하는 미디어 토론**

중등교사1: 쌤~ 저 오늘 교실에서 충격 받았어요. 남자 학생들이 "강간당했다"라는 말을 자연스럽게 쓰는 거예요. 깜짝 놀라 물어보니 게임할 때 자주 쓰는 용어라고 해요. 인터넷 개인 게임방송에서 쓰기 시작해서 이젠 일반적으로 쓴다고 해요.

초등교사1: 헉! 강간은 강력범죄인데 게임용어라니요. 너무 놀랐어요. 강간이 희화화되는 건가요? 그렇게 쉽게 쓸 수 있는 용어가 아닌데요.

중등교사2: 아이들이 이런 용어를 쉽게 쓰면서도 비판적으로 생각을 하지 않아요. 그 용어가 누구한테는 개인의 삶을 송두리째 빼앗길 만큼의 큰 상처일 텐데요. 진짜 성 인지 감수성도 너무 부족해요.

중등교사1: 여기에 문제를 제기하는 친구들에게는 '진지충, 썹선비'라는 딱지가 붙는 게 더 문제예요. 장난으로 쓴 용어인데, 저렇게 정색한다며 비웃어버리죠. 시민 감수성을 가지고 있는 아이들을 한마디로 웃음거리로 만들어버리는 거예요.

---

2. 교육정책디자인네트워크 시민교육소모임 미디어교육 토론회(2019.9.26.)

초등교사2: 오히려 지적하는 학생들이 웃음거리가 된다면 정말 심각한 문제죠. 여기에 학생과 교사의 연대가 필요하다고 생각해요. 시민적 감수성을 함께 키우고 확장하기 위해 동료성을 가지고 비판적 사고와 미디어 리터러시 역량을 신장할 수 있도록 해야 할 것 같아요.

중등교사3: 아이들은 더 이상 기존 언론인 뉴스와 신문을 보지 않아요. 언론 규제나 심의가 덜한 SNS와 유튜브나 인터넷 개인방송을 보며 수용자로서 새로운 콘텐츠를 만들어 쌍방향으로 소통하죠. 문제는 해당 방송들은 구독자의 수에 따른 광고수익에 영향을 크게 받다 보니 계속해서 자극적인 언어를 쓸 수밖에 없어요.

초등교사3: 아이들에게 인기 있는 알바하는 유튜브를 본 적이 있어요. 욕이 반입니다. 자극적인 언어, 외모 비하, 성적 불평등 용어 사용 등 보는 내내 너무 불편했어요. 근데 구독자가 진짜 많아 대박났죠. 규제도 안 된 상태에서 아이들은 그대로 받아들이고 학교에서 따라합니다. 방송에서 하니까 학교에서도 해도 되는 줄 아는 거죠.

중등교사2: 고등학생들은 인터넷 개인방송 많이 봅니다. 혹시 인기 있는 야외 헌팅 방송 보셨어요? 개인방송이고요. 강남역, 신촌, 홍대에 길거리를 돌아다니며 불특정 다수의 여성들을 찍습니다. 구독자들은 실시간 스트리밍으로 전송되는 화면을 보며 채팅을 통해 반응을 하죠. 완전 여성을 대상화하며 외모를 품평하는 것으로도 모자라 온갖 욕설들이 난무하며 낄낄거립니다.

중등교사3: 저도 본 적 있어요. 광고수익을 얻기 위해 진행자는 더욱 자극적인 행동과 언어를 사용하고요. 이게 고등학생에서 중학생 그리고 초등학생까지 점차 내려옵니다. 정말 문제예요.

초등교사4: 맞아요. '앙~기모띠'용어를 초등학생들이 많이 써요. 이것도 인터넷 개인방송의 유명 BJ가 쓴 포르노 용어라는군요. 2~3년 전에는 주로 중학생들이 썼다고 하던데, 이젠 초등까지 내려와 버렸어요. 다들 쓰니까 아이들은 죄책감조차 없어요.

중등교사4: 미디어는 아이들의 언어와 머리를 송두리째 지배하고 있는데, 학교에서는 그저 입시 위주의 서열화에 따른 무한경쟁에만 몰두하고 있고요. 하지만 교사는 내신이나 수능 때문에 시민 감수성을 키울 여유가 없다가 가끔 토론이나 대화를 통해 아이들의 언어와 행동 속에서 심각성을 발견하고 깜짝 놀라곤 하죠. 이미 일베 용어는 남학생 여학생 다수가 사용하고 있어요.

중등교사2: 맞아요. 교실에 일베 진짜 많죠? 왜 일베 사이트에 가는 거냐고 물어보니 그냥 재미있대요. 거기 글을 퍼 나르면 애들도 좋아하고요. 근데 그 사이트에서 사용하는 용어는 19금 용어가 진짜 많습니다. 가짜뉴스부터 폭력을 낭만화하고 옹호하며 왜곡하는 글들이 많고 여성을 대상화하고 성별 고정관념을 강화하는 말도 안 되는 글들이 많습니다. 근데 문제는 아이들은 그걸 그냥 그대로 수용해버린다는 거죠. 일베 1명만 교실에 있어도 그 반은 분위기가 달라요. 진짜 달라요. 일베 관련해서 조금만 비판해도 "쌤! 페미세요?"라는 질문이 곧바로 돌아옵니다. 페미니즘마저 아이들에게 희화화되어버린 거죠.

초등교사1: 하하, 저도 그 질문 받았었어요. 뭐라고 대답해야 할지 막막하더군요. 진짜 학교에서 하는 1회성 시민교육 이벤트가 아니라 전반적으로 시민교육이 너무 절실해 보입니다. 모든 교과에서 시민적 감수성을 키워 비판적 사고를 통해 걸러낼 수 있는 힘을 길러야 할 것 같아요.

중등교사1: 저는 오늘 토론회에서 깨어 있는 시민 학생과 교사의 동료성을 바탕으로 하는 연대라는 말이 제일 감동적입니다. 이제 학교에서부터 비판적 사고를 통해 미디어를 바라보는 눈을 키우는 교육을 시작해야 할 것 같아요. 수업과 평가, 체험을 통해 시민적 감수성을 높이고 함께 토론할 수 있는 미디어교육을 이제는 더 이상 늦출 수 없어 보입니다.

이상의 교사 토론회에서도 볼 수 있듯이 우리 학생들은 이미 무분별한 미디어 홍수 속에서 옳고 그름조차 제대로 판단하지 못한 채 의식과 행동의 상당 부분을 지배당하고 있다. 이것은 불과 몇 년 사이에 벌어진 일임에도 학생들에게 미치는 미디어의 영향은 이미 대단히 심각한 수준이다. 자율적 규제와 제어, 견제 기능 없이 무비판적으로 스며들고 있는 것이다.

이제 학생들은 별다른 필터 없이 가짜뉴스뿐만 아니라 선정적인 방송, 입에 담기 민망한 욕설이 난무하는 방송, 서로 경쟁하며 먹는 방송, 엽기적인 행동을 하는 방송을 하는 개인방송에 이르기까지 무분별하게 접하고 있다. 게다가 이러한 방송은 깨어 있는 일부 학생들을 '진지충, 씹선비'라는 용어로 희화화시킴으로써 입을 다물게 만드는 행태를 보이며 일상적 학생문화까지 저속하게 물들이며 지배하고 있는 양상이다.

#넘치는 정보_#그때는 맞고 _#지금은 틀리나?_#아이고, 머리야!

| 새로운 미디어 시대에도 본질은 사람이다! |

무차별 폭격처럼 퍼붓는 미디어 홍수 시대에서 깨어 있는 시민으로 살아가기 위해 가장 필요한 것은 무엇일까? 아마도 쏟아지는 수많은 정보들을 그저 무분별하게 수용하는 것이 아니라 '비판적' 시각으로 걸러내며, 냉철하고 객관적으로 판단할 수 있는 능력일 것이다. 이에 주목해야 할 능력이 바로 '미디어 리터러시'이다.

미디어 리터러시란 다양한 형태로 존재하는 미디어에 접근하고, 분석하고, 평가하고, 상호작용할 수 있는 능력[3] 으로 미디어를 비판적으로 이해하고 능동적으로 이용하며, 혁신적이고 창의적으로 구성 및 제작할 수 있는 능력을 의미한다. 이를 위해서는 참여적·비판적 사고가 필수적이며, 수동적인 위치에서 적극적인 위치로, 수용자에서 참여자로, 소비자에서 시민으로 자리매김해야 한다[4]고 하였다.

물론 미디어의 확산과 진화가 꼭 부정적인 것만은 아니다. 시민으로서 미디어를 통해 정치·사회적 이슈에 자발적으로 참여하고 적극 활동함으로써 공유와 확산을 통해 다양한 담론이 만들어진다. 그리고 이러한 확장을 통해 시민의 권리를 확장시킬 수 있다. 또한 쉽게 공공 이슈에 접할 수 있으므로 개인의 관심과 참여 또한 과거에 비해 수월해졌다. 하지만 미디어가 나날이 다채널·다매체

---

3. 김양은, 《디지털 시대의 미디어 리터러시》, 커뮤니케이션북스, 2009

4. Livingstone, Media leracy and the challenge of new information. The communication technology, 2004.

화되면서 질적으로는 상업성, 폭력성, 선정성의 도가 수위를 넘고 말았다. 그 결과 방송의 공익성을 크게 위협하고 있다.

이러한 상황을 현명하게 극복하기 위해서는 계속적인 감시와 피해를 구제받기 위해서 적극적으로 행동함이 필요하다. 즉 무비판적, 무감각적, 습관적으로 미디어 속 정보를 받아들이는 것에서 벗어나야 한다. 그리고 비판적인 사고를 통해 능동적·주체적으로 행동함으로써 시민의 주권을 실현해야 할 것이다.

▪ 역기능만 보지 말고 순기능을 적극 활용해야

문제는 어떻게 해야 그러한 사고를 키울 수 있는가에 관한 문제이다. 일단 시각부터 바꿀 필요가 있다. 이미 학생들이 스마트폰을 통해 새로운 세상과 정보의 바다를 휘젓고 다니는 것이 당연해진 마당에 그러한 행위 자체를 부정적 시각으로만 보아서는 곤란하다.

일반적으로 학교나 가정에서 온종일 스마트폰을 손에서 떼지 못하는 학생들을 보면 인터넷 중독을 의심하며 교육과 치료의 대상으로만 취급하려는 경향이 다분하다. 게다가 스마트폰 따위는 착실한 학교생활을 방해하며, 학습에 부정적인 영향만 끼치는 몹쓸 디지털 기기라고 접근하고 있다. 그래서인지 대부분 학교가 등교하자마자 커다란 바구니나 가방에 스마트폰을 수거하여 담임선생님이 계신 교무실로 나르기 바쁘다.

하지만 미디어의 측면에서 접근해보면 세상은 이미 변했고, 또 지금 이 순간에도 끊임없이 변화를 거듭하고 있다. 또한 다른 공식

◆ 낮은 생산 장벽, 선정성을 부추기다!

기존의 뉴스나 예능, 드라마와 같은 TV 방송, 영화들은 생산 장벽이 높다. 이들을 관리하고 심의하는 기관이 따로 있으며, 다양한 쌍방향 질 관리로 검증 없이 그냥 정보를 생산하지 않는다.

물론 일부 예능에서는 아직도 남성 위주의 프로그램과 외모 비하, 외모에 따라 역할을 부여하는 등 혐오를 부추기고 폭력을 의리나 낭만으로 묘사하는 식으로 미화하는 모습, 성별 역할의 고정된 모습도 종종 나타나지만, 심의를 통해 제재를 가하고 있고 이를 바탕으로 시정하려는 노력이 이루어진다.

하지만 미디어 생산 장벽이 낮은 뉴미디어인 개인방송이나 SNS와 같은 미디어에서 나타나는 문제점은 한층 더 심각하다. 혹시 학생들 사이에서 이미 유명한 야외 헌팅하는 개인방송을 한번이라도 본적이 있는가? 말문이 막힐 만큼 저속한 표현들이 난무한다.

게다가 초등학생도 즐겨 보는 게임 방송에서는 게임이 잘 안 될 때 여성을 비하하고 모욕하는 발언이 당연하게 튀어나오고, 신체 노출을 주요 콘셉트로 하는 선정적인 콘텐츠들은 지금도 실시간으로 마구 생성되고 있다. 랜덤 채팅이라는 이름으로 SNS를 통한 성매매가 빈번하게 일어나며 성범죄를 부추기고 청하는 범죄행위마저 자유롭게 발생하고 있다. 또 초등학생들 사이에서 최고 인기를 자랑하는 '틱톡'은 정해진 시간의 짧은 영상을 올리는 플랫폼이다. 그런데 15초 정도의 짧은 영상으로 주목을 끌려다 보니 꽤 많은 콘텐츠들이 선정성을 앞세우거나 여성 신체에 대한 그릇된 인식을 담고 있는 등 자극적인 영상들이 계속 생성되고 있는 현실은 우려하지 않을 수 없다.

언론보다 유튜브를 더 많이 보며, 한 번의 클릭으로 기존 언론보다 더 많은 영향력을 행사하고 있다. 이러한 현실을 무작정 외면하고 무시하기만 한다면 시민교육은 결코 성공에 이를 수 없다. 다시 말해 학교 시민교육도 스마트폰의 부작용에만 매몰되어 교육에서 배제하려는 노력보다 미디어 환경의 변화 속에서의 방향 전환을 이루어야 한다는 뜻이다.

그럼에도 불구하고 학교에서는 여전히 아무런 대책 없는 실적 위주의 무늬만 시민교육을 시행하고 있을 뿐이다. 변화된 현실, 달라진 요인 등은 제대로 고려조차 못한 시민교육이라면 백날 시도해봐야 시간 낭비에 불과하다. 이러한 상황 속에서 미디어는 지금도 계속 학생들 사이에서 무비판적으로 빠르게 수용되고 있으며, 그들 대다수 삶의 전반을 지배하기에 이르렀다.

▪ 기존 시민교육 콘텐츠의 문제점

이제 교육계도 시대의 변화와 새로운 흐름을 더 이상 외면할 수 없게 되었다. 이에 교육부(2019)는 학교 미디어교육 내실화 지원 계획을 발표하고 학생들이 다양한 콘텐츠 제작 활동을 책임감 있게 이용하며, 비판적 사고력과 합리적 의사소통 능력을 함양하여 개인과 사회의 문제를 해결하는 성숙한 시민으로 성장할 수 있도록 지원하겠다고 밝혔다.

하지만 그럼에도 불구하고 문제는 여전히 제대로 해결되지 않고 있다. 왜냐하면 정부나 시민단체가 주도하는 미디어교육이 제각각으로 진행되다 보니 체계성이나 일관성이 턱없이 부족한 형편이라 한계에 부딪치고 만 것이다. 이제 한층 더 개방적인 사고의 전환이 이루어져야 할 때이다. 예컨대 1인 크리에이터나 웹툰 작가가 학생들의 진로희망의 상위권으로 자리잡아 가는 것을 고려해서라도 두꺼운 자물쇠가 걸려 있는 학교 컴퓨터실부터 활짝 오픈해야 한다. 그리고 각종 규제와 가이드라인 등으로 막혀 있는 문제를 해결하여 학교 내 완전한 인터넷 접근을 위한 인프라 구성, 와이파이존과 같은 체험 공간을 활용한 생활 속 학교 미디어 리터러시 교육이 적극적으로 이루어져야 한다.

하지만 이 모든 것이 구현되기에는 우리 학교가 처한 현실이 참으로 답답하기만 하다. 예컨대 교사들마저도 카카오톡이나 네이버 밴드를 활용하려면 교육지원청에 별도의 신청을 해야 하며, 이러한 상황은 자연스럽게 미디어에 대한 수동적 태도를 부추기고, 꺼려하는 분위기를 유도한다. 교사가 적극적으로 미디어교육을 실천할 수 있도록 적극 지원은커녕 교사의 열정마저 가로막고 있는 셈으로, 매우 뼈아픈 현실임을 인정하지 않을 수 없다.

▪ 디지털 문명의 본질이 요구하는 시민의 조건

가짜뉴스로 사람들을 현혹하는 기사와 영상, 거친 욕설과 성차별적인 언어, 무분별한 음란물에 따른 폐해 속에서 시민의 존재가치는 더욱더 절실해지고 있다. 최재봉의 《포노 사피엔스》를 보면 디지털 문명의 본질이 요구하는 인재상은 "배려할 줄 알고, 세심하

고, 무례하지 않으며, 친절하고, 합리적이고, 과학적이며 또 능력
있는 사람"이다. 즉 가식이 아니라 본성에서 자연스럽게 우러나오
는 시민을 의미한다.

새로운 미디어 지형 안에서도 새로운 기술이 접목되었을 뿐이지
사회를 이루는 중추는 여전히 '사람'이다. 근본은 시대를 넘어서도
여전히 유효하며 오히려 더 중요해졌다. 물론 미디어의 방법은 과
거와 다르다. SNS와 인터넷 개인방송을 통해 다양한 활동을 하고
그 안에서 데이터를 기반으로 학습하겠지만 달라진 미디어 속에서
도 여전히 답은 사람이다.[5]

많은 사람들과 관계를 통해 부지런히 공감 능력을 키우고 다양
한 관계망에서 존중을 통해 확장해 나가려면 시민으로서의 성장은
필수적이다. 수많은 방송 중에서 옥석을 가려내고 좋은 콘텐츠를
찾아서 즐길 수 있는 깨어 있는 시민을 기르는 교육이 절실하다.

| 시민교육, 미디어에 대응하는 비판적 사고를 키워라! |

어떻게 하면 비판적 사고와 미디어 리터러시 역량을 가진 시민으
로 자랄 수 있을까? 매일 새롭게 쏟아지는 엄청난 정보와 페이스
북, 유튜브나 SNS에 올라오는 미디어 수용자가 만들어내는 무수히

---

5. 최재붕, 《포노 사피엔스: 스마트폰이 낳은 신인류》, 쌤앤파커스, 2019

많은 콘텐츠에 이르기까지! 마치 거대한 바닷속처럼 콘텐츠의 세계는 실로 무궁무진하다. 게다가 상당수의 콘텐츠는 상업적 목적으로 온갖 자극적인 언어를 거침없이 동원하며 대중들에게 편견과 혐오를 끊임없이 주입하고 있다. 예컨대 난민들은 상습적으로 범죄를 저지른다는 식으로 난민으로 인한 피해를 부풀리는 음모론과 허위정보, 5·18민주화운동을 북한군이 일으켰다는 주장, 대통령과 그 가족에 대해 양산되는 온갖 루머, 북한에 쌀을 지원한 탓에 쌀 가격이 폭등했다는 등의 허무맹랑한 주장을 담은 영상들이 몇십 만의 조회수를 올리며 유튜브에 버젓이 존재하고 있다.

우리나라는 등록 절차만 거치면 누구나 금방 인터넷 언론을 만들 수 있기 때문에 가짜뉴스가 활개를 치고 있는 형편이다. 이러한 미디어의 바닷속을 제대로 된 거름망 하나 없이 정처 없이 떠다니며 위험하게 노출되어 있는 학생들에게 우리는 시민교육 측면에서 어떤 디딤돌을 제시해주면 좋을까?

- **가짜뉴스**

가짜뉴스는 대부분 거짓 데이터를 기반으로 하며, 논리보다는 감성팔이와 같이 감정에 호소하여 사람들을 선동하는 여론몰이가 중심이다. 온갖 감언이설로 사람들의 마음을 현혹시키기 위해 노력하는 것이다. 하지만 거짓 정보는 곧 여러 사람에 의해 검증 과정을 거치다 보면 결국 시커먼 본색을 드러낼 수밖에 없다. '검증', 시민으로서 미디어를 대할 때 **비판적** 사고가 필요한 지점이다. 그렇다고 무작정 아니라고 비판하는 것은 가짜뉴스의 여론몰이와 다르지 않다. 따라서 분명한 과학적 데이터를 가지고 그것에 근거해서 조목조목 반박할 수 있어야 한다. 데이터의 시대에서 과학적 데이터에 기대는 것만큼 확실한 논거는 없기 때문이다.

다음은 가짜뉴스에 대한 위험성을 담은 대표적인 그림책으로 수업에 활용해보면 좋을 것 같아 추천한다. 예컨대 수업시간에 모둠별로 그림책을 함께 읽고, 이를 매개로 자신이 경험한 가짜뉴스 사례에 대해 이야기를 나눠보는 수업을 진행할 수 있다. 또한 미디어를 통해 뉴스나 정보를 접했을 때 어떤 태도가 필요한지에 대해 각 모둠별로 진지하게 토의해보는 것도 좋다.

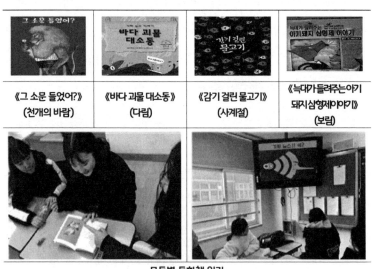

《그 소문 들었어?》
(천개의 바람)

《바다 괴물 대소동》
(다림)

《감기 걸린 물고기》
(사계절)

《늑대가 들려주는아기
돼지삼형제이야기》
(보림)

모둠별 동화책 읽기

이상에 소개한 책들 외에도 스토리텔링을 바탕으로 가짜뉴스의 위험성을 알리는 도서들을 활용하면 학생들도 좀 더 쉽게 이해할 뿐만 아니라 한층 더 몰입할 수 있다.

- **부적절한 미디어 신고하기**

정말 다양한 미디어 속에서 발견되는 가짜뉴스, 성차별적 요소, 범죄행위, 선정적인 정보 등에 대해서 어떤 점이 문제이고 잘못되었는지를 판별하고, 매체에 따라 어떻게 신고해야 하는지 실천해보는 수업을 해볼 필요가 있다. 성역할 고정관념을 조장하거나 외모지상주의를 부추기는 내용 등 잘못된 미디어 정보에 민감하게 반응하고, 또 시민 감수성을 바탕으로 어떻게 바로잡을 수 있는지를 살펴보는 교육이 필요하다. 유튜브에서 쉽게 볼 수 있는 어린 여자아이가 화장을 하는 콘텐츠나 세계적으로도 유명한 〈상어가족〉 노래 영상을 볼 때, 영상 속에 나타나는 전형적인 성역할 고정관념을 민감하게 찾아내고, 이를 실제로 바꾸는 데 참여할 수 있는 역량 등을 일상의 수업을 통해 길러야 한다.

◆ '부적절한 미디어 신고하기'와 관련한 수업 적용 사례

• 시청자 게시판을 통해 항의하는 글쓰기
 1) 모둠별로 대표적인 부적절한 방송에 대해 토론하기
 2) 모둠별 한 가지 방송 프로그램을 정한 후 해당 프로그램 속 인권침해, 가짜뉴스, 성차별적 요소 등에 대해 분석하기
 3) 해당 방송 프로그램 시청자 게시판 및 고객센터에 분석적으로 항의하는 글쓰기
  ‣ 위 활동을 통해 불편하지만 그냥 지나칠 수 있었던 방송 내용을 분석하고 이에 대한 항의하는 글을 써봄으로써 인권 감수성을 키울

수 있으며, 사회에 대해 수동적 존재가 아닌 능동적이고 사회에 참여하는 의식을 신장할 수 있다.

모둠별 부적절한 방송 분석하기	방송 프로그램 시청자 게시판 글 작성

• **방송통신심의위원회 민원 글쓰기**

1) 방송통신심의위원회 사이트를 소개하고 둘러보기

2) 방송민원과 통신민원을 구별하고 모둠별로 통신(유튜브)에 대한 의견을 수렴하기

3) 모둠별로 유튜브, 틱톡, SNS와 같은 다양한 통신 채널 중 하나를 선정하여 부적절한 사례 수집 및 분석하기(방송 캡처 자료 필수)

4) 방송통신심의위원회 사이트에 통신민원의견 제출하기

방송통신심의위원회 사이트	방송통신심의위원회에 민원의견 제출

- 국가인권위원회에 진정 글쓰기

  1) 국가인권위원회 사이트에 진정서 양식을 다운받아 학생들과 공유

  2) 절차에 맞게 부절적한 미디어 관련하여 인권침해 해당행위에 대해 기술해보기

  3) 피해당한 증인이나 증거 자료에 대해 추가 서술

    ‣ 위 활동을 통해 생활 속에서 부적절한 미디어와 인권침해를 연결하는 감수성을 높이고 인권침해에 대한 문제해결력을 신장할 수 있다.

모둠별로 미디어 속 인권침해 사례 찾기 국가인권위원회에 진정서 쓰기

- 유튜브 신고하기

  1) 모둠별로 많이 보는 유튜브 동영상 중 명백한 가짜뉴스를 담고 있는 영상 찾기

  2) 모둠별로 영상을 분석하여 어느 부분이 잘못되었는지 발표하기

  3) 동영상 하단의 점3개 누른 후, 신고하기 버튼 클릭하기

    ‣ 위 활동을 통해 삶 속에서 자주 접하는 유튜브 영상에 대한 민감성과 감수성을 신장하고, 해가 되는 영상에 대한 적극적인 참여를 통해 바른 미디어 환경을 만들고자 하는 의식을 신장할 수 있다.

▪ 댓글 문화

이제 대중은 미디어의 수용자나 소비자에만 머물지 않는다. 미디어가 확장되면서 미디어의 수용자 중심으로 영향력 있는 2차 문화가 만들어지기도 한다. 예컨대 대중가요나 아이돌 팬덤문화, 게임 등을 활용한 미디어는 특히 2차적 문화를 공고히 만들고 있다. 이 과정에서도 역시 비판적 사고를 기반으로 한 **미디어 리터러시** 역량이 꼭 필요하다.

이 세상에 존재하는 사람들의 다양성만큼 생각의 다양성 또한 무궁무진하다. 이렇듯 저마다 생각이 다르기 때문에 다를 수 있음을 인정하고 다양한 생각을 상호 존중하는 것이야말로 시민의 필수 자질 가운데 하나이다. 하지만 우리 주변을 살펴보더라도 다른 생각에 대해 그리 관대하지 않은 편이다. 오히려 거부감을 드러내며 공격하기 일쑤이다. 특히 팬덤문화의 경우 자신의 팬덤 이외의 다른 문화에 대해 엄청난 폭력성을 지니고, 이를 실제로 표출하는 경우가 많다. 많은 연예인과 유튜브 개인방송 활동가들도 악플 때문에 고통받고 있는 현실이 이를 증명한다.

올바른 시민의식을 가진 사람이라면 SNS에 자기와 생각이 다르다는 이유로 막말이나 욕설을 남기지는 않는다. 하지만 일부 사람들은 얼굴을 대면하지 않는 익명성을 무기로 즉흥적, 습관적으로 악플을 써대면서 상처를 주기도 한다. 올바른 비판의식이 부재한 채 오직 비난을 위한 비난만이 존재할 뿐이다. 비판적 시각으로 미디어를 대할 수 있는 능력이 절실히 요구되는 이유이다.

혹시라도 반대하는 의견을 달아야 할 때는 신중하게 객관적 근거와 자료를 바탕으로 예의를 지키며 생각을 제시할 수 있는 능력, 시민적 미디어 리터러시 교육이 필요하다. 디지털 미디어에서도 시민성은 여전히 중요하다. 그리고 이는 실제 시민과 다르지 않다. 오히려 눈에 보이지 않기 때문에 더욱 성숙한 언어와 예절, 배려가 필요함을 깨닫게 해야 한다. 학교는 이를 수업과 잠재적 교육과정 속에서 지속적으로 제시해야 할 의무가 있다.

◆ '댓글 문화'와 관련한 수업 적용 사례

• 모의 법정 수업: 사이버 명예훼손이나 모욕에 관련한 처벌 법안을 찾아보고 모의법정 과정을 경험하게 함으로써 인터넷상에서 장난으로 쓴 글이라도 상대에게 어떤 심각한 파급력을 미칠 수 있는지를 알고, 또 이에 대한 책임을 느끼게 한다.
• 역할놀이 수업: 댓글에 얼마나 상처를 받을 수 있을지 역할을 바꾸어 경험하게 한다.
• 웹툰 그리기 수업: 문제 상황을 제시하고 이를 해결하기 위한 웹툰의 마지막 장면을 고쳐서 그릴 수 있도록 한다.

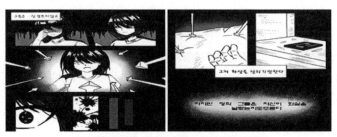

댓글 문제 해결을 위해 학생들이 직접 제작한 웹툰

시민교육은 성숙한 사회를
만들어가는 첫걸음입니다!

학교에서의 경험을 통해 학생들이 민주시민으로 성장할 수 있도록 지원하는 방법에 대해서 많은 교사들이 고민하고 있다. 민주주의를 지식과 이론만으로 배울 수 있다고 생각하는 사람은 거의 없을 것이다. 학생들이 삶 속에서의 민주성을 발현하는 시민으로서 성장하려면 학교 교육과정 안에서 그들이 가진 생각들을 존중해주고, 의견을 펼치며 실천할 수 있는 기회를 제공해주어야 한다. 또한 학생들이 학교에서 수업과 평가와 관련된 교육과정 이외에도 잠재적 교육과정을 통해 민주주의를 직접 경험하게 하는 것이 반드시 필요하므로 학생들에게 민주시민으로 활동할 수 있는 기회를 제공해야 한다. 교육과정과 시민교육에서는 시민으로서의 기본적 역량을 기르는 교육과정 구현을 위해 교육과정ㆍ수업ㆍ평가의 방향성 및 그 실천 과정 측면에 중점을 두어 논해보고자 한다. 더불어 학교에서 사회적 실천을 경험하기 위해 교사는 어떻게 시민 교육과정을 운영해야 하는지를 나누고자 한다.

PART

03

| 학교에서 실천하는 시민교육 |

"학교에서 시민으로 살아가라!"

01
교육과정과 시민교육
"학생이 교육과정, 수업, 평가의
주체로서 참여하게 하라!"

교육과정이란 무엇인가? 간단히 정의하면 학생들에게 무엇을 어떻게 가르칠 것인가에 대한 계획이자 과정이며, 결과를 말한다. 학교에서 이루어지고 있는 다양한 교육활동의 기준을 체계적으로 편성 및 조직하고 있는 교육과정은 학교 교육의 핵심이라고 할 수 있다.

학습자, 사회, 교과는 교육과정을 결정하는 중요한 세 가지 요소이다. 20세기 이전에는 대학과 학문 위주의 영향으로 교과 우위의 교육과정이 우선시되었다면 20세기 이후에는 초·중등학교의 체계화에 따라 학습자와 사회 우위의 교육과정이 계획되어 운영되고 있다고 볼 수 있다.[1]

| 시민성을 형성하는 교육과정이 필요하다! |

교육과정이 구현되는 공간인 학교는 학생들이 사회적 관계를 구축하고 상호작용을 할 수 있는 곳이다. 따라서 학교 안에서 이루어지는 교육은 현 시대의 사회적 흐름을 반영하지 않을 수 없다. 그리고 학교를 둘러싼 가치가 서로 충돌하게 될 때, 교육과정은 학습자 개개인의 요구보다는 사회적 요구를 우선시하게 된다. 그러므로 학교 교육과정이 지닌 사회적 흐름과의 연관성 및 그것이 학습자에 미치는 영향은 굳이 그 중요성을 언급하지 않아도 될 만큼 커다란 의미를 지닌다고 말할 수 있을 것이다.

▪ 학교에서 민주시민교육이 제대로 구현되기 위한 필수조건

오늘날 우리 사회는 그 어느 때보다도 교사나 학생으로 하여금 '시민'으로서의 자질을 요구하고 있다. 그러므로 교육과정이 그 사회의 시대상 및 흐름을 반영한다는 전제하에 현재의 학교 교육과정은 사회의 요구에 따라 우리 학생들을 시민으로 길러낼 수 있는 방향으로 구성되고 또 운영되어야 할 것이다.

그렇다면 시민을 기르기 위한 교육과정은 어떤 양상으로 구현되어야만 하는 것일까? 단순히 메리토크라시(meritocracy)[2] 패러다임

---

1. 홍후조, 《알기 쉬운 교육과정》, 학지사, 2016, 76-96쪽

2. 출신이나 가문 등이 아닌 능력이나 실적, 즉 메리트(merit)에 따라서 지위나 보수가 결정되는 사회체제를 말한다.

에서 벗어나는 것을 뛰어넘어 민주시민교육에 대한 사회적인 합의를 거친 구체적 방법들의 실제는 어떤 모습일까?[3] **민주시민교육**이라는 교과 자체로서 어떤 일정한 형태를 갖추어 체계적으로 이루어지는 것이 더 의미 있는 것일까? 아니면 교과와 창의적 체험 활동 속에서 자연스럽게 시민으로서의 가치와 철학을 고민해보고 실천하는 것으로 더 깊이 있는 학교 민주시민교육을 구현해 나갈 수 있는 것일까?

현재 '시민교육'에 대한 관심은 극대화되어 있으나 '시민'을 기르는 교육과정에 대한 가치 및 철학 그리고 구체적인 방법론에 대해서는 좀 더 고민이 필요한 것이 우리 교육이 처한 현실이다. 독일의 경우는 시민교육과정을 구현해 나가는 데 있어 다양한 방법론 및 다각적 접근이 허용되고 있으며, 프랑스의 시민교육에서는 시사성 높은 학습 자료들을 통해 현실 문제에 깊은 관심을 기울일 수 있게 학생들을 이끌고 있다.

우리나라의 경우 시민교육과정을 운영하는 데 있어 기본적인 방향성 구축이 시급하다는 것이 작금의 현실이다.[4] 그렇다면 지금 이 순간 시민교육이 의미 있게 이루어질 수 있기 위해 학교 안팎으로 어떤 노력이 필요할까? 특히 학교 교육과정 속에서의 시민교육은 어떻게 실현되어야 하는 것일까?

---

3. 심성보·이동기·장은주·케르스틴 폴, 《보이텔스바흐 합의와 민주시민교육》, 북멘토, 2018
4. 강영혜 외, 2011, 〈민주시민교육 활성화 방안 연구〉, 한국교육개발원

- **민주시민교육의 실천적 지향점이 되는 교육과정의 필요성**

시민교육과정은 궁극적으로 정치적 역량을 길러줄 수 있는 교육의 방향으로 나아가야 한다. 따라서 그 바탕에는 민주적인 삶을 사는 방법, 인권 존중을 기반으로 한 사회문제에 대한 논의, 정의롭고 평화로운 사회를 만들어가는 방법들에 대한 고민이 밑받침되어야 한다. 그러한 고민과 실천이 바탕이 되는 교육과정을 통해 학생들은 비로소 사회적·정치적으로 참여하는 삶을 살아가는 진정한 시민으로 길러지는 것이다. 그리고 정치라는 것은 그 본질에 가까워질 때에야 비로소 아름다운 일이 되기에[5] 학교에서는 학생들로 하여금 정치의 본질이 지닌 긍정적 의미와 가치를 제대로 알 수 있는 시간들을 제공해야만 할 것이다. 바로 그러한 교육과정 속에서 학생들은 자율적이고 주체적인 결정을 통해 사회·정치적 현안에 관심을 가지고 참여하는 시민으로 성장해갈 수 있다.

필자는 교육과정으로서의 시민교육이 어떻게 구현되어야 할 것인지에 대한 스스로의 질문 및 고민에 대한 실천적 성찰을 담고 싶었다. 여기서 말하는 '교육과정'이라는 것은 공교육에 한정하여 논한다고 하더라도 그 의미가 다양하여 교육과정의 개발 수준에 따라 크게는 국가교육과정에서부터 작게는 학급교육과정 및 교수·학습활동에 이르기까지, 그 범위의 초점을 어디에 두느냐에 따라 다른 관점에서 바라볼 수 있을 것이다. 이에 이 글에서는 미시적으

---

5. 김선욱, 《한나 아렌트의 생각》, 한길사, 2017, 21-22쪽

로 학교 교육과정이라는 틀 안에서 교실 교육과정에 중점을 두어 학교 민주시민교육의 실천적 지향점을 시사하는 방향으로 나아가고자 한다.

▪ 민주시민교육의 세 가지 교육적 과업과 교실 교육과정

스코틀랜드 에든버러대학교의 거트 비에스타(Biesta, G.) 교수는 민주주의의 본질에 초점을 두고 교육적으로 필요한 것에 대해 논하며 민주시민교육과 관련된 세 가지의 교육적 과업을 제시하였다. 세 가지 과업은 바로 개입(interruption), 지연(suspension), 지지(sustenance)이다. 즉 학교라는 곳은 학생들이 저항을 경험할 수 있는 현실과 만날 수 있도록 **개입**하고, 시간의 **지연**을 통해 학생들이 충분히 성숙함을 연습할 수 있는 장소가 되어야 하며, 어려움을 극복하도록 **지지**해줄 수 있어야 한다는 것이다.[6]

필자는 거트 비에스타가 제시한 과업을 우리 반 교실 속의 실천적 사례와 연결하여 교육과정에서의 '개입', 수업 속에서의 '지연', 평가 과정에서의 '지지'라는 관점에서 재해석해보고자 한다. 그리고 이를 각각 '시민성과 만나는 기회주기', '시민성이 자라도록 기다려주기', '시민성의 성장을 격려하기'의 측면으로 바라보며 교육과정과 시민교육에 대해 이야기해볼 것이다.

교육과정을 한층 더 확장된 관점에서 바라보다 보면 다양한 현

---

6. 한겨레신문사, 2019, 《2019 학교민주시민교육국제포럼 자료집》, 6-31쪽

안에 근거한 교육과정적 접근에서도 추가 논의가 필요해진다. 하지만 그 모든 것을 다루려면 내용이 너무 광범위해질 수 있기에 여기에서는 학생들이 학교에서 장차 사회적·정치적 참여의 삶을 살아갈 수 있는 시민으로서의 기본역량을 기를 수 있기 위한 **교육과정-수업-평가의 방향성**에 초점을 맞춰 논의를 이어가보려 한다.

| 교육과정에서의 '개입': 시민성과 만나는 기회 주기 |

민주주의에서 국가의 주권은 국민에게 있다. 그러므로 학교에서의 민주주의는 학교 구성원이 학교의 주체가 되고, 교실에서의 민주주의는 교실 속 학생들이 주체가 되어 교육활동에 참여해 나갈 수 있을 때 비로소 완성된다고 말할 수 있을 것이다.

• 계획-운영-평가까지 학생의 생각과 의견이 반영될 기회 제공

이를 교육과정에 적용시켜 바라본다면 학생이 교사와 함께 교육과정에 대한 주권을 가질 때 비로소 교육과정에서의 민주주의가 이루어진다고 할 수 있다. 다시 말해 학생들의 민주적 시민성 발현을 위해서는 교육과정의 계획부터 운영 그리고 평가에 이르기까지 학생 자신의 생각과 의견이 반영될 수 있는 기회가 제공되어야 함을 의미한다. 그러한 과정 하나하나가 학생들의 민주적 시민성이 자라나도록 이끄는 의미 있는 발걸음이 되기 때문이다.

아울러 성취기준을 바탕으로 하여 핵심역량을 기르기 위한 교육활동을 구성해 나가는 데 있어서도 학생들의 수요를 적극 반영해야한다. 그래야 비로소 학생들은 학교 교육과정의 실현에 민주적으로 참여할 수 있게 될 것이다.

• 교사의 개입이 필요한 이유

과연 어떻게 해야 학생들이 교육과정의 주체로서 함께 나아갈 수 있는 자질을 기르고, 또 그 역할을 감당할 수 있는 것일까? 바로 그 지점에서 교사의 개입과 안내가 필요하다. 현재 학교 교육 현장에서 주제중심 교육과정, 프로젝트 학습 등 학생의 경험과 흥미에 중점을 두고 교과를 넘어 다양하게 융·복합적으로 이루어지고 있는 교육과정의 구현 방식에 대해 잠시 돌아보기로 하자.

우리 교사들은 교육과정 재구성이라는 이름으로 다양한 교육활동을 구성해 나감에 있어 어떻게 하면 학생들의 삶과 연계할 수 있을지를 고민하며 무던히 노력한다. 삶과 연계된 수업이야말로 진정으로 학생들에게 의미 있는 배움으로 다가갈 수 있다는 일념으로 교육활동을 계획할 때 학생들의 경험과 흥미로부터 소재를 끌어오고 교육활동 방식을 구성해 나가는 것이다. 그러나 이는 결코 교육과정이 아동의 흥미나 경험으로만 조직되어야 함을 의미하는 것은 아니라는 사실 또한 기억해야 한다. 오히려 학생들의 경험과 흥미를 중시하되, 그 교육과정이 추구하는 목표에 맞게 의미 있는 조직이 필요하다는 사실에 주목해야 한다.

듀이는 《경험과 교육(Experience and Education)》(1938)에서 교사가 아무런 방향 제시를 하지 않을 때, 학생들의 행동은 욕망 혹은 충동을 따르게 된다고 말한다.[7] 사실 교실 속 아이들을 지켜보면 그 말의 뜻이 진정으로 마음에 와닿을 것이다. 학생들이 활동을 하는 과정 중에 그 활동들이 무의미하게 흘러가버리지 않도록 적절한 넛지(Nudge)[8]를 제공해주는 것은 다름 아닌 교사의 주요 역할 중 하나이다. 일단 어떤 상황이나 자료들을 제시해주는 것부터가 방향 제시인 셈이다. 결국 학생들이 성숙한 민주적 교육과정의 주체로 나아갈 수 있도록 계획하고 운영하는 과정에서 교사는 민주적 삶, 민주시민으로서의 성장을 도모할 수 있는 적절한 교육과정을 제공해야만 한다. 민주시민으로서의 삶을 경험할 수 있는 교육과정의 계획 및 운영을 통해 학생들이 민주적 시민성을 배워 나갈 수 있도록, 말 그대로 **개입**해야 할 필요가 있는 것이다.

• 시민성의 성장을 위한 교사의 의미 있는 개입

실제 수업사례를 예로 들어 설명해보고자 한다. 필자가 5학년 교육과정 속에서 계획하고 실천했던 인권 관련 수업이다. 해당 단원은 아래와 같은 국가 교육과정 성취기준을 근거로 하여 인권 관련 수업이 이루어지는 단원이었다.

---

7. 존 듀이, 《아동과 교육과정 경험과 교육》 (박철홍 옮김), 문음사, 2002, 191쪽
8. 부드러운 개입을 통해 사람들이 더 나은 선택을 하도록 유도하는 방법을 의미한다.

- 인권의 중요성을 인식하고 인권 신장을 위해 노력했던 옛 사람
  들의 활동을 탐구한다.
- 생활 속에서 인권 보장이 필요한 사례를 탐구하여 인권의 중요
  성을 인식하고 인권 보호를 실천하는 태도를 기른다.

인권이 왜 중요한지, 인권을 왜 존중해야 하는지, 또 인권 존중을
위한 협약들에는 어떤 것들이 있는지 등 인권과 관련한 다양한 내
용들을 다루는 것은 교사들이 학생들을 위한 교육활동을 계획할
때 흔히 생각하고 계획할 수 있는 것들이다. 그렇다면 이러한 교육
과정 및 활동 속에서 교사의 개입이 어떻게 이루어져야 학생들의
민주적 시민성이 올바로 성장할 수 있을까? 교육활동의 효과를 극
대화할 수 있는 교사의 의미 있는 개입은 어떤 방향으로 전개되어
야만 하는 것일까?

 학생들의 시민성을 기르는 데 도움이 되는 교육과정의 설계를
위해 우리 교사들이 가장 먼저 떠올리는 일은 아마도 **인권**과 **시민성**
을 연결하기 위해 다양한 질문을 던지는 일일 것이다. 필자의 경우
에는 다음과 같은 몇 가지 질문을 설정해보았다.

- 인권 단원에서 어떤 경험을 하면 학생들이 인권에 대해 진지하
  게 고민을 하게 될까?
- 인권과 관련하여 우리 반 아이들 주변에서 어떤 것들을 살펴보
  고 논의해볼 수 있을까?

- 프로젝트를 진행하는 과정 속에서 우리 아이들의 삶이 어떻게
  달라질 수 있을까?

위와 같은 질문을 떠올리고 나서 떠올린 질문들을 바탕으로 인권과 관련한 교육활동들을 어떻게 구현해 나갈지 고민하였다. 또 때로는 학생들에게 교육과정 및 활동의 방향에 대해 자문을 구하기도 했다. 예를 들어 《사라, 버스를 타다》와 같은 그림책을 인트로로 활용하여 인권 관련 프로젝트를 시작했으면 좋겠다는 생각에 인권과 관련된 여러 권의 그림책들을 도서관에서 빌려와 아이들이 관심을 많이 보이는 그림책으로 직접 고르도록 하는 과정을 거치기도 했다.

• 학생 자율성과 교사 개입 사이의 균형

그런데 아이들과 함께 논의한 끝에 선택하게 된 그림책은 바로 애초에 필자가 염두에 두었던 《사라, 버스를 타다》(윌리엄 밀러, 사계절)였다. 이러한 결과에 대해 '결국 이렇게 될 걸 그냥 처음부터 교사가 알아서 그림책을 선택하면 되지 않나?' 하고 생각할 수도 있을 것이다. 그럼에도 불구하고 왜 굳이 아이들과 함께 고르는 과정을 거친 걸까? 어쩌면 너무나 소소한 부분일지도 모르지만, 이렇게 아이들에게 직접 선택할 수 있는 상황을 주는 작은 기회나 시도들 하나하나가 모여 교실 안에서의 민주적 분위기가 형성된다고 생각하기 때문이다.

인권 수업의 인트로로 선택된 도서 《사라, 버스를 타다!》
이 도서는 원래도 교사가 염두에 두었던 책이지만, 함께
그림책을 고르는 과정을 거치며 아이들의 의견을 적극
반영했다. 만약 아이들이 다른 책을 원했다면 아마도 그
선택을 존중했을 것이다.

학생들의 자율성과 주체성을 바탕으로 한 선택 기회를 갖는 것 자
체가 시민성을 기르는 하나의 과정이라고 생각하기에 실제 우리
반에서는 교육활동의 많은 부분에 대해 학생들과 함께 고민한다.
그러나 학생들에게 많은 선택과 결정의 상황을 던져주되 교사가
일깨워주고 싶은 배움의 기회를 마음껏 제공해주고 싶은 생각 또
한 적지 않다. 그렇기 때문에 **자율과 개입**의 사이에서 적절한 균형
을 취하면서 아이들의 민주적 시민성이 자라날 수 있도록 몸부림
치는 교사의 노력이 절실히 필요한 것이다.

만약 학생들과 책을 선택하는 과정에서 많은 학생들이 다른 책
을 원했다면 아마도 그 결정을 따랐을 것이다. 그렇게 학생들과 함
께 수업 자료를 고르고 그들의 의견을 존중하여 교육과정을 운영
해 나가는 것 또한 학생들의 존재 자체에 소중한 가치를 부여하는
일이고, 그들이 한 사회의 주체적인 시민으로 자라날 수 있도록 도
울 수 있는 방법이기 때문이다. 또한 내용적인 측면뿐만 아니라 방

법적인 측면도 교육과정의 계획과 운영에서는 매우 중요하기 때문에 교사가 제시하는 콘텐츠가 아닐지라도 학생들이 원하는 방법을 통해 얼마든지 나름의 교육활동을 구현해 나갈 수 있다.

물론 우리 교사들이 늘 간과하지 말아야 할 것 중의 하나는 수업 방법이라는 틀에 지나치게 얽매이다 보면 내용이 한걸음 뒤로 내쳐지는 경우가 발생할 수도 있다는 사실이다. 우리 반에서 함께 했던 인권 프로젝트의 내용적 측면이 더욱 풍성해지도록 세계인권선언과 유엔아동권리협약의 조항들을 이리저리 살펴보고 곱씹어보는 시간을 가졌던 것도 바로 그러한 이유이다. 교육과정을 만들어가고 그것을 구현해 나가는 교육 전문가로서의 교사라면 교육과정에서 목표하는 바의 방향을 추구하기 위해 지혜롭게 개입하려는 노력이 끊임없이 요구된다.

• 자발적인 학생 참여를 이끄는 방법에 대한 고민

'인권 보장이 필요한 사례를 탐구하여 인권의 중요성을 인식하고 인권 보호를 실천하는 태도를 기른다'라는 교육과정 성취기준에 부합하도록 학생 참여를 이끄는 방안의 하나로 선택한 방법은 아이들의 자신의 삶 혹은 학교생활 속에서 개인적으로 불편을 느끼는 경우에 대해 생각해보고, 그 상황들을 끄집어내는 것이었다. 이와 관련해서는 이은진 선생님의 《인권 수업》[9] 및 초등성평등연구회

---

9. 이은진, 《인권 수업: 교실, 인권을 만나다!》, 지식프레임, 2018, 118-127쪽

블로그의 '학급규칙 만들기'를 통해 아이디어를 얻었다.[10] 학생들이 학교생활에서 불편함을 느낀 부분을 찾아보고, 이를 해결하기 위해 노력하는 시간을 갖는다면 이는 인권을 초점으로 하여 학생들이 주인이 된 참여적 실천으로 이어질 것이라고 기대했다.

우리 반 학생들의 설문을 통하여 채택된 학교생활 속 불편사례 다섯 가지는 무조건 자기주장만 내세우기, 이유 없이 짜증내기, 학교시설을 지저분하게 사용하기, 외모나 옷차림에 대해 평가하기, 허락 없이 다른 사람의 물건 만지기였다. 이러한 내용들과 관련하여 우리는 함께 토론하며 의견을 나누고, 운이 좋게도 콜롬비아에서 오신 선생님들과 함께 한글과 스페인어로 '교실인권선언문'을 작성하고 선언할 기회를 가질 수 있었다. 이렇게 작성한 인권선언

생사꿈 교실인권선언문
함께 만든 인권선언문을 눈에 띄는 곳에 게시하여 항상 보고 실천으로 이어질 수 있도록 하고 있다.

---

10. https://blog.naver.com/rollergrl/221484772247

문의 이름도 학생들의 의견에 따라 우리 반의 이름을 덧붙여 '생사꿈 교실인권선언문'이라고 붙였다. 그리고 함께 만든 인권선언문을 연중 게시해두고, 오며 가며 살펴보면서 교실과 학교에서 끊임없이 실천하기 위해 노력 중이다.

교실 안에서의 미시적 관점에서 바라볼 때, 교육과정이란 학생들의 배움을 위해 교사가 알뜰살뜰 엮어서 실천해 나갈 수 있는 소중한 계획이자 운영의 틀이다. 관건은 교육과정이 학생들의 민주적 시민성과 만날 수 있도록 교사 고유의 전문성을 가지고 풀어 나가려는 꾸준한 고민과 시도이다. 그것이 거창한 모습이든, 아니면 교실 속에서의 눈에 띄지 않는 소소한 시도이든 간에 그 자체로서 학생의 배움에 의미를 줄 것이기에 교사에게는 학생들의 시민성 성장을 위한 아름다운 개입이 필요할 것이다.

학교 민주시민교육은 학생을 가르침의 대상이 아닌 주체로 바라보는 방향으로 나아가야 한다. 왜냐하면 교육의 목적이 궁극적으로 시민을 기르는 데 있기 때문에 학생으로 하여금 전적으로 자율성과 주도성을 마음껏 발휘해볼 수 있는 기회를 주어야 하기 때문이다. 따라서 크든 작든 학생들이 학교에서 그러한 기회들을 경험한다는 것이 중요하다. 아울러 그 안에서 교사의 '개입'을 통한 낯선 지식 및 경험과의 조우가 함께 이루어진다면 적어도 교육과정이 학생들의 생각틀 안에만 갇혀 있을지 모른다는 우려에서 자유로울 수 있을 것이다.

| 수업 속에서의 '지연': 시민성이 자라도록 기다려주기 |

우리 반 학생들이 민주시민으로 성장하기를 기대하며, 필자는 오늘도 교실 속에서 이루어지는 모든 활동 속에서 끊임없이 스스로에게 던지는 질문이 있다.

> "나는 아이들에게 자율적 선택 권한을 주고 있는가?"
>
> "나는 충분히 기다려주고 있는가?"

▪ 교사의 민주적 습관과 절차의 생활화가 필요한 이유

학생들에게 민주시민의 자질을 길러주고 싶다면, 먼저 교사부터 민주적인 습관과 절차를 생활화해야 한다. 이때 교사의 **기다림**은 필수불가결한 요소이다. 학생들을 교육하는 과정에서 뭔가 뜻하는 바대로 되지 않는다 하더라도 성급하게 나서서 처리해주기보다는 학생들을 존중하는 기다림의 순간들이 필요하다는 뜻이다.

물론 그 이전에 교사가 민주적 방식으로 교육활동을 구현해 나갈 수 있는 힘을 제대로 얻기 위해서는 '민주적인 학교문화'라는 기반이 조성되어야 한다. 민주적 절차에 의해 모든 교육활동이 운영될 때, 비로소 교육과정에서 강조하는 민주시민으로서의 가치와 학교생활에서의 삶의 방식이 일치할 가능성이 커지기 때문이다. 학교라는 공간 그 자체가 바로 민주시민교육의 장이 될 수 있는 것이다.

가르칠 교과목 수도 많고, 그 안에 담긴 내용들도 방대한 우리의 교육 현실에서 온전한 시민교육이 이루어질 수 있는 최선의 방법 중 하나는 교사가 먼저 민주시민으로서 스스로를 빚어 나가며, 매 순간 학생들과 함께 민주적인 방식으로 교육활동을 실천해 나가는 일일 것이다. 시민교육에 있어서의 교육과정은 그것이 품고 있는 지식 및 내용 체계뿐만 아니라 교육이 구현되는 프로세스가 지닌 민주성 또한 그 정체성에 지대한 영향을 미치기 때문이다.

예를 들어 초등의 경우 교과를 넘어선 주제중심의 통합적 시민 교육이 아니라고 하더라도, 국어는 읽기 자료 선정에 있어 학생들과 함께 나누는 고민 및 토의·토론 수업의 활성화를 통해, 도덕과는 경우 민주시민으로서의 가치 판단 및 실천과의 연계를 통해서, 또 사회과는 사회참여활동으로의 확장 등을 통해서 얼마든지 시민 교육을 실현해 나갈 수 있다. 심지어 수학과의 경우에도 단순한 수학 문제의 해결이나 정답 찾기를 뛰어넘어 친구들과 함께 문제를 고민하며 해답을 찾아 나가는 방식으로 얼마든지 민주적인 수학 수업을 지향해 나갈 수 있을 것이다. 그리고 교육과정 속에서 이러한 민주성이 발현되기 위해서는 교육의 대상이 지닌 권리, 즉 학생에 대한 존중이 우선시되어야만 한다. 결국 교육과정 속에서의 모든 활동들이 우리가 존중하며 가르쳐야 할 학생들의 민주적 성장과 이어질 수 있다면 그것이 바로 민주시민교육인 것이다. [11]

---

11. 박하나·옥일남, 2019, 〈민주시민교육을 위한 학교 조성 방안 탐색 −혁신학교와 일반학교 교사들의 민주시민교육 경험에 대한 질적 사례연구〉, 《시민교육연구》, 51(1), 61-94쪽

• 교실 속 보이지 않는 강제성들을 제거하려는 성찰과 노력

교실에서 발생하는 수많은 상황들 속에서 교사는 자신의 의도와 무관하게 학생들의 민주성 발현을 억제하는 존재가 될 때가 많다. 말하자면 학생들이 자신의 견해를 자연스럽게 표현하는 것을 방해하는 주요 원인 제공자가 될 때도 많다는 뜻이다.

그러므로 교사들은 교실 안에서 암묵적으로 행해지는 모든 교육활동들에 대해 행여 그것이 보이지 않는 강제성을 띠고 있지는 않은지를 끊임없이 돌아봐야 할 것이다. 아울러 교육 현장에서 학생들의 자발적인 마음이 발현될 때까지 기다리려고 노력하고 있는지, 교실 속에서의 매 순간순간마다 학생들에게 자율성과 주체성을 키울 수 있는 기회를 제공하고 있는지를 교사 스스로 돌아보며, 아이들의 속도에 맞추려는 노력이 필요하다. 어쩌면 교사 스스로가 갖는 이러한 성찰의 시간이 결국 학생들의 민주적 시민성으로 이어진다고도 말할 수 있을 것이다.

기억에 남는 일화가 있어 소개하려고 한다. 언젠가 학급다모임 시간에 교실 속 학생들의 생활 규칙과 관련하여 함께 논쟁하는 시간을 가지며, 학생들이 논의하는 과정을 조용히 지켜본 적이 있었다. 그날의 논쟁거리는 교실의 자리를 바꾸는 것이었다. 학생들 간의 논의를 통해 자리 배치의 방법을 선택하고, 서로 합의한 대로 자리를 바꿀 기회를 제공한 것이다. 처음에 아이들은 그저 앞으로 친한 친구들과 함께 앉게 될 거라는 생각에 하루 종일 마냥 신나고 한없이 들떠 있는 모습이었다.

▪ 자유로운 논쟁 속에서 도달한 결론은 과연?

우선 회의를 이끌어보고 싶다거나 칠판에 기록을 하는 등 진행을 담당할 친구를 뽑는 과정에서 지원자들이 많아서 그 친구들끼리의 합의를 거쳐 담당자를 '가위바위보'로 결정했다. 그리고 자리 배치에 관한 회의가 본격적으로 시작되었다. 그런데 막상 회의를 시작한 지 얼마 지나지 않아 아이들은 어떤 방법으로 자리를 바꿀 것인가에 대해 나름의 의견을 제시하며 난감한 상황에 봉착했다. 원하는 친구들과 앉고 싶은 의견이 대다수였고, 또 대다수의 의견에 따라 자리를 바꾸면 좋겠다는 분위기였지만, 한편 그럴 경우 분명히 소외되는 친구가 생길 거라는 반대 주장이 나온 것이다.

사실 처음 이 주장은 어느 한두 명에 의해 제기된 소수의 의견이었다. 하지만 시간이 흐를수록 자신들이 깊이 있게 고민해야만 할 부분이었다는 데 더 많은 학생들이 공감하는 듯했다. 이후 논의가 진행되면서 '많은 친구들이 원하는 방법을 선택해야 한다', '소수의 의견을 존중해야 한다', '소외되는 친구들의 마음을 생각해야 한다' 등의 의견을 치열하게 주고받았다. 결국 아이들은 설사 단 한 명이라도 소외되는 친구가 생겨서는 안 된다는 생각에 모두 합의하고, 제비뽑기로 자리를 정하기로 하였다. 솔직히 담임교사 입장에서는 중간에 끼어들어 의견을 이야기하고 싶기도 했다. 하지만 그런 마음을 내려놓고 아이들의 결정을 기다렸다. 교사가 성급하게 논의에 개입하기보다 기다려주며 스스로 숙고할 시간을 더 많이 내어줌으로써 좀 더 합리적이고 의미 있어질 그 결정을 말이다.

▪ 교사와 학생 모두의 성장을 이끌어내는 교사의 '내려놓음'

교사와 학생은 모두가 함께 배우는 사람이다. 교사는 학생들의 배움을 이끌어가야 할 책임을 지니고 있지만, 그렇다고 교사가 온전히 학생의 배움을 일일이 정해야 함을 의미하는 것은 아니다. 오히려 학생의 진정한 배움을 위하여 교사에게 꼭 필요한 것은 **내려놓음**의 연습이다.

교사가 지닌 권위의식을 내려놓고, 학생들이 스스로 배워 나갈 수 있다는 사실을 깊이 인정할 때, 교사 또한 학생과 함께 성장해간다. 이는 학생들의 '존엄성'을 존중해줄 때 비로소 가능하다. 내가 가르치는 학생들의 존엄성을 존중한다는 것은 그들이 지닌 다양성을 인정하는 동시에 하나의 기준만이 아닌 여러 방향성을 인정해준다는 의미이기도 하다. 그 다양성과 방향성을 인정할 때, 비로소 아이들은 교실에서 시민성을 연습해볼 시간과 기회를 가질 수 있다.

학교나 교실 속에서 민주시민교육을 어떻게 이끌어갈 것인가를 고민하는 교사라면 **보이텔스바흐 합의**를 늘 기억하며 수업 및 생활교육에 임하는 것도 좋은 방법이다. 교사가 강압 금지의 원칙에 의거하여 자신의 특정 견해나 의견이 학생들에게 일방적으로 주입되지 않도록 주의할 때, 학생들 또한 자신의 주체적 견해를 가질 수 있게 될 것이다.

또한 논쟁성의 원칙에 의거하여 토의·토론의 방법으로 서로 의견 교류가 다양하게 이루어질 수 있도록 안내하되, 비경쟁적으로 생각의 소통이 일어나도록 도와야 할 것이다. 그리고 학생들이 교육과정 안에서 다루어지는 사안들에 대해 관심을 갖고, 자신의 생각과 의견을 한층 더 적극적으로 개진할 수 있도록 도와야 한다. 이를 위해 이해관계 인지의 원칙에 기반하여 학생들에게 직접적으로 관련된 일들에 대한 고민을 끌어옴으로써 학생들의 적극적 반응을 이끌어낼 수 있을 것이다.

• 다양한 의견 교류와 경청에 의미를 둔 비경쟁적 토론문화의 조성

또 다른 일화를 떠올려본다. 국어시간에 핸드폰의 사용과 관련하여 어떻게 할 것인지를 학생들과 함께 논의하고 합의를 이끌어간 이야기이다. 일단 필자는 담임교사로서 학교에서의 핸드폰 사용은 수업 중 정보 탐색의 시간을 제외하면 사용하지 않는 게 좋다는 마음이었다. 하지만 처음부터 강압적으로 교사의 생각을 주입하지는 말아야겠다고 생각했다.

새 학년이 시작되자마자 점심시간에 핸드폰을 사용해도 되느냐는 한 학생의 질문에 좋은 기회다 싶어 "그러면 그것에 대해 우리 반 친구들이 다 같이 논의를 해보는 게 어떨까?" 하고 제안했다. 학생들이 직접 논의하고 합의를 통해 결정하는 과정에 관심을 가지고 적극 참여할 수 있도록 분위기를 조성한 것이다. 학생들의 생활 그리고 삶과 관련된 문제는 교육과정 속에서 언제나 아이들의 지대한 관심을 불러일으킨다.

먼저 둘씩 짝을 지어 '하브루타' 방식으로 각자의 생각에 대한 근거를 제시하며 토론을 했다. 또한 모둠 안에서 스스로 정립해 나간

#서로 경청하고_ #공감하며_# 자유롭게 말하는
#비경쟁적 토론문화가 꽃피는_# 교실을 만들어가요!

각자의 생각들을 펼쳐가며 다시금 생각들을 반추해보기도 했다. 이후 전체적으로 자신의 의견을 한 명씩 나누고, 그에 대한 근거를 제시함으로써 또다시 자신의 생각과 타인의 생각을 비교하며 한층 객관적으로 돌아볼 수 있도록 했다.

학생들이 교실에서 마치 싸워 이겨야 할 대상처럼 서로 경쟁적으로 대립하는 것이 아니라 비경쟁적인 토론활동을 이루어가도록 이끄는 과정은 매우 중요하다. 이를 위해서는 학기 초부터 상대방의 견해를 경청하고 공감하는 문화를 형성해 나가는 시간들이 필요하며, 그렇게 쌓인 시간은 결국 교실 민주주의 실현의 바탕이 된다.

그러한 일련의 과정들을 쭉 거친 뒤 학생들은 학교 내에서 핸드폰을 언제, 어떻게 사용하는 것이 바람직할 것인가에 대한 자신만의 생각들을 정립하였다. 이렇게 내어놓은 생각들을 바탕으로 수업시간에 정보 검색, 온라인 토의, 모둠활동 등을 제외한 다른 시간에는 전원을 끄고 가방 속에 넣어두기로 합의하였다.

• 자유로운 논쟁과 고민을 통해 스스로 깨닫게 된 규칙의 당위성

사실 이는 이미 우리 학교의 생활 규정에서 제시하고 있는 내용이다. 하지만 규정이니까 꼭 지키라고 일방적으로 지시한 것이 아니라 학생들 간의 논의를 통해 결정된 약속이 되었기에 학생들은 더 주체적으로 지켜 나갈 수 있었다. 이러한 주체성이야말로 시민성의 발로가 아닐까?

학교와 교실 속에서 학생들의 시민성을 길러주려면 그들의 삶과 연관된 다양한 쟁점들에 대해 함께 진지하게 논의하는 과정이 꼭 필요하다. 다만 이러한 과정을 통해 숙의민주주의가 구현될 수 있도록 돕기 위해서는 반드시 교사의 **내려놓음**과 **기다림**이 필요하다고 생각한다.

시민성은 학생들 스스로가 그것의 필요성을 간절히 느끼는 지점에서 싹트기 시작한다. 그렇기 때문에 교사가 학생들로 하여금 서로를 존중하고 배려하도록 가르치고 싶다면, 훈계할 것이 아니라 왜 배려와 존중이 학교 및 사회에서 필요한지를 함께 고민해야 한다. 바로 그 순간부터 학생들의 시민성도 자라난다.

또 학교생활을 하다 보면 친구들끼리 서로 다툼을 벌이는 경우도 발생하곤 한다. 그와 관련하여 교사는 상담을 하거나 사안을 적극적으로 해결해야 할 때가 많다. 우리 반에서는 서로 다툼을 멈추거나 화해를 해야 하는 상황이 생기면 다소 시간이 더 걸리더라도 그 상황에서 상대방의 마음을 생각해볼 시간적 여유를 준다. 왜 이런 상황이 발생했는지에 대해 한 발짝 뒤로 물러서서 생각해볼 수 있는 여백을 주는 것이다. 이러한 여백이야말로 함께 살아가는 공간 속에서 자신이 어떤 행동과 삶을 선택해야 하는지를 돌아볼 수 있는 시간이 된다. 즉 시민성이 자라나는 작은 성찰의 시간이 되는 것이다.

물론 학생이 자신의 행동과 삶을 돌아보도록 이끄는 교사의 역할은 중요하다. 하지만 그보다 먼저 학생들의 마음을 들어주는 기다림부터 시작하자. 교사의 기다림을 통해서 학생들의 마음에도 기다릴 수 있는 마음의 여유가 생기기 때문이다. 교사가 성급하게 학생의 잘잘못을 판단하지 않고 그들의 마음을 들어주며 스스로 상황을 객관적으로 바라보는 여유를 보여줄 때, 비로소 학생들의 마음에도 상대방의 입장을 돌아볼 수 있는 공간이 생겨난다.

나이가 어려도 상관없다. 초등학교 1학년 학생도 교사 또는 누군가가 그들의 마음에 귀 기울여주고 기다려주는 것을 몸과 마음으로 느끼기 때문이다. 처음에는 다소 번거롭고 힘이 좀 들더라도 학기 초에 이러한 문화를 형성해 나가면 시간이 흐를수록 교실 안의 다툼은 현저히 줄어든다. 교사가 군이 큰소리를 내는 일 없이 평화로운 교실문화, 서로의 입장을 조금은 더 배려하고 생각해줄 수 있는 문화가 만들어지기 때문이다.

다만 이 모든 과정에는 교사의 엄청난 인내와 노력이 필요하다. 하지만 교사의 넉넉한 기다림을 통해 학생들은 비로소 누군가가 대신 해결책을 제시하고 중재해주기만을 바라는 수동적 존재가 아니라 스스로의 행동을 돌아보고, 앞으로 어떻게 해야 할지를 결정할 줄 아는 시민으로 자라날 것이다. 교사가 먼저 기다려주고 인내해주는 노력 없이는 결코 학교 안에서 시민을 길러낼 수 없다.

| 평가 과정에서의 '지지': 시민성의 성장을 격려하기 |

매일의 학교생활 속에서 학생들은 점차 성장해 나간다. 그런데 학생의 **성장**은 과연 어느 지점에서 이루어지는 것일까? 시민성의 성

장을 위한 격려를 논하기 이전에 우리가 삶 속에서 느끼는 성장의 과정들에 대해 생각해보자. 뭔가를 보고, 배우는 과정에서 내가 그것을 스쳐지나가듯 단순히 한 번 경험하고 말았을 때와 그 시간들을 곱씹어보며 느끼고 배운 것들을 기존에 지닌 생각 및 경험들과 연결시킬 때와는 매우 큰 차이가 있다. 그만큼 **반성적 사고**가 함께하는 경험은 매우 큰 힘을 발휘한다.

• 올바른 신념에 근거한 지속적 관찰과 피드백으로 학생들의 성찰을 지지

우리 학생들도 마찬가지이다. 물론 교육과정 속에서 뭔가를 배우고 경험할 수 있도록 해주는 것 자체로도 의미는 있다. 하지만 그 안에서 성찰의 시간을 거치는 과정이 거듭 반복될 때, 학생이 성장할 수 있는 범위는 더욱더 확장된다.

이때 교사는 학생들이 자신의 모습과 수행 결과를 성찰할 수 있도록 지지해주는 든든한 누군가가 되어야 한다. 학생들이 시행착오를 거치며 활동하는 과정에서 지속적인 관찰과 피드백을 통해 학생들이 갖춰야 할 삶의 힘이 한층 성장할 수 있게 조력해주어야 한다는 뜻이다. 그리고 그 피드백은 결코 일방적인 지시가 아니라 학생의 상황과 관련된 질문의 형태를 통해 학생 스스로 자신이 나아가야 할 바를 발견하도록 돕는 것이어야 한다.

학생들이 어려움을 슬기롭게 극복할 수 있도록 교사가 내적 혹은 외적으로 지지해주는 시간 속에서 학생들은 바람직한 방향을 선택하고 최선의 해답을 찾아갈 수 있다. 교육활동 속 교사의 지지를 기반으로 한 자율적 성장 경험이 곧 민주시민으로 나아가는 과정인 셈이다. 학생들이 배움의 과정에서 시행착오를 통해 자신만의 답을 찾아갈 수 있도록 도우려면 교사는 항상 무엇을 학습목표로 할 것인지와 또 어떤 것을 평가할지에 대해 확실한 신념과 가치를 가지고 있어야만 한다.

• **학생들과 함께 고민하고 합의하며 공유한다는 것**

그런 의미에서 학생들과 함께 교육과정 및 평가에 대해 함께 고민하는 것은 그들로 하여금 교육과정에 있어서의 주체성을 갖도록 이끄는 데 있어 중요한 역할을 한다. 학생들이 교육과정의 구성과 평가 계획에 참여할 수 있는 기회를 통해 자신의 배움을 자율적으로 조정해 나갈 수 있는 경험을 할 수 있기 때문이다.

국가 교육과정 성취기준을 기초로 5학년 학생들과 평가 관점을 합의하고 공유하며 서울역사문화탐방의 활동들을 계획하는 시간을 가진 적이 있다. 교사들이 함께 답사하고 고민하며 경복궁과 인사동을 탐방 장소로 선정하기는 했는데, 과연 우리가 고민한 대로 아이들이 활동하고 의미 있는 경험을 하게 될 수 있을지는 적잖이 고민이 되었다. 인사동 주변의 3·1 독립운동 기념터, 공평도시유적전시관 등 몇몇 의미 있는 역사적 탐방 장소들도 생각해보고 찾아가 보았지만, 한편으론 교사가 찾은 그런 곳들이 학생들에게 과연 얼마나 의미 있을까 하는 의문도 들었던 것이 사실이다.

그러나 학생의 시민성이 자라게 하는 데 있어 교사의 개입은, 비록 그것이 학생들과의 교육활동 속에서 극적인 성과나 의미를 갖지 못한다고 해도 일정 부분은 필수라고 생각했기 때문에 교사 나름대로의 탐방 스케줄이나 활동 내용을 구상해놓았던 것이다. 대신에 그런 구상 후 우리가 함께 고민한 평가 관점에 근거하여 활동들을 펼쳐 나갈 수 있도록 학생들과 함께 사전에 구체적으로 많은 이야기들을 나누었다.

서울역사문화탐방을 위한 교과별 성취기준에 근거하여 학생들과 재구성한 평가 관점		
교과	성취기준	학생들과 함께 재구성한 평가 관점
사회	- [6사03-05] 조선을 세우거나 문화 발전에 기여한 인물(이성계, 세종대왕, 신사임당 등)의 업적을 통해 조선 전기 정치와 민족문화의 발전상을 탐색한다.	- 우리나라의 정치, 기술, 문화의 발전을 위해 노력한 인물들을 통해 역사적 교훈을 탐색하고 조사할 수 있는가?
미술	- [6미01-02] 대상이나 현상에서 시각적 특징을 발견할 수 있다. - [6미01-03] 이미지가 나타내는 의미를 찾을 수 있다. - [6미01-04] 이미지를 활용하여 자신의 느낌과 생각을 전달할 수 있다.	- 대상이나 현상을 주의 깊게 관찰하여 시각적 특징을 발견하고 이미지를 활용하여 자신의 느낌과 생각을 전달하는가?
체육	- [6체05-05] 야외 활동에서 발생하는 안전사고의 사례를 조사하고 예방 및 대처 방법을 익혀 위험 상황에 대처한다.	- 외부 활동에서 발생할 수 있는 안전사고의 예를 알고 위험상황에서 침착하게 행동하는가?
자율		- 학교 민주시민교육의 시민적 가치인 존중, 자율, 연대 등에 기반하여 공동체의 의견에 공감하고 의사결정하며 서울역사문화탐방활동에 적극적으로 참여하는가?

이상의 표에서 정리한 것처럼 칠판에 관련 교과들의 교육과정 성취기준을 모두 적어놓고 어떤 관점에서 평가할 수 있을지 함께 고민해보았다. 그리고 경복궁에서 우리의 역사 현장을 경험하고 인사동에서 친구들과 자유로운 체험활동을 할 수 있는 방법들에 관해서 생각해보았다. 그리고 그것들이 우리가 합의한 평가 관점의 방향과 맞닿을 수 있도록 개별 혹은 모둠별 구체적인 활동 계획을 수립하였다. 평가 관점에서 바라볼 때 학생들이 활동 과정에서 갖춰 나가야 할 역량에 대해서도 자유롭게 이야기를 나누며, 우리가 함께 풀어 나가야 할 교육적 활동들에 대해서도 생각을 공유하였다. 학생들도 자신들의 탐방 수첩에 같이 고민해본 평가의 관점 및 활동들을 꼼꼼히 기록했다.

이후 탐방활동 중에는 그러한 내용들을 잘 기억하며 어떻게 역할을 수행할 것인지 서로 합의하였다. 예를 들어, 미술 교과의 성취기준인 '대상이나 현상에서 시각적 특징을 발견할 수 있다', '이미지를 활용하여 자신의 느낌과 생각을 전달할 수 있다' 등과 관련해서는 인사동에서 다양한 사진을 찍어보면 좋겠다는 의견이 나왔는데, 이 사진들을 활용하여 자신의 느낌과 생각을 적어 갤러리전을 개최하기로 하였다. 그리고 이를 평가하기 위한 관점을 재구성하는 과정에서는 갤러리전 사진 작품과 설명에서 시각적 특징이 잘 나타났는지, 자신의 느낌과 생각을 적절하게 표현했는지를 살펴봐야 한다고 의견을 모았다.

또한 체육 교과의 성취기준과 관련해서는 탐방활동에서 발생할

지도 모르는 안전사고의 예방을 위해 활동 및 의견 조율에 용이하도록 3명씩 팀을 이루어 활동하기로 했다. 이 과정에서 팀원들끼리 서로 상대방의 의견에 공감하고 존중하며 의사결정을 내리겠다는 다짐도 교사가 지시한 것이 아니라, 학생들 스스로 이끌어낸 것이다. 이를 실천하기 위해 활동 중에 갈등이 발생했을 경우 서로 존중하는지, 자신만의 의견을 고집하지는 않는지 등 각각에 대해 면밀히 살펴보고 평가하겠다고 합의하였다.

▪ 순간순간이 살아 있는 민주주의 경험이 되도록

학생 중심 수업을 위한 교육과정을 구안해 나갈 때, 교사는 그것이 결국 무엇을 위한 것인지를 수시로 점검해볼 필요가 있다. 교육과정을 운영하는 본질은 학생들의 바람직한 성장을 이끌어내는 데 있다. 따라서 당사자인 학생이 그 과정 안에서 자신의 모습을 돌아보며 성장을 반추해볼 수 있는 시간을 갖게 하는 것은 매우 중요하다. 이를 위해서는 학생들 또한 평가자의 관점에서 자신들이 갖춰야 할 역량들을 진지하게 고민해볼 수 있어야 한다.

또한 평가라는 것이 결코 지식의 측면에만 국한해서 이루어져서는 안 된다. 우리 학생들이 살아가면서 갖춰야 할 지식, 기능, 가치 및 태도 등의 역량, 즉 삶의 힘이라는 관점으로 한층 확장해서 바라봐야 함을 학생들과도 공유해야 할 것이다. 그리고 그러한 역량 중심의 평가 관점을 바탕으로 한 교육활동 속에서 교사가 학생 개개인에 대한 지속적인 관심과 함께, 어려움을 극복할 수 있도록 꾸준한 피드백을 통해 지지해준다면, 그 모든 순간순간이 바로 학생들의 성장을 극대화시켜주는 지점이 될 것이다.

평가를 계획하고 실시하는 과정 속에서 학생들이 참여하도록 하여 의견을 수렴하고 반영하는 것은 곧 교실 속에서 교육과정과 관련한 민주주의 경험 그 자체이다. 이러한 경험은 모두 학생들의 시민성이 자라나도록 지지하는 힘이 된다. 따라서 평가 과정에서 유념해야 할 것들에 대해 학생들과 함께 진지하게 고민해보자. 그럼으로써 학생들은 자기평가나 상호평가에서 자신이 키워 나가야 할 역량들을 더욱 심도 있게 들여다볼 수 있다.

• **학생들과 함께 만들어본 평가루브릭**

단순히 학생들을 과정에 참여시켜야 한다고만 이야기하는 것이 너무 추상적인 것 같아서 실제 사례를 소개하려고 한다. 다음은 초등 5학년 국어과 토의 관련 단원의 '의견을 제시하고 함께 조정하며 토의한다'는 성취기준을 바탕으로 하여 우리 반 학생들과 함께 생각을 주고받으며 함께 만들어간 평가루브릭이다.

평가루브릭은 교수-학습 과정에서 적시에 피드백을 제공할 수 있게 해주므로 수업 속 학생들의 성장과 발달에 있어 매우 의미 있는 역할을 한다.[12] 루브릭을 학생들과 함께 만들어갈 때 학생들은 자신이 어느 부분에서 더 노력해야 할지 한 번 더 생각하게 된다.

---

12. 최경애, 《평가루브릭의 개발과 활용》, 교육과학사, 2019

♥ 생사곰 친구들이 함께 만든 평가루브릭 (국어 3. 의견을 조정하며 토의해요) ♥

자기평가   생사짱 1951 ( )

평가기준		알맞은 곳에 V표시를 해주세요		글로 더 자세히 적고 싶은 잘한 점이 있다면?
		모범적임	잘함	발전적임	
의견 마련하기	♥ 토의 주제와 관련된 내용을 말하였는가?	토의 주제에 매우 적합한 의견을 제시한다.	토의 주제에 맞는 의견을 제시한다.	토의 주제에 맞지 않는 의견을 말한다.	
	♥ 자신의 의견에 근거를 제시하였는가?	매우 타당성 있는 근거를 제시하여 의견을 말한다.	적절한 근거를 제시하여 의견을 말한다.	타당성 없는 근거를 제시하거나, 근거를 제시하지 않는다.	
의견 모으기	♠ 해결할 문제를 잘 파악하여 말하였는가?	문제를 매우 정확하게 파악하여 의견을 말한다.	문제를 잘 파악하여 의견을 말한다.	문제와 맞지 않는 의견을 말한다.	
	♠ 의견 실천에 필요한 조건을 제시하였는가?	의견 실천에 필요한 조건을 잘 알고 자세히 제시한다.	의견 실천에 필요한 조건을 알고 제시한다.	의견 실천에 필요한 조건을 제시하지 않는다.	
	♠ 참여자들의 반응을 살피며 말하였는가?	의견을 말할 때 듣는 사람의 반응을 꼼꼼하게 살펴본다.	의견을 말할 때 듣는 사람의 반응을 살펴본다.	의견을 듣는 사람의 반응을 살피지 않는다.	
토의 참여 태도	♣ 토의에 적극적으로 참여하였는가?	매우 적극적으로 토의에 참여하여 의견을 제시한다.	열심히 토의에 참여하여 의견을 제시한다.	토의에 참여하지 않고, 의견도 제시하지 않는다.	
	♣ 상대방을 존중하고 배려하는가?	말하는 사람의 의견을 끝까지 경청하고 존중하며, 상대방을 배려한다.	말하는 사람의 의견을 열심히 경청하며, 상대방을 존중한다.	상대방의 말을 듣지 않고 자신의 말만 한다.	

평가루브릭

교수-학습 과정에서 적시에 필요한 피드백을 제공할 수 있다. 중요한 점은 평가루브릭의 형식 그 자체가 아니라 학생들과 함께 만들어가면서 또 함께 논의하며 채워가는 데 있다.

필자는 위에 예시한 루브릭을 학생들과 함께 만들면서, 칠판에 표를 그리고 평가기준에 맞춰 한 문장 한 문장씩 함께 논의하며 빈 칸을 채워 나갔다. 표를 다 채운 후 학생들은 이제 다음 시간에 이어질 토의에서 자신이 어떤 부분에 더욱 유의하여 의견을 제시해 나갈지를 조금은 더 자세히 알게 되었다고 표현하였다.

• 교실에서부터 스스로 성장하는 시민으로서의 역량을 키우도록

평가루브릭을 만드는 데 학생들이 함께 참여하도록 하는 이유는 그들 스스로가 학습에 대해 적극적으로 성찰할 수 있는 밑거름을 제공해주기 위함이다. 그리고 이를 활용한 평가 과정에서 학생들이 아직 목표로 하는 단계에 도달하지 못했을 때 한층 더 발전할 수 있도록 수업 과정에서 지속적인 기회를 주고 지지해주는 것이야 말로 교사의 역할일 것이다. 중요한 것은 스스로 성장할 수 있도록 아낌없이 돕는 데 있다. 삶 속에서 적극 참여하는 시민으로써 성장하기 위해 교실에서부터 스스로 고민하고 돌아볼 수 있는 역량을 갖추도록 안내하는 것이다.

이를 위해서는 학생들에게 평가가 지니는 의미에 대해 자세히 설명해주고 그 가치를 함께 공유하는 시간도 반드시 필요하다. 우리 반의 경우 수학 수업시간에도 단원을 마치며 평가를 할 때, 왜 우리가 이 평가를 하는지에 대해 매번 이야기를 나눈 후에 평가를 진행한다. 수학 문제풀이의 결과도 각 개인에게 중요하지만 그 일면만을 바라볼 것이 아니라, 어떻게 해결해 나갈지를 함께 고민해 보는 것이 매우 중요하다고 늘 이야기한다. 이를 위해 개인적으로 몰입하여 문제를 고민해보고, 그 결과를 확인해본 후에는 친구들과 함께 다시 고민하여 해결 방법을 찾아간다. 여기에서 교사의 역할은 학생들을 끊임없이 격려하고 돕기 위해 노력하며, 점수 자체에 연연해하지 않는 분위기를 조성하는 것이다. 필자는 비단 수학뿐만 아니라 모든 교과에 있어서 해답을 찾아가며 함께 고민하도록 안내하고 지원해주려고 노력하고 있다.

함께 해결해 나가는 시간들이 쌓이고 반복될수록 아이들은 그 과정 자체에서 얻는 기쁨과 성취감에 이끌리게 된다. 그리하여 문제가 내 앞에 존재한다는 사실로 인한 두려움보다는 오히려 문제 해결을 위해 친구들과 함께할 수 있다는 즐거움을 느끼게 된다. 상호 격려가 작동하는 것이다. 물론 그 과정에서 시행착오는 있겠지만 그 또한 성장 과정의 일부이다. 서로의 성장을 지켜봐주고 함께 고민해주는 그런 경험들이 바로 사회 속 시민으로 자라나는 데 마중물이 되어줄 것이다.

온전한 시민으로 자라나려면 '교육'이 필요하다. 교실 속에서도 비민주적이거나 인권 친화적이지 못한 상황이 확대되지 않도록 이끌기 위해서는 민주시민으로 기르기 위한 교육적 노력이 필요하다. 그리고 교사가 교실 교육과정 속에서 학생들의 시민성이 자라도록 돕기 위해서는 교육과정, 수업, 평가에 있어 학생들도 함께 적극적 주체로 설 수 있도록 기회를 제공해야만 한다. 그 과정에서 교사의 교육적 **개입**과 **기다림** 그리고 끊임없는 **격려**는 필수적이다. 또한 잊지 말아야 할 것은 우선 교사 자신부터 민주적 시민성을 갖추기 위해 끊임없이 노력할 필요가 있다는 사실이다. 교사가 학생들 앞에서 민주시민으로서 당당히 설 수 있을 때, 시민을 기르는 진정한 교육이 이루어진다는 것을 우리는 잊지 말아야 할 것이다.

02
학생자치와 시민교육

"함께 고민하고 논의하면서
또 함께 성장해 나가다!"

우리나라에서 교사로 살아간다는 것은 생각만큼 녹록하지 않다. 교사 본연의 업무인 수업을 통해 학생들을 가르치는 것뿐만 아니라, 생활교육, 온갖 행정 업무 등을 처리하다 보면 하루가 정신없이 지나간다. 최근에는 교육과정 재구성 등 교사의 전문성 강화 요구까지 높아지며, 조금의 여유시간에는 자기계발에 매진해야 한다. 그렇지만 많은 교사들이 교직을 천직으로 여기며 하루하루 성실히 살아갈 것이다. 그럼에도 때때로 짜증을 넘어 교직에 대한 회의마저 느끼게 되는 고단한 날도 더러 있을 거라고 생각한다. '이러려고 교사가 된 건 아닌데…' 하는 생각이 절로 드는 날이면 몸도 마음도 지치고 무기력해진다.

학급자치 실패 경험과 성장 걸음 나누기

필자도 예외는 아니다. 학교에서 나름 '친절한(?) 쌤'으로 인식되고 있던 탓인지 몰라도 간혹 친근함을 넘어 만만하게 대하는 학생들이 있었다. 예컨대 수업시간에 버젓이 과자를 먹는다거나, 화장하고 자기들끼리 수업과 관계없는 화제로 떠드는 등의 행동은 수업은 물론 다른 친구들에게도 분명 방해가 되므로 반드시 주의가 필요하다. 그런데 이런 행동에 대해서도 주의를 주면 "왜 나한테만 그러세요!" 하고 발끈하며 반항과 불만이 가득한 예의 없는 목소리로 따지고 드는 통에 정상적인 수업 진행마저 어려운 날도 있었다.

• '떠나고 싶다…' 달아나고 싶을 만큼 힘든 나날

솔직히 그 정도까지는 학생들의 다소 과격한(?) 애교라고 생각하면 그뿐이었다. 하지만 학급에서 계속 물건이 사라지고 고가의 핸드폰마저 수차례 사라지는 일이 반복되자 점점 더 지치고 무기력해졌다. 대체 어디서부터 무엇이 잘못된 것인지도 모른 체 그저 속수무책으로 바라볼 수밖에 없었고, 그 학급은 참으로 힘들게 마무리되었다. 지속적으로 남의 물건을 훔친 위기의 학생은 결국 소년원에 갔고, 담임교사로서 커다란 자책감과 함께 교사를 계속 해야 하는지 더욱 심각하게 고민하게 되었다.

차라리 아프리카에 가서 그곳 학생들을 보살펴주면 어떨까 하는 생각도 들었다. 그렇게 어디론가 훌쩍 떠나고 싶은 마음이 몰려올

즈음, 뉴스에서는 OECD 국가 중 우리나라 청소년 자살률이 계속 1위를 하고 있고, 행복지수가 가장 낮다는 보도가 이어졌다. 뉴스를 보며 우리나라 학생들에 대한 안타까운 마음도 들었지만, 필자 또한 혼자 많이 외롭고 힘들었다.

일단 살아야겠다는 생각에 휴직을 결정했다. 그리고 여러 종류의 책을 읽고 여기저기 다니면서 배움 중심 수업, 협동학습, 수업 코칭, 감정 코칭, 생활교육 등 교사들이 함께 하는 연구회와 모임에서 배우면서 연수를 받았다. 감사하게도 다음 해에 우리 학교가 혁신학교로 지정되었다. 그 덕분에 교사들이 함께 책을 읽고 학생과 수업에 대해 집중해서 나누는 전문적 학습 공동체에 참여하며 때로는 함께 아픔을 나누고 눈물도 흘리며 더불어 성장해갔다. 학생들과 교사들이 조금씩 마음속으로 들어오면서 비로소 민주적인 학급자치에 대해 성찰한 것이다.

민주적 학급자치가 필요한 이유
학급자치에 실패했을 때는 교사의 마음도 마치 무너진 전쟁고아 같다는 생각이 절로 들었다. 하지만 민주적인 학급자치는 교사, 학부모, 학생들이 함께 즐거워지는 길이다.

• '우리는 민주적 학급자치를 배운 적이 없는데…' 교사의 슬픈 현실

이제 '교육자치, 학생자치'라는 용어가 현장에도 점차 익숙해졌고, 이것을 모두 해야 하는 것으로 여기는 분위기 또한 확산되고 있다. 하지만 많은 교사들은 여전히 민주적인 학급자치를 경험해보거나 배운 적조차 없다고 고백한다.

2019년 시민교육실천연수에서 김원태는 대부분의 ICCS 참여국가에서는 최소한 민주시민교육 담당교사와 관련 교과목 담당교사에게는 지속적인 교원연수 프로그램이나 지원 프로그램이 제공되고 있지만, 한국은 민주시민교육과 연수가 지속적으로 제공되지는 않는다고 했다. 민주시민교육이 교직교육에 포함되지도 않고, 직무수행 중 지속적인 연수나 교육이 제공되지 않는 한국 학생들의 시민성 정도가 낮게 표현되는 것은 당연한 일이라고 하였다.[1]

교사들 중에는 학창시절에 성적순 자리 배치에 익숙하고 선생님의 말을 법으로 알던 순종적인 모범생들이 많다. 게다가 선배교사들은 학급이 처음 배정되는 학기 초에 학생 한두 명을 호되게 잡아 학생이 함부로 교사에게 덤비지 못하도록 본때를 보여줘야 한다고 조언하기 일쑤이다. 학생 한 명을 마루타처럼 잡아서 반 전체에 두려움을 심어준 덕분에 한 해를 무사히 넘겼다는 등 선배들의 무용담을 마음에 새기며 고민했던 수많은 날들이 있었다.

예전 스승의 날에 학부모님께 받은 선물이 아직도 기억에 생생

---

1. 김원태, 2019, 〈학교시민교육의 필요·충분조건과 해외사례, 시민교육실천연수 교재〉, 《경기도 교육청 민주시민교육》, 103쪽

하다. 남자 중학교에 신규로 발령받았는데, 조회대에서 전교생이 다 서 있는 가운데 부모님들이 교사들에게 '사랑의 매(?)'를 선물로 증정하는 의식을 하였다. 가벼우면서 제법 탄탄한 플라스틱의 재질의 막대에는 선명하게 '사랑의 매'라고 새겨져 있었다. 선생님들이 서로 매를 자랑하며 효과를 나누었던 기억이 난다.

세월이 흐르면서 점차 분위기가 변했고, 교사들은 예전처럼 학생에게 함부로 체벌을 가할 수 없다. 이에 따라 지속적으로 문제를 일으키는 학생에 대해 교사가 취할 수 있는 기존의 방법은 제한적일 수밖에 없다. 아직까지는 민주적인 의식과 문화, 체계적인 시스템이 갖춰져 있지 않다 보니 생활교육에 큰 어려움을 느끼는 교사들이 많았다.

친하게 지내온 착하고 여린 성품의 선생님이 기억난다. 수업을 방해하는 여러 학생들이 결국 교실 밖으로까지 나돌아다닐 때 담임으로서 교실에 있는 학생들을 버려두고 그들을 찾으러 갈 수도, 그냥 방치할 수도 없는 딜레마에 괴로워하셨다. 게다가 지속적인 학부모의 분노와 민원으로 인해 우울증 치료까지 받으시다가 더 이상 견디지 못하고 최근에 결국 사직하고 말았다. 《학교자치》라는 책에서도 지금의 교사들은 학부모 민원과 학교폭력 사안의 중가로 인해 여러 가지 고민을 가지고 있고, 슈퍼맨이 될 것을 강요받고 있다고 지적하였다.[2]

---

2. 김성천 외, 《학교자치》, 즐거운 학교, 2018, 157-158쪽

이렇듯 교사들은 학급자치에 대한 경험도 없고 또 제대로 배우지도 못한 상황에서 이를 학생들에게 전하고 삶 속에서 가르치고 실천해야 하는 형편이다. 여기에 더해 복잡한 행정 업무와 뾰족한 해결책이 없는 어려운 생활지도, 최근 들어 법적 문제까지 얽힌 복잡한 민원에까지 대처해야 하다 보니 상황은 점점 더 힘들어지고 스트레스 또한 가중되고 있다.

▪ 학생들의 눈에서 '반짝임'을 경험하다

오랜 가뭄 끝에 내린 단비처럼 다니던 학교가 혁신학교로 지정된 후 조금씩 변화를 경험하게 되었다. 동료 선생님들과 함께 마음을 나누며 배우고, 학생들과 학급자치활동을 조금씩 하면서 학생들의 눈에서 반짝임을 경험한 것이다.

첫 번째로 학생들의 눈이 빛났던 때는 함께 학급 목표(비전)를 정할 때였다. 모든 학생들이 학급에 필요한 가치를 적고 칠판에 붙일 때였다. 모든 수업에 거의 엎드려 있고 참여하지 않던 학생들도 다른 친구들과 함께 학급에 필요한 가치를 적으면서 조금씩 자신감을 갖는 듯 했다. 학생들이 가치를 찾아 자신의 손으로 학급 목표를 세웠을 때, '우주 정복, 담임이 지켜본다. 근면, 성실' 등 교사 혼자 학급 목표를 정하고 선포할 때와는 다른 느낌을 받았다고 했다. 자발적으로 적은 가치로 함께하는 공동체 학급이 된 것이다. 이후 학급에서 갈등이 생겼을 때 함께 정한 학급 목표와 협력하기로 한 마음을 되새기며 함께 잘 해결해 나갔다.

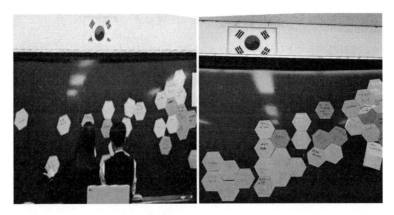

모두가 참여하는 학급 목표와 생활협약 세우기
수업시간에 늘 무기력한 모습을 보이던 학생들까지 적극 참여하면서 교실에 활기가 찾아왔다.

두 번째로 학생들의 눈에서 반짝임을 본 것은 '경계(책임)는 또 다른 사랑이다[3]'라고 학생들에게 희한한 사랑 고백을 하고 난 이후였다. 폭력으로부터 자신과 다른 사람들을 안전하게 보호하고 존중하며 성숙한 시민으로 성장하려면 책임(경계)이 필요하며, 이 말은 학생들을 향한 또 다른 사랑이라고 말했다. 학생들은 교사가 자신을 감정적으로 미워해서 혼내는 것이 아니라 사랑하기 때문에 자신들의 성장을 위해 스스로 책임을 갖게 하려 한다는 것을 깨닫고 공감하는 모습이었다.

이것은 **자기 제한**이라는 용어와도 일맥상통한다. 민주주의는 모두가 자신이 원하는 방식으로 살아가도록 자유를 평등하게 보장하는 것만 추구하는 제도가 아니다. 민주주의는 자신의 자유만을 확

---

3. 좋은교사 수업코칭연구소 연수에서 나누었던 대화를 적용한 것이다. 김태현의 《수업 속에서 나를 만나다》라는 책에서도 '경계'에 대한 내용이 있다.

장하고 실행하다 보면 타인의 자유와 행동을 제한할 수 있다는 것을 인식하고, 모든 사람이 이 자유를 현명하게 사용하도록 요구하는 제도이기도 하다. 이러한 관점에서 민주주의는 필연적으로 다른 사람의 자유에 대한 인식과 '자기 제한(self-restraint)'을 요구한다.[4] 자신뿐만 아니라 다른 사람의 자유와 행동을 위해 자기 제한을 하고 새로운 성장을 위해 나아가며 대화하는 과정. 그것이 바로 시민교육이며, 학교는 이러한 기회를 제공하기 위해 지속적으로 노력해야 한다.

세 번째로 학생들의 눈에서 반짝임을 본 것은 존재의 소중함에 대한 시를 매일 노래할 때였다. 학기 초에 학생들에게 "자세히 보아야 예쁘다 오래 보아야 사랑스럽다. 너도 그렇다."라는 시구(詩句)를 소개하였다. 이때 우리는 모두 소중하기 때문에 '너도 그렇고 나도 그렇다'라는 내용을 덧붙여 소개하며 종례시간에 다 같이 이 시를 노래해보자고 제안했다. 〈풀꽃〉이라는 제목의 이 시는 존재에 대한 긍정적인 미투이다. 나태주 시인은 '너도 그렇다'는 상대에 대한 존중이 있으면 부정적인 미투 사건이 일어나지 않을 것이라고 하였다.[5]

우리 사회에는 성적과 외모 등으로 존재를 부정적으로 평가하고 혐오하는 문화가 알게 모르게 퍼져 있다. 과거 상처에만 '미투'를

---

4. 거트 비에스타, 2019, 〈민주주의 시민 그리고 교육: 의제에서 원칙으로〉, 《학교민주시민교육 국제 포럼 자료집》
5. 송일섭, 〈애기 보듯 꽃을 보듯〉, 《전북 도민신문》, 2018.8.18.

할 것이 아니라 서로의 존재를 긍정적으로 부르고 사랑하는 것에 도 미투, 즉 "나도 너도 소중하고 사랑스러워 그래"가 필요한 것이 다. 가끔 잊을 때가 있으면 반 학생들이 먼저 시를 노래하자고 일 깨울 정도로 매일 서로가 사랑스럽고 소중하다는 고백을 주고받으 니 고단한 학교생활에서 마치 상큼한 비타민을 섭취한 것처럼 에 너지가 회복되는 느낌이다. 우리는 너도, 나도 존엄한 존재이며 다 채로운 빛깔을 나타내며 행복하게 살 권리가 있다.[6] 민주적인 학 급·학생자치를 통해 모두가 소중한 시민으로 행복하게 살아가는 날을 소망한다.

| 학급자치로 과연 시민의식이 성장할까? |

앞서 학급자치를 경험하면서 하루하루 긍정적으로 변화되어가는 학생들의 모습을 간략하게 소개하였다. 그럼에도 불구하고 여전히 학급자치가 꼭 필요한 것인지 그리고 그것이 학생들의 시민의식을 성장시킨다고 해도 공부하기도 바쁜 학교생활에서 굳이 중요하게 다뤄야 할 필요가 있는지에 관해 다소 회의적인 생각을 가진 분들 도 있을지 모른다.

---

6. 한국교육연구네트워크, 《더 나은 세상을 위한 학교 혁명: 제3기 진보 교육감 시기의 학교정 책》, 살림터, 2018

· 학급자치가 왜 필요할까?

사전에서 '자치'를 찾아보면 "자신이나 자신들에 관한 것을 스스로 책임지고 처리하는 것"이라고 정의한다.[7] 학급자치라 함은 교사가 강제로 시킨 것이 아니라 학생 한 명, 한 명이 스스로 활동에 참여할 때 힘이 생기고 빛을 발하기 때문에 꼭 필요하다. 경기도교육청에서는 학급자치의 존재 이유를 다음과 같이 정리하였다.

◆ **학급자치의 필요성[8]**

가) 민주시민으로 성장할 수 있는 협력 경험
  - 의견 충돌과 의견 조정 경험 과정을 나누는 기회 공유
  - 학생이 주도적으로 문제를 해결해가는 공동 책임의 공동 수행 활동
  - 문제해결 과정에 필요한 활발한 의사소통, 공동 실행 가치의 공감 시간
  - 갈등 문제해결을 위하여 학생 스스로의 실천 자생력이 성장하는 공동의 기회
  - 학생이 자율적으로 문제를 해결하는 공동 경험의 축적으로 성취감과 민주시민으로서의 참여 자세 내면화 가능
  - 자아로서의 행동 주체성, 타인 이해를 통한 의견 수용성
  - 공동체 구성원으로서 더불어 살아가는 협력성을 체험하는 자치활동

---

7. "자치" 네이버 국어사전에서 정의한 내용에 따름
8. 경기도교육청, 2018, 〈학생자치 길라잡이〉, 경기도교육청 민주시민교육과

나) 학급문화를 디자인하는 학생 중심 자치활동

- 함께 계획한 학급행사를 실행하며 함께 조정하는 경험을 통해 자율과 책임을 실제로 경험하는 기회 제공
- 학생들의 아이디어와 기획으로 설계한 학급행사의 실현을 통해 학생들의 긍정적 자존감 신장
- 주간별, 월별, 계절별, 교과 내용과 연결한 학급행사 기획 등 학생들의 삶과 연결하는 생생한 학급자치활동

▪ 학생들의 자발적 참여와 의사결정 능력을 높이는 학급자치

교육부가 2018년에 민주시민교육에 대한 계획을 발표했지만, 학급자치 등의 활동에 대한 명확한 연구 결과는 거의 없었다. 그런데 2019년에 교육개발원의 박희진 연구위원이 〈학급자치활동이 시민의식에 미치는 영향〉[9]이라는 보고서를 발표했다. 여기에서 우리나라 초·중·고등학교에서 이루어지는 학급자치활동(학급회의, 학급행사, 학급규칙)의 실태 파악 및 그 경험이 학생들의 시민의식에 미치는 영향을 실증적 자료를 통해 확인하여, 시민교육 방안으로서 학급자치활동의 가능성과 효과적인 실행 방안을 탐색했다.

이 연구 조사에 참여한 전국 초·중·고등학생 7,075명 중 학교급이나 소재지에 따라 차이는 있지만, 약 80% 정도의 초·중·고등

---

9. 박희진, 2019, 〈학급자치활동이 시민의식에 미치는 영향〉, 교육개발원 학술논문

학생들이 월 1회 이상 학급회의를 개최하고, 절반 정도의 학생들이 월 1회 이상 학급행사를 개최한다고 응답하였다. 그리고 90% 이상의 학생들이 학급 규칙이 있다고 응답했지만, 학급자치활동의 하위영역과 시민의식 간 관계를 분석한 결과, 학급회의나 행사 개최 혹은 규칙의 존재 그 자체가 아니라, 적극적인 참여, 의결 사항의 반영 여부, 필요성에 대한 인식 등 질적인 측면이 학생들의 시민의식에 유의미한 영향을 미치는 것으로 나타났으며, 지역 간 차이가 확인되었다고 한다.

따라서 학생들의 자발적인 참여와 의사결정 능력 등을 높이는 학급자치를 통해 학생들의 시민의식이 성장하게 되었다는 결과를 확인하게 되었다.

| 민주적 학급자치를 위한 수업 나눔 |

이제부터 본격적으로 학교에서 실천해볼 수 있는 민주적인 학급자치 방법에 대해 이야기하려고 한다. 실제 수업사례들을 중심으로 소개한 것이며, 이를 참고하되 각 학교의 상황 및 학생들의 특성 등을 고려하여 얼마든지 응용해볼 수 있을 것이다.

▪ 학급 월별, 사계절 학급행사 레시피
사계절 학급자치활동을 통해 학생들은 자발적으로 자치활동을 계획할 수 있다. 또 이를 정기적으로 피드백하고 성찰하면서 자치활동을 돌아볼 수 있다. 학급에서 학급자치활동과 1인1역할 활동을 하는 학생을 희망에 따라 선택하게 하여 체계적으로 활동하게 한다. 각자의 역할에 맞게 학생들이 사진도 찍고 학급 신문이나 문집을 만들어 함께 기록하면서 성장해가는 모습을 볼 수 있다. 다음의 표(296쪽 참조)를 살펴보면 실제로 3월부터 12월까지 사계절에 걸쳐 어떤 학급자치활동을 학생들이 스스로 결정했는지 한눈에 파악할 수 있을 것이다.

• 꽃들에게 희망을 주는 '더불어 사는(W4) 프로젝트'로 민주시민되기[10]

이 활동은 학급 학생들이 함께 그림책 읽기나 독서 감상 활동을 한 후에 이러한 내용을 바탕으로 함께 독서하며 깨달은 내용을 직접 실천하면서 성장해 나가는 사례이다. 《꽃들에게 희망을》이라는 유명한 그림 동화책을 통해 학생들이 자신의 존재에 대한 나눔, 성장 과정, 꿈을 향해 나아갈 때의 어려움과 고민을 성찰하고 모두 성숙한 민주시민이 되기 위해서 함께 실천할 내용을 찾아보고, 나아가 이를 적용해볼 수 있다. 다음(297~298쪽 참조)에 정리한 내용에서도 알 수 있지만, 세부 실천과제를 통해 매우 다양하게 활동들이 확장되었음을 알 수 있다.

---

10. 김지혜, 2015, 〈바른 인성 실천 사례대회〉, 경기도 교육청 민주시민교육과의 내용을 수정한 것임.

함께 만드는 학급 목표- (   )

월		활동	우리가 스스로 정하는 행사 활동	특색 활동, 역량
봄	3	- 학생 학부모 소개 서클하기 - 우리 학급 규칙 정하기 - 1학기 학급조직 및 1인 1역 정하기 - 학급 목표, 자리정하기	학급회의로 정하기	

	4	- 학생인권의 날 행사(협동글자, 친
		  구사랑 편지쓰기, 칭찬릴레이, 친
		  구캐릭터)
		- 학급 갈등 조정 배움과 실천		

	5	- 학급의 날 기획(런닝맨 학급 훈련,
		  학급비빔밥)
		- 어버이날 의미 있게 보내는 법
		  회의(상장, 효도 쿠폰 등)
		- 학급 생일잔치		

여름	6-7	- 학급 규칙 성찰 서클 - 교실 미니올림픽, 여름방학 준비		

	8
	-
	9
		- 2학기 학급회 조직
		- 청소구역, 자리 정하기, 1인 1역
		  정하기
		- 1학기 학급생활 반성 및 학급 규칙
		  재정비하기
		- 아침활동 정하기,		

가을	10	- 사과 Day, 축제 부스 준비 - 체험학습 활동 정하고 실행		
	11	- 학급 독서 골든벨 준비 - 학급 캠페인 정하기 - 학급 특색 단합활동 - 민주시민 실천 프로젝트		
겨울	12 - 2	- 학급 특색 서클 - 1년을 마무리하며 학급생활 되돌아보기 - 롤링페이퍼 - 학급문집 준비 - 지역과 함께 하는 나눔 캠페인		

꽃들에게 희망을 주는 W4프로젝트로 민주시민되기

Welcoming to my life	Walking together	Working in a cocoon	Wishing to fly towards the world
알 깨고 나를 환영하기	꿈틀 꿈틀~동행하기	고치 속에서 꿈 키우기	희망으로 세상 날기
알을 깨고 나와 처음 보는 나를 알아가고 맞이하기	다른 사람들과 함께 어울리며 협력하는 활동하기	꿈을 탐색하고 독서 등을 하며 자신만의 꿈의 고치를 키우기	나비로 세상을 향해 자신의 꿈을 펼치며 희망주기
긍정적 자아존중감	관계 속 협력	진로 탐색하며 성장하기	공동체의식 지닌 글로벌 민주시민

구분		세부 실천과제	활동 내용	시기	시민의식, 역량
실천내용 1	알에서 깨어나 나를 맞이 하기 (W1)	알에서 깨어나 나를 바라보기	껍질 깨고 나를 바라보기	연중	존엄
			1cm 더하기 좋은 습관 만들기 21일	3월	자기 성찰 · 계발
			나의 오감을 체험해보자!	연중	성찰, 지혜
		나를 환영 해주기	인권 권리 선언, 학급 인권 축제!	9월 ~ 12월	협력
			당신은 사랑받기 위해 태어난 사람~	연중	자기 성찰 · 계발
			감사일기와 감정일기 쓰기	연중	공감과 성찰
		행복한 나로 자라가기	행복 만나고 체험하기	연중	절제, 배움
			마음속의 행복 비타민	연중	자기 성찰 · 계발
실천내용 2	꿈틀 꿈틀 동행 하기 (W2)	친구 애벌레와 우정나누기	서로 배움 친구되기	연중	배움, 나눔
			스포츠로 협동하기	4~5월	공동체의식
			사회관계 증진 협력 프로그램 (또래상담, 협동화, 경청왕, 학교는 즐거운 놀이터 등)	연중	공동체, 대인관계

구분		세부 실천과제	활동 내용	시기	시민의식, 역량
실 천 내 용 2	꿈틀 꿈틀 동행 하기 (W2)	가족과 함께 사랑 나누기	부모님께 드리는 상장과 선물	3월~5월	사랑, 실천
			편지와 문자로 오고 가는 가족 사랑	연중	격려, 사랑
			부모님과 함께 체험활동	연중	대인관계능력
		학교 폭력기둥 없애기	함께 만드는 학급생활 협약만들기	3~4월	용기, 정의
			학교폭력 노노 캠페인 활동!	연중	비판적 성찰
			비폭력 회복적 생활교육	연중	존중, 실천
실 천 내 용 3	고치 속 에서 꿈 키우기 (W3)	꿈을 위해 고치 만들기	꿈 고치 살피기(학습코칭, 진로코칭)	3월 이후~	자료정보 활용
			꿈의 현장 속으로	7월 9일	배움, 의사소통
			진로 리플릿 만들고 꿈 발표대회	6월1일 ~7월 7일	자료정보 활용
		고치 키우러 나가자	만나러 갑니다. 선생님 꿈사랑~	10월	열정, 배움
			미래의 학교를 향해 출발	6월 27일	자기 성찰·계발
		고치 영양분 주기	진로 성장 독서 노트 쓰기	연중	이해, 배움
			달콤 독서 프로그램 및 하브루타 질문 독서	연중	창의적 사고,배움
			나만의 별과 책 만들기	9~12월	배움, 이해
실 천 내 용 4	희망 으로 세상 날기 (W4)	꽃들과 평화 나누기	희망 심어 평화 나누기	1학기	공동체의식
			공감 밴드 나누고 평화· 감성언어 캠페인	10월 ~12월	배려, 나눔
			노인 요양원에서 공연하고 봉사하기	6월 이후	나눔, 배려
		꽃들과 희망 배우기	다문화 체험하고 나누기	5, 6월	배려, 존중
			음식물 쓰레기 줄이기 및 환경 보호 캠페인	연중	자료정보 활용
			생태존중 감수성 키우기 활동 캠페인	연중	비판적, 창의 적 사고역량
		세상을 향해 날아가기	희망밴드로 세계친구 돕기, 공정무역 나누기, 탈북 청소년 공동체 나눔	5월 이후	공동체의식, 나눔
			세계친구와 한국의 장점에 대해 대화하기	10월	문화향유

• 푸드 테라피로 상상하는 평화로운 학교와 사이버 캠페인 활동

'푸드 테라피'란 음식(food)과 치유(therapy)의 합성어로 음식의 다양한 기능으로 건강을 회복하고 증진하는 자연 치유법을 말한다. 이러한 푸드 테라피는 손쉽게 구할 수 있는 식품과 재료를 사용하여 즉흥적으로 마음을 표현하면서 즐거움을 느끼게 할 뿐만 아니라 자존감도 높여주는 효과가 있다. 그중 여러 명이 함께 하는 푸드 테라피 활동은 공동체 생활에서 발생할 수 있는 오해와 그로 인한 갈등을 예방하고, 원활하게 소통하는 힘을 길러준다.[11] 이 활동은 바로 푸드 테라피를 민주시민교육에 재미있게 응용한 사례이다. 활동 결과물과 간략한 활동 방법을 소개하면 아래와 같다.

◆ **활동 방법**

① 평화의 이미지를 떠올려보고, 모둠 구성원들과 평화에 대한 내용이나 주제를 협의하여 정한다.

② ①에서 모둠 구성원과 정한 주제를 드러내는 이미지를 그림으로 표현한다.

③ 작품을 만들 때 활용할 식품을

전쟁의 무기인 대포에 꽃의 이미지를 더하여, 평화 표현

학급별 모둠 협력 학   사이좋게 지내자
습으로 평화를 표현1
폭력은 안돼요~

---

11. 김지혜 외, 《'질문이 살아 있는 국어 수업' 수업 자료집》, 비상교육, 2018

분담하여 준비한다. 이때 물기와 불이 필요 없는 과자류를 활용하면 쉽고 간단하게 준비할 수 있다.

④ 색상지를 깔고, 구상한 내용에 따라 ③의 식품을 적절히 배치한다. 만일 야채와 과일 등을 사용한다면 흰 플라스틱 접시를 활용하는 것이 좋다.

⑤ 만든 후 사진을 찍고 작품에 대한 소감이나 의미를 모둠 구성원과 나눈다.

⑥ 다른 모둠에 가서 작품의 의미를 들은 후, 작품을 감상한 소감과 평가한 내용을 이야기한다. 모둠별 작품 사진을 화면(⑤의 사진을 모아놓은 화면)으로 다함께 감상하고 페이스북과 학급 밴드에 올려 평화 캠페인 활동을 하며 토의한다.

· 협동화로 표현한 평화롭고 민주적인 학급자치활동 전시 및 캠페인

시민 협동화 그리기란 민주시민으로서의 활동을 창의적으로 계획하고 디자인해서 그림을 그리고 학급에서 나누어 모두 참여하는 활동이다. 미술 활동의 장점은 다소 모호한 개념에 대해 그리기 등을 통해 학생들로 하여금 좀 더 명료하게 인식하게 해주는 데 있다. 아울러 학급에서 서로 협력하고 배려하는 공동체의식을 키우는 데도 좋은 활동이다. 활동 방법과 결과물은 301쪽과 같다.

특히 학생들이 즐겨먹는 과자로 작품을 만들어본다거나 깊이 소통하고 협동해서 그림을 그리는 활동을 체험하면서 작품을 완성하는 동안 학생들은 하나 되는 공동체의식을 느끼게 된다. 이수정 범죄

◆ **활동 방법**

① 협력하는 학급 시민 모습을 실천한 것이나 상상한 것을 창의적으로 각각 그린다.

② 그림들 중에서 학급 전체에서 선정된 그림을 정한다.

③ 정한 그림을 크게 밑그림을 그리고 나눠서 색칠하고 꾸민다.

④ 나눴던 그림을 다시 모아 함께 붙여 완성한다.

전체 주제를 상의해서 정한 후 모둠별로 학급 학생 모두가 함께 꾸미기

학급자치활동 내용과 회복적 서클을 하는 학급 활동 그림

⑤ 사진을 찍고 작품에 대한 소감, 의미를 모둠 구성원과 나눈 후 전체로 나누고 피드백한다.

심리학자는 〈어쩌다 어른〉이라는 한 텔레비전 프로그램에 출연해서 소년 범죄 재범률 0%를 만든 프로그램이 다름 아닌 '제과 제빵'이라고 강연했다고 한다.[12] 대다수의 비행 청소년들은 가정에서 따뜻한 관심이나 사랑을 충분히 받지 못한 경우가 많다. 즉 정신적·육체적 허기 상태인 것이다. 이러한 허기를 함께 빵을 구워 먹고 남은 빵은 재소자 친구들과 나눠먹으면서 관계(우정)를 쌓는 동안 누군가에게 처음으로 인정받는 경험을 하게 된 것이다.

---

12. 정헌희, 〈어쩌다어른 이수정의 "소년범재 재범률 0%를 만든 기적의 프로그램이 있다?!" 특강〉, 《한국강사신문》, 2018.12.13.

이 사례를 응용하여 푸드 활동과 친구 그림 그리기 활동을 하면서 나누어주고 협력하는 활동을 통해 존재를 인정해주는 경험을 했다. 실제로 학급 학생들과 붕어빵을 만들어서 '다 같이 돌자 동네 한바퀴' 활동을 실천했는데, 특히 자존감이 낮았던 학생들은 다른 활동보다 기억에 남고 경찰서, 동네 도서관, 소방서 등 지역사회를 다니면서 감사의 표현과 나눔을 통해 성장을 경험했다고 고백했다. 또 협동하면서 그린 평화로운 학급자치활동에 대한 그림을 학교에 전시하여 평화로운 학교 만들기 캠페인을 하였다.

▪ '민주야, 여행가자!' 등 지역과 연계한 학급 체험활동

직접 보고 경험하는 것이 백 마디 말보다 낫다는 말은 체험학습의 가치를 잘 대변해준다. 민주시민교육 역시 지식의 주입으로 이루어낼 수 있는 것이 아닌 만큼 체험활동을 통해 학생들의 근본적인 인식 전환을 도모할 수 있다.

민주주의를 체험하는 활동을 신청해서 학급 체험학습이나 융합수업활동을 한 적이 있다. 역사와 국어 과목과 연계한 활동을 한 후 수요 집회를 직접 참여하여 할머니들께 인사드리고 편지를 낭독하고 자신의 주장을 발표하며 팸플릿을 만들어 캠페인을 하는 활동을 하였다. 그리고 서대문 형무소를 방문하여 민족의 근현대사의 선열들의 모습을 배울 수 있는 기회도 좋았다는 선생님들의 의견도 있었다. 또 탈북 공동체에 직접 찾아가서 남북 학생들이 하나 되어 체험을 하고 봉사활동을 하면서 남북을 한층 가깝게 느끼

**민주야 여행가자 사이트(https://www.minjuroad.or.kr/search)와
탈북공동체 봉사활동 모습**

남북통일 체험 후 통일 캠페인 전시

체험활동의 가장 큰 가치는 직접 보고 경험함으로써 스스로 깨닫게 하는 데 있다. 민주시민교육 역시 아무리 지식을 주입한다고 해서 시민의식이 자라는 것이 아닌 만큼 체험활동의 가치가 더욱 강조될 수밖에 없다.

며 새삼 우리가 한민족이라는 것을 깨달을 수 있는 연계 활동도 하였다. 또 지역사회 참여 활동과 캠페인 활동을 통해 찾아가는 민주시민으로 주도적인 체험을 할 수 있었다.

· SNS를 활용한 학급자치활동

스마트폰은 짧은 시간 동안 우리 생활의 상당 부분을 변화시켰다. 순기능도 적지 않지만 부정적 영향을 미치는 역기능도 만만치 않다. 부정적 영향 중에는 사이버폭력의 증가가 두드러진다. 특히 학교폭력 사안 중에서도 점차로 비중이 커지는 부분이 사이버폭력인데, 이는 최근 학교폭력 실태조사에서도 잘 나타난다. 예컨대 학생들이 사이버상에서 친구들을 비난하거나 음란물을 게시하고 허락 없이 신체 사진을 올리는 사건들이 증가하고 있다.

최근에는 거의 모든 학급이 반톡이나 밴드, 페이스북 등의 SNS로 소통하는 것이 일반적이다. 이러한 시대의 흐름을 교육적으로 적절히 활용할 필요가 있다. 예컨대 미디어 리터러시 교육을 통해 사이버상의 예의와 존중, 저작권 보호, 인터넷 중독, 가짜뉴스에 대한 비판 능력, 정확한 정보 검색 능력 등을 키워서 사이버상의 민주시민교육이 제대로 이루어지도록 해야 할 것이다.

| 학급 밴드(학급자치활동 사진, 소감 글쓰기) | 디지털 지능 높이기
사이버 페이스북 등 캠페인[13] |

디지털 시대를 살아가는 우리 학생들에게는 학급자치도 다양한 디지털 매체를 잘만 활용한다면 한층 높은 호응을 이끌어낼 수 있다.

또 디지털지수를 활용하여 미디어 리터러시를 측정하고 활용할 수 있다. 디지털지수(DQ)는 활용 능력과 정보해석 능력 그리고 윤리적 사용 등을 총칭하는 개념으로 이 가운데 정보해석 능력은 **디지털 리터러시(Digital Literacy)**를, 윤리적 사용은 **디지털 시민성(Digital Citizenship)**을 일컫는다. 학생들 스스로 자신의 디지털지수를 측정해보고, 미디어 사용 상태를 성찰하며 함께 해결 방안을 토론해볼 수 있다. 그리고 유니세프한국위원회-DQ연구소(DQ Institute)의 모든 어린이가 행복한 디지털 세상 위해, 디지털 지능 높이기 캠페인 자료를 학급 밴드와 카톡 등으로 전하며 비판적 사고력을 향상시키는 사이버 캠페인에 학급 친구들과 동참해볼 수도 있다.[14]

| 회복적 생활교육으로 학급 존중의 약속 세우고 소통하기 |

최근 생활지도의 방향은 비행을 저지른 것에 대한 처벌이나 비난이 아니라 손상된 관계의 회복을 강조한다. 관계 회복 중심의 회복적 생활교육이 주목을 받는 이유이다. 관계 회복을 통해 학교의 문화를 한층 평화롭게 변화시키는 이 새로운 패러다임을 적용하여 학급자치활동을 실천할 수 있다.

---

13. 고대영, 〈[동남아 DQ교육 현장을 가다] 싱가포르, 넓어진 디지털 세상…'사이버 위험' 면역력 기른다〉, 《이투데이》, 2018.10.4.

14. https://www.unicef.or.kr/news/press_view.asp?idx=74563(유니세프 코리아 보도자료)

▪ 학급자치서클[15]

학급자치서클은 소외가 아닌 **참여**를 바탕으로 한다. 내가 속한 공동체의 일원이 되어 타인의 목소리에 나의 목소리를 더하고, 결과를 함께 **책임**지는 것이다. 공동체의 방관자가 아닌 참여자가 될 때 비로소 공동체원이 됨을 깨닫게 된다.

동그랗게 둘러앉아 실시되는 학급자치서클은 1/n의 의결권을 가진 참여자가 '다수결의 원칙'이 아닌 '모두 동의제'를 기본으로 한다. 누군가 의견을 제안하면 구성원 모두가 동의하고 수용할 때까지 의견을 반복하여 수정·보완할 수 있다. 이 과정에서 학급 구성원 모두가 함께 학급 일을 결정하며, 결정한 것에 대한 책임을 져야 한다는 것을 경험할 수 있다.

▪ **학급자치서클을 활용할 수 있는 사례**

- 학급임원 선거
- 학급단합대회 계획하기
- 학급 체험활동 계획하기
- 스포츠클럽 대회 전략 짜기
- 학교축제 학급 부스 만들기

---

15. 경기도교육청, 《평화로운 학급 공동체 워크북 ver2》, 2018, 67쪽

〈학급단합대회〉

■ **준비물** : 전지 1장, 투표용 스티커, 유성펜, 토킹피스

■ **기간** : 4월이나 5월 1차 지필고사 후, 7월 방학 등

■ **진행 과정**

① 서클을 시작하는 간단한 질문을 하고 토킹피스를 돌린다.

 • 서로의 일상에 관심을 갖고, 자신과 상대방의 느낌을 살필 수 있는 질문으로 시작하는 것이 좋다.

 - 지난주 기억에 남는 학교생활의 한 장면은 무엇인가요?

 - 요즘 나의 학교생활을 5자로 표현하고, 그 이유를 말해보세요.

② 진행자는 주어진 시간을 확인하고 학급서클의 주제를 말한다.

 - 오늘 1시간 동안 '학급단합대회'일정과 장소, 방법 등에 대해 서로의 의견을 나눌 것입니다.

③ 진행자는 주제와 관련한 질문을 하고 토킹피스를 돌린다.

 - 일정은 언제로 하는 것이 좋을까요?(예: 시기, 무박 또는 1박)

 - 단합대회 프로그램은 어떤 것들로 진행되면 좋을까요?

④ 진행자는 서기의 도움을 받아 의견들을 정리하고, 같은 내용들끼리 정리한다.

⑤ 정리된 내용을 전지에 적고 구성원들이 투표한다.

⑥ 진행자는 가장 많이 나온 의견을 확인하고, 소수의견을 들은 후 소수의견의 장점과 의미를 고려한 다른 의견이 있는지 질문한다.

⑦ 진행자는 최종 의견들을 모아 정리하여 제시하고, 서기는 이를 문서화해서 교실에 게시한다.

⑧ 오늘 서클을 하고 느낀 점이나 소감에 대해 나눈다.

⑨ 각자의 역할을 분담하여 단합대회를 준비하고, 진행한다.

- **학급서클로 문제해결하고 성찰하기**

새 학기가 시작되었을 때부터 **회복적 서클**을 안내하였다. 다른 사람들을 존중할 때 교실은 안전한 공간이 되고, 공동체 구성원의 힘은 n분의 1로 동등하다는 내용을 학생들과 함께 나눈 것이다. 그리고 학생들은 돌아가면서 자신의 감정과 기대하는 것을 모두 나누고 평화로운 학급을 위해 서로 약속을 세웠다.

처음에 장미꽃을 토킹 피스로 쓰자 학생들이 꽃처럼 소중하게 대하는 마음이 들었고, 꽃을 들고 말하는 모습이 참으로 아름다워 교실이 마치 민주주의의 꽃이 만발한 정원 같다는 마음이 들었다. 함께 이 정원을 정성스럽게 가꿀 때 아름다운 민주주의가 펼쳐진다는 생각이 더욱 커졌다. 평화롭고 따뜻한 공간에 대한 소망들을 모두 나누고 나니 교실이 안전한 느낌이 든다고 마지막에 돌아가면서 친구들이 피드백을 하였다. 학생들뿐만 아니라 학부모님들도 총회 시간에 오셔서 회복적 서클을 진행하니 새 학년에 대한 걱정과 불안이 가라앉고 한결 안심된다는 반응이었다. 아울러 함께 새로운 학급을 잘 가꿔 나갈 것에 대한 설렘과 기대감이 생긴다고 말씀하셨다. 이후 학부모님들은 여러 가지 학급 일에 긍정적으로 임해주셨고, 나아가 응원을 해주시는 느낌이 들어 든든하였다.

그리고 학년별로 전문적 학습공동체 시간에 회복적 서클을 하며 마음을 나누는 시간을 진행했는데, 바쁜 중에도 회복적 서클을 통해 서로의 마음을 나누고 지지해주는 시간이 소중했다는 말씀들을 하셨다. 또 혼자 고민하던 내용을 같이 나누었을 때 훨씬 가벼워지고 잘 해결될 것에 대한 기대가 생긴다고 하셨다.

또한 학생들 사이에 갈등이 있을 때도 사전 모임을 통해 마음 경험을 충분히 나누고 성찰하면서 준비하고 본 모임에서 회복적 질문을 통해 함께 회복하기 위해 해야 할 것들을 나누니 어려워만 보이던 큰 사안도 명료하게 정리되는 경험을 하였다. 사전 모임, 본 모임, 사후 모임을 해야 해서 시간이 좀 많이 걸리는 점이 있지만, 갈등이 커져 서로 극단적인 상황까지 갈 수도 있다는 점을 생각해 보면 미리 사과하고 마음을 회복함으로써 민주시민으로서 가져야 할 협력과 소통을 배워갈 수 있다고 생각한다.

◆ **문제해결 서클 과정[16]**

■ 준비 단계: 서클의 문제해결 접근 방식으로 타당한가?

　　　　　　누가 서클에 참여해야 하는가?

■ 사전 모임: 핵심 당사자는 누구이며, 누구를 만나야 하는가?

　　　　　　당사자의 필요와 두려움은 무엇인가?

　　　　　　개인과 학급 공동체와의 사건 연관성은 어떠한가?

■ 본 서클 모임: 누가 어떤 피해와 영향을 받았는가?

　　　　　　　발생한 피해가 회복되기 위한 책임의 요소는 무엇인가?

　　　　　　　근본적인 문제해결을 위해 공동체가 해야 할 일은 무엇인가?

■ 후속 모임: 문제해결 서클 이후 변화된 것은 무엇인가

　　　　　　변화되지 않았다면 후속 조치로는 어떤 것이 필요한가?

---

16. 강현경 외, 《회복적 생활교육으로 학급을 운영하다》, 교육과실천, 2018, 122쪽

푸드테라피로 평화로운 학급서클 모임 표현
회복적 서클을 통해 서로 마음을 나누고 지지하는 것이 얼마나 소중한지 깨닫고, 마음을 회복함으로써 민주시민에게 필요한 협력과 소통을 배울 수 있다.

회복적 서클을 통해 존중의 약속을 세울 수도 있지만, 《인권 수업》이라는 책을 쓰신 이은진 선생님의 사례를 보면 학급에서 '우리반 인권 선언 만들기'도 진행을 할 수 있다. 인권 선언을 하고 각자의 인권뿐만 아니라 다른 사람의 인권을 존중하기 위해 해야 할 책임과 의무를 바로 연결하여 적어놓은 것이 인상적이다.[17] 다음과 같은 예시 문장이 있다.

4장 우리는 폭력으로부터 안전할 권리가 있습니다. 우리 모두는 욕이나 폭력을 해서는 안 됩니다. 욕설이나 폭력을 당했을 때 우리는 선생님께 요청하고 바로잡을 권리가 있습니다.

17. 이은진, 《인권 수업》, 지식프레임, 2018
블로그 http://blog.naver.com/thecall1/221186717709

| 학급회의로 시민교육하기 |

아주 오랫동안 우리의 학교에서 자리매김한 학생자치의 대명사라면 단연 **학급회의**가 떠오를 것이다. 하지만 과거의 학급회의는 솔직히 학생들의 의견을 실질적으로 대변하기보다는 요식행위에 가까웠고, 운영 방식 또한 다소 전제적(專制的)이었던 것이 사실이다. 하지만 시대의 흐름과 함께 학급회의도 변화를 모색하고 있다.

▪ 학급자치회의 조직 및 역할

학급자치회를 조직할 때에 학급자치회 회장, 부회장을 선출하고 학생들의 희망과 합의로 각 부서의 역할을 정한다. 선거관리위원회를 선출하여 학급임원 선거의 공정성을 기하고 학생들의 희망에 따라 자발적으로 부서를 구성하게 한다. 부서에서의 역할을 세부적으로 나누어 1인 1역할을 하게 함으로써 교사나 임원뿐만 아니라 학급의 일을 모두가 함께하는 자치를 경험하게 하였다. 학기 초에 조용하고 친구가 없는 학생이 있었는데 계속 그림을 그리는 모습을 보고 학급 미술 데코 부장으로 추천하였다. 그 후 학급 우정 캐릭터 그리기 등을 하면서 반 학생들의 뜨거운 응원과 지지를 받아 더 이상 학급에서 소외되지 않고 잘 지내게 된 사례도 있었다. 또 게임을 좋아하고 활발한 친구들은 놀이 문화 부장을 통해 학급 단합대회 등 학급에서 밝은 성향의 달란트를 활용하고 존재를 인정받는 계기가 되었다. 그리고 학생들이 친구들과 집단 상담이나 부서활동 등을 하면서 서로 배려하고 존중하는 시민교육이 자연스럽게 이루어지게 되었다.

[2019학년도 1학기 학급자치회 조직 예시]

담임: _____

회장 _____

부회장 _____

서기 _____

부서	학급 생활 협약부	스스로 학습부	이벤트 축하부	민주 시민부	환경 예술부	미래 도서부	신나는 체육부
역할	- 생활 태도 정리, - 회복적 생활 교육 서클 진행, 준비	- 학교 행사 - 학급 학습용 학용품 자료 관리	- 생일 축하 파티 준비 및 친교 축하 편지 쓰기	- 월별, 분기별, 자치 활동 계획, - 학급 민주 시민 활동 계획, 정리	- 학급 환경 및 게시판 관리 - 체육 대회, 스포츠 클럽 미술 자료 제작 - 시간표 관리	- 나만의 책 만들기 - 모둠 협동시 제작 - 학급 도서 관리, 독서의 생활화	- 체육 대회 활동 준비 - 스포츠 클럽 활동 - 단합 대회 - 학생증 관리

· 학급회의 방법 및 예시[18]

학급이라는 작은 공동체도 민주주의의 장이 되어야 한다. 공동체에서 상호 협의하며 함께 나아가는 것은 민주주의의 기본이기 때문이다. 과거 학급회의는 정작 학교의 여러 가지 행사와 성적 등에 밀려 소홀히 여겨지는 경우가 많았다. 그러나 '인천과학고'에서는 형식적으로 진행되었던 학급회의에 질문을 던지며 함께 존중의 약속을 정하고 실제적으로 필요한 존중생활협약을 만들어 권리와 책임을 지는 시민이 되는 법을 배웠다고 한다.[19]

무엇보다 학급회의를 너무 어렵게 접근하지 말아야 한다. 예컨대 '근명중학교'의 한 학급처럼 즐거운 공동체 놀이처럼 시작해보는 것이다. 학급자치활동도 스스로 정하며 의사결정을 하고 협력하는 민주주의 실험의 장이 되도록 만들어가는 것이 좋다.

또 '덕양중학교'의 사례처럼 허용적인 학급회의 분위기를 만들어서 공동의 관심사에 대해 함께 이야기하고 학생과 교사가 소통을 하면 서로 더 이해할 수 있다. 그리고 학급회의 시간에 삶에 대해 이야기하며 솔직하게 말하는 분위기를 통해 상호 신뢰가 쌓이면 갈등이 발생했을 때 쉽게 해결하고 성장하는 경우도 있다.

경기도는 한 달에 한 번 학급회의를 하도록 하고 있다. 특히, '이우중학교'에서는 일주일에 한 번 학급자치를 하며, 그 내용을 학생

---

18. 서울특별시교육청, 《학생자치활동 알짜배기》, 서울특별시 교육청, 2016
19. 교육부, 《2018 학생자치 사례집 중등》, 2018

자치에 반영하도록 한다. 즉 상명하달식 교육활동이 이루어지기보다 학생 스스로 문제를 인지하고 함께 협의하면서 교육과정이 이루어지도록 하는 것이다. 이와 같이 학교에서 민주적인 토론과 의사결정 과정을 경험하는 것은 중요하다.

무엇보다 학급회의에서 논의된 내용은 회의 결과로만 머물러서는 안 된다. 학생자치회에 전달되어 학교 교육과정에 실질적으로 반영되어야 할 것이다. 학급회의를 학생들이 주도적으로 이끌 수 있도록 교사가 지원해서 작은 문제와 갈등도 민주적인 합의를 통해 해결하여 권리를 알고 실천하며 책임을 지는 시민이 되는 법을 함께 배우도록 해야 한다.

◆ 00중학교 학급회의 사례

1. 아이스브레이킹 : 유튜브 영상이나 성대모사, 재미있는 일화 이야기
   - 저번 회의 결과가 잘 이루어지고 있는지 확인하기

2. 학급회의 주제 정하기
   - 1년 계획으로 정해진 행사가 있는 경우 그것으로 주제 결정
   - 교실과 친해지기(친구, 선생님)

3. 학급회의 시작하기
   - 앉은 자리에서 6인 1모둠 구성하기(모둠은 매번 바뀔 수 있도록 한다.)
   - 의견내기(확산) : 어떻게 하면 교실에서 친구들, 선생님과 친해질 수 있을까요?

☞ 같이 노래방에 가자, 학급 야영을 하자, 급식을 우리반 다 같이 먹
자, 마니또 하자, 야자타임을 하자, 이름을 성 떼고 불러주자, 별명
(애칭)을 지어주자 등

- 의견 모으기 : 각 모둠에서 나온 의견 중에 2~3가지를 선정
- 의견 정리하기 : '마니또'와 '별명(애칭) 지어주기'로 결정
- 정리하기(수렴) : 마니또와 별명(애칭) 지어주기 활동에 대해 각각 장
점, 단점, 흥미로운점 분석하기

☞ 마니또 : (장) 나를 마니또로 뽑은 친구와 내가 뽑은 친구, 적어도
두 명의 친구랑 친해질 수 있다. 몰래 도와주거나 선물을 주어서
더 가까워질 수 있다. 어색한 친구랑 친해질 계기가 된다. / (단) 나
를 뽑은 친구가 활동을 안 하면 서운할 수 있다. 선물을 하려면 돈
이 들 수 있다. / (흥) 모두가 같이 적극적으로 활동하면 모두가 기
쁠 수 있다. 돈이 들지 않는 선물에는 편지가 있는데, 오랜만에 편
지를 써서 친구를 감동시킬 수 있다.

☞ 별명(애칭) 지어주기 : (장) 별명을 지어줌으로써 특징을 잘 살릴 수
있다. 친구들이 별명을 불러주면 뭔가 기쁘다. 별명을 통해 우리
반만 공유하는 유대감을 느낄 수 있다. / (단) 별명이 기분 나쁠 수
있다. 의미가 변질될 수 있다. 별명보다는 이름을 불러주는 것이
더 좋다. / (흥) 별명을 통해서 우리반만 공유하는 이야기가 생겨
서 좋다.

- 결정하기 : 마니또

4. 학급회의 마무리 짓기
   - 확인하기 : 모두 찬성
   - 발표하기 : 우리반이 교실에서 친구, 선생님과 친해지기 위해 어떤 활

동을 하면 좋을까에 대해서 마니또 활동을 하기로 결정하였습니다.
모두 소중한 비밀친구를 기대해주세요.

- 주의사항 : 모두가 활발하게 활동하여 소외되거나 서운한 사람이 없
게 하기, 돈보다는 마음을 쓰기

☞ 교사의 역할

- 유연하게 분위기를 환기시킬 수 있도록 한다. 넛지(nudge), 강압하지
않고 부드러운 개입으로 사람들이 더 좋은 선택을 할 수 있도록 유도
하는 방법
- 아이들의 관계성 살피기, 아이들의 성장 지점 확인하기

◆ OO중학교 학급자치에서 시작하는 학생자치[20]

학급자치가 활성화되어야 학생자치가 전반적으로 가능해진다. 교사의 민
주적인 회의문화에서 중요시했던 다름의 인정에 대한 허용적인 분위기와
참여는 학급회의에서도 똑같이 적용되어야 할 것이다. 이 과정에서 학생
들의 의견을 묻고 그들의 생각을 존중하며 직접 선택할 수 있도록 다양한
기회가 주어져야 한다.

교육과정에 학급자치 시간을 확보하고 그 시간 동안 충분히 학급자치가
운영될 수 있도록 지원하게 되면 학생자치가 발전해가는 결과를 쉽게 확
인할 수 있다. 학급 안에서 공동의 규칙을 만들기, 학급 공동체 놀이 등 학
급자치 시간을 통해 다양한 활동이 가능하다.

---

20. 경기혁신교육 10주년 《국제 콘퍼런스 자료집》 중에서 덕양중학교 이준원 교장선생님의 〈학
교 민주주의 꽃, 학교 자치〉 내용을 부분 발췌함.

- **허용적인 회의 분위기 만들기**

  학생들의 의견을 말하도록 하는 허용적인 분위기를 만드는 것이 중요하다. 그 속에서 나온 의견을 반영할 수 없다면 최대한 반영할 수 없는 이유를 설명해줌으로써 존중되어야 한다. 덕양중학교에서는 전체 회의를 통해 학교생활을 하면서 불편한 점을 학교에 편하게 이야기할 수 있는 창구를 만들었다. 학생들이 불편한 것들을 포스트잇에 써서 붙이고 공동의 관심사를 스티커로 붙여 가장 많이 나온 내용을 전체 회의를 통해 반영하도록 했다. 학생들의 요구가 무엇인지를 듣고 반영해주는 과정은 학생들 스스로 학교의 주인이라는 주인의식을 갖도록 해주었다. 또한 반영할 수 없었던 내용도 게시판을 통해 알림으로써 선생님과 학생들이 서로 이해하는 계기를 만들었다.

- **삶과 생활을 이야기하는 시간**

  학생들이 함께 서로의 삶과 생활을 이야기하는 시간을 확보하는 것은 중요한 일이다. 정기적인 학급서클을 통해 개인적인 이야기를 솔직하게 말할 수 있는 분위기를 조성하는 것은 학급 내 신뢰를 쌓는 데 도움이 되었고, 이러한 신뢰는 학생 간의 갈등이 발생해도 문제를 비교적 쉽게 해결할 수 있게 해주었다. 이렇게 학교 안에서 삶과 생활을 이야기하는 시간을 통해 공동체를 배우고, 그 과정에서 함께 약속하고 다시금 점검하는 시간을 갖는 과정은 모든 학생이 소외되지 않고 모두가 공동체 안에서 주인으로 성장할 수 있게 해주었다.

| 함께 숙의하고 성장하는 학급자치를 위해 |

〈어바웃 타임〉(2013)이라는 영화에서 주인공은 시간여행을 할 수 있다. 만약 실수를 하거나 후회가 될 때 조용히 비밀의 옷장 안으로 들어가면 실수 이전의 시점으로 다시 돌아가 성공적으로 실수를 만회하곤 한다. 물론 현실에서 이런 시간여행은 불가능하다. 학교생활을 하면서 여러 가지 어려움과 실패의 순간들을 만날 때면 그냥 훌쩍 도망치고 싶기도 했다. 그때마다 포기하지 않고 옷장에 들어가서 눈물을 흘리며 다시 성찰하고 함께 준비하여 조금씩 성장하는 경험을 반복하면서, 문득 영화 속 비밀의 옷장이 숙의의 시민교육과 비슷하다는 생각이 들었다.

앞서 잠시 언급했지만 그룹 홈에 살던 학생이 계속 물건을 훔치고 학급을 힘들게 해서 교사로서 무기력에 빠졌던 경험이 있던 차에 또다시 가정이 해체되어 그룹 홈에 살게 된 학생의 담임을 맡게 되었다. 두렵기도 했지만 이번에는 혁신학교에서 함께 협력하였다. 학급 학생, 학교 교사와 학부모, 지역사회단체, 상담교사, 교육복지사와 숙의의 시간을 가지면서 그 학생은 점차 행복한 학교생활을 하게 되었다. 단적으로 전년도에 무단지각만 100일이 넘었는데, 그 해는 결석이 단 하루뿐이었고 무단결석은 하루도 없었다.

함께 고민하고 성장하는 시민교육을 깊이 체험한 소중한 시간이었다. 영화처럼 시간여행을 할 순 없지만, 우리 삶 속에서 일어나는 일들을 숙의하고 성찰하는 과정에서 시민성이 실현되는 경험은

함께 행복한 민주적인 학급자치 모습 (학급서클 모임 및 학급활동)
비록 우리가 시간여행을 할 순 없지만 함께 고민하고 토론하고 성찰하는 과정을 거치면서 실수를 반복하지 않고 함께 성장해 나갈 수 있다.

가능했다. 생활교육에 대한 부분도 교사와 학생이 대토론회와 학급 협의를 통해 의견을 모아 함께 실천하기로 약속하고 규칙을 정하고 책임을 질 때, 성숙한 민주시민으로 자라가고 학교 분위기도 서로 존중하며 평화롭게 형성되어간다. 마음과 뜻을 모으고 협력하면 시간이 걸리더라도 함께 성장하고 회복할 수 있다. 우리의 삶은 문제의 연속이며 살아 있는 그 자체가 변화이다.

죽음과 항상 변화하는 삶의 본질을 회피할 때 우리는 필연적으로 삶 자체를 회피하는 것입니다. 죽음의 교훈, 즉 사랑하며 살아 갈 수 있는 시간이 제한되어 있다는 사실을 항상 의식함으로써

우리는 언제나 우리의 시간을 최대한도로 이용할 수 있으며 삶
을 가득 채울 수 있습니다.

- 《끝나지 않은 길》, M. 스캇 펙[21]

민주시민교육은 아직 끝나지 않은 길이다. 하나의 문제가 해결되
면 또 하나의 문제가 발생하는 등 변화무쌍한 학교 현장이지만, 교
육3주체와 마을이 더불어 성장한다면 학교와 학급에 싱그러움을
자랑하는 아름다운 민주주의 정원을 가꿔 나갈 수 있을 것이다. 민
주시민교육은 결코 거창한 뭔가가 아니다. 학교생활 전반에서 작
은 문제라도 함께 고민하고 토론하며 성장해 나가는 과정 속에 누
구나 자연스럽게 시민으로 성숙해지는 경험을 하게 될 것이다.

---

21. M. 스캇 펙, 《끝나지 않은 길》(김창선 옮김), 소나무, 1999.

03
사회적 실천과 시민교육
"사소한 것부터 주체적 시민으로서
실천해볼 기회를 마련하라!"

앞에서 이미 우리는 학교가 꽤 오랜 시간 비(非)시민을 양성하는 데 일조해왔다는 점을 지적하였다. 아울러 급변하는 사회 속에서 시민교육의 당위성에 대해 더 많은 사람들이 공감하고 필요성을 절감하고 있으며, 이러한 분위기 속에서 학교도 더 이상 시민교육을 외면할 수 없다는 것을 알게 되었다.

이제 많은 사람들이 학생을 "학교의 주인이자 교복 입은 시민"이라고 말한다. 하지만 이 그럴듯한 말과 달리 불행히도 우리 학생들은 학교에서 온전한 시민으로서 살아가지 못하고 있으며, 시민교육 또한 아직까지는 학교 현장에 깊이 뿌리내리지 못하고 있다. 왜 그럴까?

| 어디에나 있지만 또 어디에도 없는 학교 시민교육 |

교육기본법에서의 민주시민교육은 교육의 목적이자 총괄교육과정의 교육목표이다. 하지만 교육부에서 제시하는 민주시민교육, 정부의 국정 과제로써의 민주시민교육, 단위 학교의 창의적 체험활동에서 시행하는 범교과 속 민주시민교육의 개념과 범주가 각기 다르고, 사람마다 그리는 시민교육의 상조차 사회적으로 합의되지 않은 상태이다. 즉 학교에서의 시민교육은 어디에나 있으나 또 어디에도 없는 아이러니한 식물인간 상태인 셈이다.

▪ 높은 사회적 요구를 따라가지 못하고 있는 학교 시민교육의 현주소

실제로 우리 학교 현장에서 이루어지는 시민교육은 교육과정 중 창의적 체험활동 속에 범교과 10과목 중 하나로 인식되지만, 다른 법정 의무 시수에 밀려 그저 이름뿐인 형식적 교육으로 전락해버린 상태이다. 또 매년 늘어가는 행정 업무와 민원처리 때문에 교사들은 제대로 시민교육을 준비할 만한 신체적, 정신적 여유를 가질 수 없다. 무엇보다 교장도 교사도 학부모도 어느 누구 하나 민주적이고 평등한 관계 속에서 시민교육을 경험해본 적이 없다는 것도 간과할 수 없는 큰 문제이다.

상황이 이렇다 보니 현장에서 체감하는 시민교육은 공허한 말뿐이다. 즉 권한을 내려놓고 수평적인 관계를 나누며, 온몸으로 민주주의를 직접 체험하며 배우는 살아 있는 시민교육이 아니라 평화로운 과정은커녕, 역사적으로 민주화 과정이 그랬던 것처럼 학교가 가지고 있던 권력을 수평적으로 내려놓는 과정부터 엄청난 갈등이 일어나고 있다. 그리고 아마 이 과정은 앞으로도 분명 지난한 노력이 필요할 것이다.

교육계가 이처럼 제자리걸음만 반복하고 있는 가운데 정치·사회 분야에서는 민법, 즉 성인의 나이를 18세로 낮추려는 움직임이 있으며 총선을 대비해 18세 선거권 보장과 관련한 법안이 마침내 통과되었다. 학교와는 달리 시민교육의 사회적 요구는 나날이 높아지고 있는 것이다.

비록 상황 여건은 열악하지만 현장의 많은 교사들이 학교와 사회 속에서 청소년의 잠자고 있는 주체성, 비민주적인 의사결정 과정, 성차별 요소, 나이주의, 신자유주의 요소 등을 깨뜨리기 위해 고군분투하고 있다. 즉 학교에서 참여와 연대, 공동체와 실천을 지향하며 성숙한 시민을 기르기 위해 많은 고민을 하고 있는 것이다. 학교와 사회에서 민주적이지 않은 부분을 찾아 바꾸고 상대적으로 무시되었던 낮은 곳을 찾아서 높이기 위해 노력하고 있다.

그들의 노력은 분명 헛되지 않을 거라고 믿는다. 2012년 처음으로 학생인권조례가 시행될 때만 해도, 체벌이 없으면 교육계에 당장 큰일이라도 벌어질 것처럼 우려하는 뉴스들이 쏟아졌다. 하지만 이제 주변에서 학생을 체벌하는 학교문화는 완전히 사라진 것을 보면 현장에서의 노력들이 조금씩 시민성을 형성하며 한발 한발 나아가고 있다는 것이 자명하다.

| 학교에서 사회적 실천을 방해하는 걸림돌 |

지식 위주의 괄호들만 가득한 프린트 자료를 과감히 버리고 프랑스 시민 교과서처럼 현재 사회에 대한 감수성을 기르고자 노력하는 교사, 토론 수업을 통해 사회 참여에 대한 고민을 담아낼 수 있는 형태로 바꾸려는 교사, 수업의 구조를 학생 주도형으로 변화시키려고 노력하는 교사, 학생 의견에 대한 허용적 태도와 실패도 용인할 수 있는 문화 조성을 중요시하는 교사, 서로의 존엄을 존중하며 외모를 비하하거나 평가하지 않는 분위기 조성에 노력하는 교사, 미래의 시민이 아닌 오늘의 시민으로 현재의 사회문제에 관심을 가지며 학교에서 시민으로서 살아갈 수 있도록 다양한 프로젝트를 기획하고 실천하는 교사들이 있다. 참으로 다행한 일이다. 하지만 학생들을 성숙한 시민으로 이끌기 위한 이 모든 실천과 노력을 무색하게 만드는 사회적 실천의 걸림돌이 여전히 우리 학교에 존재하고 있음을 부인할 수 없다. 이는 크게 다음과 같이 5가지로 정리해볼 수 있을 것이다.

▪ 사회적 실천 걸림돌 1. 수업에서의 실천이 삶으로 확장되지 않아요

많은 교사들이 다양한 사회적 실천 프로젝트, 허용적 대화를 통한 소통, 사회적 이슈에 대한 다양한 논쟁 수업을 준비하며 시민교육을 실천하려고 노력한다. 그럼에도 불구하고 이러한 움직임이 학생의 일상인 학생자치, 학교자치로 즉시 이어지지는 않는다. 시민

성은 수업과 함께 조례, 종례뿐만 아니라 창의적 체험활동, 학급자
치, 학생자치 시간까지 전 방위적인 시민적 경험을 토대로 만들어
진다. 따라서 겨우 한두 번의 시민 프로젝트 수업만으로 극적 변화
를 기대할 순 없다. 배움이 일어나는 모든 공간과 시간 속에서 충
분히 시민성이 발휘될 수 있도록 눈에 보이는 수업이나 교육과정
뿐만 아니라 인간관계, 교실 환경, 학교문화, 구조적 시스템, 즉 잠
재적 교육과정이 민주적으로 조성되어 일상 속에서 마치 공기처럼
존재하도록 총제적인 노력이 필요하다는 뜻이다. 시민교육에 관심
이 많은 교사 한두 명의 노력만으로 이루어낼 수 있는 변화가 아니
며, 오히려 교사의 노력만 금세 소진되고 말 것이다.

• **사회적 실천 걸림돌 2. 교사 개인의 역량에 따라 달라요**
특정 교사에 국한하여 많은 사회참여 활동이 이루어지는 경우, 학년
이 올라가거나 해당 교사가 다른 학교로 인사이동을 하면 시민교육
은 원점으로 돌아갈 수 있다. 이렇듯 교사 개인의 역량에 기댄 시민
교육은 수동적이며 지속가능하지도 않다. 시민교육이 구조적으로
교육과정에서, 학교문화에서, 학교자치 영역에서 법적·제도적으로
시스템화되어야 하는 이유이다. 현재 학교의 시민교육에는 국가 수
준의 교육과정이 없다. 하위주제, 위계, 체계성도 없다. 교사에 따라
교육 내용과 방식이 제각각일 수밖에 없는 것이다.

막상 시민교육을 하려고 해도 어느 학년을 어느 주제로 몇 차시
해야 한다는 예시 자료조차 찾기 힘든 실정이다. 교육부나 일부 시

민단체에서 산발적으로 시민교육 관련 교재를 만들어 배포하고 있으나 자료들은 한군데로 모이지 않고 곧 흩어지고 만다. 늘 제자리이다. 이에 대한 반성으로 경기도에서 《더불어 사는 민주시민》 교과서를 제작하여 활용하고 있으나, 잘 만들어진 교과서만 구입한다고 학생들이 민주시민으로 성장하는 것은 아니다. 우선 같은 교과서라도 교사의 역량과 의지에 따라 교육 내용과 방식이 크게 달라진다. 주 1회 실시되는 이 시간의 대부분을 관련 영상 시청이나 자습으로 보내는 교사가 있는가 하면, 내가 사는 지역의 시민단체를 조사하고 인터뷰하거나 홈페이지에 댓글을 다는 활동을 경험하게 하는 교사도 있다. 그러니 현재 이루어지고 있는 학교 시민교육은 어떤 교사를 만나느냐에 따라 복불복인 셈이다.

▪ 사회적 실천 걸림돌 3. 교사가 가진 틀을 깨기 어려워요

인정하기 싫겠지만, 우리 교사들의 의식 속에도 분명 프로크루스테스(Procrustes) 의 침대[1]가 자리하고 있다! 생각보다 꽤 많은 교사들이 자신이 생각하는 학생상에 아이들을 억지로 끼워 맞추려는 경향을 보인다. 교사들은 촛불혁명이나 광장에서는 분명 민주시민의 모습이지만, 오랜 시간 자본주의, 경쟁, 양극화, 시장 중심, 가부장적 남성사회 속에서 길들여진 탓에 일상적인 삶으로 돌아오면

---

1. 그리스 신화에서 지나가는 나그네를 집으로 데려와 쇠침대에 눕히고 침대 길이보다 짧으면 다리를 잡아 늘이고 길면 잘라버렸다는 악당 다마스테스의 이야기에서 유래된 것으로, 다른 사람의 생각을 억지로 자신의 일방적 기준에 맞추려는 횡포나 독단을 말함

자신도 모르게 그 틀에 다시 빠져버리게 되는 것이다. 이런 상황에서 학생이 학생답지 않을 권리도 인정한다거나, 있는 그대로 한 명의 시민으로 존중하며 바라보는 관점을 유지하기란 결코 쉽지 않다. 시민교육을 한 번도 경험하지 못한 교사들이 시민교육을 해야 하는 문제가 바로 여기에 있다.

• 사회적 실천 걸림돌 4. 갈등을 견딜 만한 용기가 필요해요

시민교육은 원래 시끄럽다. 이상적인 시민의 모습처럼 평화롭게 나타나지 않는다는 뜻이다. 원래 민주주의가 치열한 투쟁과 희생의 결과물이 아니던가. 학교의 여러 관료적 분위기, 관행적 문화 속에서 학생인권과 존중, 참여를 이끌어내려면 다양한 갈등을 견뎌낼 수 있는 역량과 태도가 필요하다. 우리나라는 선진국 중 유일하게 교사·공무원의 정치참여를 전면 봉쇄하는 나라이며, 심지어 현안에 관한 교사의 개인적인 의견 표명조차 자유롭지 못한 형편이다. 이런 학교 분위기 속에서 시민교육이라는 이름으로 여러 활동을 한다는 건 교사에게 꽤나 부담스러운 일이다.

"민주시민으로서 필요한 자질을 갖추게 한다"는 교육기본법은 막상 현장에서 공허한 구호로만 들릴 뿐이다. 논쟁적인 주제를 교육에 포함하라는 보이텔스바흐 합의는 진보교육감들 사이에서 유행처럼 번지고 있지만, 정작 광주의 모 교사는 교실에서 논쟁적 주제를 다뤘다는 이유로 학부모, 보수적 시민단체의 지속적인 민원에 시달리다 결국 직위해제되고 말았다. 학생이 아직 미숙해서 현실의 복잡한 사회를 이해하기 힘들고, 어린 마음에 감정에 휩싸여 즉흥적이고 잘못된 행동을 자극할 수 있다는 이유였다. 이런 현실 속에서 용기 있게 논쟁적 주제를 다루며 시민성을 탐구하는 교육활동을 지속할 수 있는 교사가 과연 몇이나 될까? 이런 상황에서 학생들은 현실 사회와 권력에 관해 깜깜한 정치적 문맹자로 졸업한다.

▪ 사회적 실천 걸림돌 5. 학생이 주도하는 시민교육이 어려워요

학교에서 비민주적인 것들을 찾아서 함께 없애기 위한 노력들이 나타나고 있다. 하지만 아직도 교사가 주도해 프로젝트와 실천 행동을 기획하고 학생을 대상화하는 식의 시민교육 프로그램이 많다. 시민교육은 교육 자체가 민주적, 즉 기획부터 학생들의 주체적 참여가 필수이다. 하지만 과연 잘 해낼 수 있을지 걱정이 앞선 나머지 주도권을 넘겨주지 않는 경우가 많고, 아이들 눈높이에 맞는 실천보다는 교사의 관심에 따라 이리저리 재구성되는 교육활동이 대부분이라 효과가 반감되며, 때론 일회성 이벤트로 끝나버리는 무늬만 시민교육에 머물기도 한다. 교육을 둘러싼 어른들의 각종 이해관계 속에서 정작 학생의 목소리는 찾아보기 힘들며, 학생들은 시민교육에서조차 단지 교육받아야 하는 존재로 대상화되고 있다. 어른들이 만들어놓은 학생다움을 강제하고 질문 없이 주입하고 있는 것이다. 이러한 학교에서 형성되는 시민성은 민주성과는 당연히 거리가 멀 수밖에 없다. 학생들은 학교에서 수동성, 무기력, 우울, 체념을 경험하고 냉소적인 시민성을 습득하게 될 것이다.

| 순종이 아닌 사회적 실천을 도모하는 교실 속 시민교육 |

급변하는 사회 변화에 수동적으로 휘둘리는 것이 아니라 능동적으로 대응하기 위한 시민성을 신장시키려면 학생들이 자기주도적으로 계획하고 주도적·협력적으로 참여할 수 있는 **사회적 실천의 장**이 필요하다. 하지만 우리나라의 학교 구조와 문화 속에서 아이들이 학교에서 느끼고 경험해서 형성되는 시민성은 "가만히 있으라"에 순종하는 시민성일 것이다.

이는 결국 온갖 사회적 불평등과 부조리에 귀를 막고 눈을 감은 채, 사회적 약자에 대한 무분별한 혐오와 증오로 이어지기 쉽다. 아울러 치열한 입시 경쟁하에 많은 학생들이 자해, 자살, 자퇴, 학교폭력을 떠올리며 힘겹게 버티는 현실 속에서 '어차피 우리는 해도 안 돼…'라는 냉소 가득한 시선만 키우고 말 것이다. 이것은 진정한 시민성과는 거리가 멀다. 이러한 지금의 학교 구조 속에서 이루어지는 일회성 이벤트와 같은 시민교육으로는 재능이 아니라 감정을 존중하는 학교, 사람의 존재를 온전히 긍정하는 시민성을 기반으로 한 학교로 변화하기 힘들다.

그래서 학생들의 사회적 실천을 위한 수업 속 시민교육을 다음과 같이 3단계로 제안하고 싶다. 우선 수업에서 민주성을 바탕으로 시민적 감수성을 높이는 단계, 수업을 통해 사회적 실천하는 단계, 그리고 마지막으로 교육 공동체나 지역 공동체와 함께 연대하여 행동하는 단계로 확장할 수 있다.

교실 속 3단계 시민교육

먼저 감수성을 키우고, 이를 바탕으로 사회적 참여를 하고 끝으로 공동체와 연대하여 행동하는 단계를 거쳐야 한다. 그렇지 않은 일회성 실천만으로는 시민성을 깨울 수 없다.

| 1단계: 수업에서 시민적 감수성 높이기 |

우선 첫 번째 단계는 **시민적 감수성**을 높이는 것이다. 즉 학생들이 일명 '꼰대'로 지칭하는 교사 권력, '어린놈이 뭘 알아?'로 대변되는 교사의 지배적인 눈, 누구 하나는 찌질하게 만들어야 직성이 풀리는 학생 간 왜곡된 권력 게임 속에서 눈치만 살피며 억눌려온 인권, 민주주의, 사회에 대한 예민한 감수성을 기르는 단계이다. 타인에 대한 공감이나 위로, 사랑의 경험에 앞서 치열한 경쟁과 쉼 없이 돌아가는 사교육으로 밀어 넣는 사회 분위기 속에서, 내가 모르고 있는 학교 권력, 우리의 인권에 대해 배움으로써 시민적 감수성과 권리에 대한 민감성이 자리잡도록 해야 한다.

주변에서 벌어지고 있는 다양한 인권침해나 부당한 사회현상, 권력, 억압에 대해 자신의 생각을 자유롭게 이야기하고 토론할 수 있도록 수업 안에 녹여내야 한다. 그리고 수업과 함께 여러 가지 활동을 통해 친구들과의 관계 속에서 권리에 대한 갈등과 이를 둘러싼 대화와 타협, 존중과 다양성에 대한 경험을 하도록 재구성하는 단계가 지속적으로 제시되어야 한다.

만약 감수성을 높이는 첫 번째 단계 없이 곧바로 두세 번째 단계로 넘어가면 단순 이벤트로 끝나버리기 쉽다. 따라서 수평적으로 권력을 나누고 서로의 생각을 주체적으로 자유롭게 이야기하며 민주적 시민적 감수성을 기를 수 있는 충분한 시간과 문화 조성이 필수이다. 그러기 위해서는 매일 만나는 교과 수업 속에서 일상의 공기처럼 녹아 있어야 한다. 인간의 조건(환경실천 프로젝트), 학교에서 정당 만들기, 평화와 인권을 주제로 공동작품 만들기, 시나리오 기획부터 촬영까지 인권 영화제 프로젝트 등을 통해 사회문제에 대해 공감하면서 예민한 시민적 감수성을 키울 수 있다.

시민교육의 주요 목적 중 하나는 현재 삶 속의 사회참여를 통한 실천인 만큼 학생들이 실제로 경험하도록 하는 것이 중요하다. 정답을 미리 만들어놓고 여기에 맞춰 나가는 수업이 아니라 주제를 주고 그 주제에 맞게 아이들이 자신의 생각을 제시하는 한편 친구들의 이야기를 경청하고, 토론을 통해 함께 방향을 찾아가야 한다. 즉 정답은 하나가 아니라 여러 가지가 있음을 스스로 인지하고 깨닫는 **감수성 교육**이 필요한 것이다. 이를 위해 시민적 관점에서의 개별 교과의 수업 재구성이 필요하다. 다음에 시민 감수성을 높이기 위한 1단계 수업 실천 사례를 몇 가지 제시하였다.

시민 관점의 수업 구조로 바꾸기(프랑스 시민 교과서 방식)

많은 교사들이 교과서 외의 학습 자료를 제시하거나 학습의 재구성 및 학습의 정리를 위해 학습지를 제작하여 활용한다. 하지만 이들 학습지는 대체로 주요 핵심개념에 괄호 넣기, 초성 넣기를 통해 개념을 확인하는 등의 지식 위주다 보니 시민 감수성을 신장시키기 어렵다. 지식이 삶과 연계되지 못한 채 단순 암기로 끝나기 때문이다.

한편 프랑스 시민 교과서의 전개 과정에 따라 아래 모식도와 같이 수업을 구조화하고 학습지를 구성하여 적용할 수도 있다. 수업의 도입부에 주제와 연결된 현재 사회의 모습이나 상황을 제시하고, 이에 반응할 수 있도록 구조화한다. 그 후 여러 정보를 통해 상황에 대한 판단을 개인적으로 내리고 모둠별로, 전체적으로 논쟁적인 토론활동을 한다. 이후 생각의 변화를 발표하고 이 이슈에 대해 어떻게 행동으로 옮길 것인지에 대해 이야기를 나누는 과정으로 수업을 디자인할 수 있다.

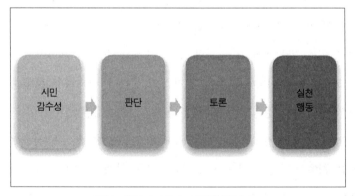

프랑스 시민교과서 연계 시민수업 4단계 구조

주제: 함께 살기	<오늘의 시민과 함께하는 사회수업>

(감수성) 나는 상황에 반응합니다
- 학교에서 타인에 대한 존중, 왕따의 피해
  학생
- 교육을 위한 Malala의 전투
(권리와 규칙) 나는 규칙을 이해합니다
 - 중학생의 권리와 의무, 왕따에 대응하기
 - 아동권리협약
(판단) 나는 우리 반과 함께 생각합니다
- 왜 라이시떼 헌장이 필요할까?
(토론) 나는 토론 합니다.
- 학교폭력을 어떻게 저지할 수 있을까?
- 세상에서 여자아이들이 남자아이들과 같
  은 권리를 가지고 있을까?
(참여) 나는 행동에 착수합니다.
- 나는 몰상식한 행동을 고발하는 역할을
  맡습니다.
- 나는 교실에서 도움 공동체를 조직합니다.
- 나는 아동인권에 대한 포스터를 제작하고
  게시합니다
★ 나는 주제에 대해 되돌아 봅니다.
	(손글씨로 작성된 학습지)

프랑스 Cycle 4 교과서 목차 예시	시민 관점 프린트 적용

사회참여 독후활동 프로젝트	시민 감수성을 키우는 공공미술활동

시민 감수성을 키우기 위해서는 지식 위주의 수업만으로는 곤란하다. 따라서 시민 교육에서는 지식을 삶과 연계시키기 위한 다양한 노력이 필요하다.

시민 감수성과 실천의식을 향상시키는 다양한 학생 참여 사례 제공

선거 연령 하향 요구는 청소년을 동등한 시민이자
사회 구성원으로 인정해 달라는 호소입니다.
참정권은 이 사회 모든 사람들에 대한 존재의 인정입니다.

-2018년 청소년 참정권을 요구하며 삭발 시위에 나섰던 청소년 김윤송

우리나라의 학교문화는 오랜 시간 순종적 시민성만을 강조해왔다. 말하자면 순종적이고 모범적인 학생상을 만들어놓고 수업시간에 사탕이나 상점, 칭찬 스티커로 기존의 틀을 강요하는 식이다. 그 결과 학교에서는 '어차피 우리는 해도 안 돼'라는 냉소 가득한 시민성이 형성되고 있다. 이에 아래와 같은 다양한 학생 **사회참여** 기회를 제시함으로써 학생의 시민 감수성을 깨우는 수업이 필요하다. 청소년의 다양한 사회참여 사례를 통해 '우리도 할 수 있다'는 시민 감수성과 실천의식이 신장될 수 있다.

성남의 한 고등학교 동아리 학생들이 위안부 문제를 알리는 광고를 실어 화제다. 버스 뒷좌석에 부착된 광고물에는 "우리가 무관심하면 정의도 없다!"는 문구와 함께 현재 진행 중인 우리의 아픈 역사를 잊지 말아야 함을 안내하며 일본의 진심 어린 사죄를 촉구하는 내용이 실려 있다.

-위안부 문제 버스 광고 실은 고교생들. 《아시아경제》. 2017.08.14.

"밤이 되면 어두운 도보로 인해 주민뿐만 아니라
통행 빈도가 높은 OO고 학생들의 불편이 심화되고 있습니다."
이는 OO지역 중고등학교 학생 6명이 제안한 정책 제안서 내용이다.
이 제안으로 현장의 목소리가 지방의회로 전달되어 어두워지면 길바닥에

'특별순찰구역'이라는 문구가 환하게 켜지는 로고젝터가 설치되었다.

-학생들의 목소리가 정책에 반영됐다 《연합뉴스》. 2019.04.24.

소년참여포탈(With Youth) 소개	성평등 관련 다큐가 많은 사이트 소개

실천 사례 3

시민적 배움을 표현하기(시민 영화제, UCC 발표회)

학생들의 시민 감수성이 신장되면 자연스럽게 사회문제에 대한 관심이 높아지고 자발적으로 참여하고자 하는 의식 또한 신장된다. 수업에서 시민의 문제를 협력적으로 해결하는 학습으로 연계할 수 있으며, 시민적 배움을 표현할 기회를 제공할 수 있다. 민주주의를 이론이 아니라 생활 속에서 느끼고 나누며 성찰할 수 있는 경험의 시간이 필요하므로 교과별 교육과정 재구성을 통해서도 좋고, 교육과정 취약 시기인 7월이나 12월에 학교 특색 프로젝트로 운영해도 좋다. 다음은 시민 영화제를 통해 학생 시민으로서의 목소리를 표현할 수 있도록 시민 영화제를 운영한 것이다. 그 과정은 다음의 모식도와 같다.

시민 영화제 수업 과정

2019학년도 시민 융합 프로젝트 수업 운영 계획

I 목적

1. 교과 간 인문예술 융합수업을 통하여 시민성과 창의성, 문제해결력 증진
2. 학생들이 주도적으로 인문·예술 융합적인 예술을 표현하여 창의적 상상과 소통능력 향상
3. 영화나 UCC를 매개체로 영상을 스스로 제작하여 발표함으로서 서로 소통할 수 있는 기회를 통해 수업 참여의 협력적 즐거움을 신장

II 시민 융합 프로젝트 수업 운영계획

1. 대상: 3학년
2. 일시 및 장소: 2019.7.17.(수) 3교시, 시청각실
3. 관련교과: 사회+미술+기술가정+과학+음악
4. 더 주제: 우리의 예술을 표현해요 인권 시민 영화제 발표회
5. 소주제: "우리 사회의 변화가 필요한 곳" 중 모둠별 주제선택
   가) 시민 참여 활동들
   나) 학생 인권과 참여
   다) 여성 인권이나 소수자 문제
   라) 함께 지켜야할 규칙이나 제안 사항
   마) 자율주제 등
6. 일정
   · 1차: 홍보 및 준비 5월부터 (사회교과, 모둠설계 및 주제 선택)
   · 2차: 7월 11일 목요일(5~6교시)스토리보드 제작
   · 3차: 7월 12일 금요일(1~2교시)영상 제작
   · 4차: 7월 15일 월요일(3교시) 인권 시민 영화제 발표회
7. 발표회 심사위원: 학생 대표 9명, 교사 대표 9명

III 예산 계획

1. 예산액: 900,000원
2. 인권 시민 영화제 발표회 우수학급 시상
   가) 시상 내역: 최우수작품상, 우수작품상, 남우주연상, 여우주연상, 인기상
   나) 예산 내역: 50,000원×9학급 = 900,000원
   다) 인권자치부/자율활동/(창의)학생창의지도운영 - 교육운영비/학생주도성프로젝트 활동

2019 시민 영화제 발표회 운영 계획

인권 영화제 준비

사회 참여 UCC 발표회

영화제의 목적은 무엇보다 학생들이 한 사람의 시민으로서 자신의 목소리를 낼 수 있는 기회를 제공하는 데 있었다.

| 2단계: 수업에서 사회적 실천하기 |

시민 감수성을 충분히 고양시켰다면 학생들은 스스로 문제의식을 깨닫고 개선하고자 하는 의지를 갖게 되었을 것이다. 그렇다면 두 번째 단계는 **사회적 참여** 단계이다. 이는 수업과 학교생활에서 현재 우리가 살고 있는 지역과 사회를 바로 알고 이해하며 참여하는 단계이다.

두 번째 단계에서는 탐구 수업, 토론 수업, 자기 생각 만들기 수업 등의 과정을 통해 시민적 감수성을 바탕으로 공감했던 사회적 이슈에 대한 다양한 실천 기회를 가질 수 있어야 한다. 즉 교과 및 창의적 체험활동(동아리, 진로 등)으로 이어지도록 구성한다. 이를 통해 학생들이 시민으로서 민주적인 사회를 만들어가는 데 당당하게 동참하는 경험을 갖게 하는 것이다.

예컨대 기부활동 및 캠페인부터 성평등 사회를 위한 인터넷 서명운동, 행정기관에 온라인 청원하기, 사회운동에 참여하고 활동하기, NGO 단체의 활동에 참여함으로써 학생들은 시민으로서 생각하고 행동하는 능력을 높이고, 함께 문제를 인식하고 이를 해결하기 위한 방안을 모색하는 방법을 알아가게 된다. 나아가 알고 있는 것을 실천하는 능력, 비판의식과 대안 찾기, 삶의 주체로서 사회에서 주인 되기, 문제 상황에 대한 판단과 개선 능력, 공적 의사결정에 참여하는 능력이 신장될 것이다. 아래에 사회적 실천과 관련된 수업사례를 몇 가지 소개한다.

시민으로서의 작은 실천, 사회적 행동 참여하기

• 기부활동에 참여하기

한 번의 훌륭한 민주주의와 기부활동의 경험일지라도 시민을 그 이전의 삶으로 돌아가기 어렵게 만든다고 한다. 다음 수업은 모둠별로 주제를 정해 기부활동에 참여를 기획하고 실천하여 의미 있는 곳에 수익을 전달하고자 기획되었다. 의미 있는 사회운동이나 관심을 기울여야 하는 세계시민운동에 대해 조사하고, 해당 사회운동에 대해 소개한 후 경매활동, 아나바다 장터, 음식 판매와 같은 오프라인 방법이나 온라인의 '가치같이'와 같은 기부 프로그램을 통해, 교육 공동체와 함께 소액이라도 사회운동에 기부하고 사회운동에 참여하는 경험을 가지도록 하였다. 학생들은 사회 참여를 위한 기부활동에 적극적으로 참여하였으며 상당한 관심을 보였다. 이러한 수업활동을 통해 다양한 사회운동이 존재하고, 다양한 기부 행사가 있음을 깨닫고 시민으로서의 작은 실천이 사회를 바꿀 수 있다는 소중한 시민적 경험을 할 수 있다.

| 기부를 위한 경매활동 | 공정무역을 위한 기부활동 |

때론 한 번의 의미 있는 민주적 경험으로 학생의 삶과 앞으로 인생을 살아가는 자세 등을 크게 바꿀 수도 있다.

• 사회운동에 참여하기

다음 수업사례는 성남의 한 혁신학교에서 전문적 학습공동체를 통해 학년별 시민교육 주제통합 교육과정 재구성을 실천한 프로젝트 수업이다. 아래의 교육과정에서 볼 수 있듯이 수업을 통해 학생들은 다양한 정치활동에 직·간접적으로 참여할 수 있었다.

	시기	과목	차시	주제	내용
주제통합수업	12월	사회	2	평화인권	정치 참여의 방법과 실천 (정대협-100만인 나비달기운동 및 기부)
	11월	역사	4		위안부 관련 역할극하기
	12월	미술	4		평화를 위한 창의적 캠페인 홍보물 제작
프로젝트 (창체)	12월	창체	7		수요집회 참여. (피켓, 토론, 발표문 / 전쟁과 여성인권박물관 체험 및 교육
	12월	창체	1		〈체험 후 사회 참여〉 내가 소녀상이다! 활동

기금 모으기 장터	100만인 나비달기 운동	홍보물 제작
수요집회 참석	전쟁과 여성박물관 체험	내가 소녀상이다! 활동

수업을 통해 학생들은 직·간접적으로 다양한 정치활동에 참여해볼 기회를 가질 수 있었다.

• NGO단체에 참여하기 (사회적 기업 만들기)

다음은 경기도 ○○중학교에서 중학교 3학년을 대상으로 실시한 사회참여 및 실천 수업이다. 교육과정 재구성을 통해 동료 교사와 프로젝트를 기획하였으며 수업 및 평가, 기록이 연계되도록 구성하였다. 또 사회참여에 관심 있는 아이들과 만든 자율동아리 활동과 연계하였다.

구분	단원	차시	주제	내용
공동체와 함께하는 사회참여 프로젝트	더불어 사는 세계	2	불공정한 세상 밖으로!	세상에 100명의 사람이 산다면? 프로젝트 소개
		5	모둠별 사회 참여 활동	공정한 세상을 만들기 위한 우리들의 아이디어를 공동체와 함께 실천하기
		1	사회 참여 프로젝트 발표회	우리가 실천한 사례를 공동체와 함께 공유하기
자율 동아리 연계		5	시민사회 단체와 연계 활동	아름다운가게 사회적 기업 만들기 활동
		1	〈체험 후 활동〉 사회적 실천	사회적 기업 만들기 (레모네이드 판매 후 기부활동)

레모네이드 사회적 기업 만들기

NGO단체와 연계하기

학생 자신의 삶이나 관심사와 배움을 연계시킬 때 교육 효과는 한층 배가된다.

개선이나 문제해결을 위한 의견을 적극적으로 제안하기

•행정기관(구청)에 제안하기, 탄원하기

다음은 학생들이 우리 동네 버스 정류장 디자인을 제안하는 행동 사례이
다. 이 지역은 지역 브랜드가 없으며, ○○시의 지역 브랜드를 통합해서 같
이 쓰고 있지만, 동떨어진 이미지와 공감이 가지 않는 브랜드 때문에 지
역에 대한 대표성을 갖지 못한 상태였다. 학생 중 한 명이 사회 수업시간
에 지역 브랜드에 대해 학습한 후 왜 우리 지역에는 지역 브랜드가 없는
지에 대해 질문했고, 이를 수업 중에 실천해보자는 의견 제시를 계기로
행동으로까지 실천하게 된 것이다. 우리가 사는 지역의 특성을 조사하고
미래 지향적인 내용을 추가하여 자랑스러운 지역의 브랜드를 제작하여
학교 공동체와 공유하여 행정기관에 제출한 최종 작품을 선정하였다. 이
후 ○○구청에 제안했고, 구청에서는 이에 대한 제안을 검토 중이다.

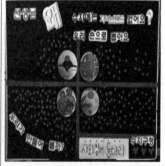

| 구청에 제안할 디자인 선정하기 | 구청에 적극적으로 제안하기 |

학생들은 문제점을 발견하는 것에 머물지 않고, 이에 대한 해결 방법을 적극 구안하
고 직접 제안하기도 했다.

• 우리 동네 인권 취약지역 설문조사로 사회적 실천 제안하기

학생인권이 우리가 살고 있는 지역에서 잘 지켜지고 있는지에 대한 설문 조사를 실시하고, 어느 지역에서 학생의 인권이 잘 안 지켜지고 있는지에 대해 분석한 사례를 소개한다. 학생인권조례와 세계인권선언문에 나타난 인권의 예를 제시하고, 당연히 지켜져야 할 인권이 아직 보장되고 있지 않는 지역에 대한 설문조사(중학교 학생 대상, 2019) 결과, 248명 중 60.5%에 해당하는 학생들이 학교에서 가장 인권이 보장되고 있지 않다고 응답하였으며, 그 다음으로 인권 취약지역으로 꼽힌 곳은 29.8%가 나온 학원이었다. 그 밖에 부모님, 친구, 아파트, 편의점, 카페의 순으로 나타났다.

시민교육의 장이 되어야 할 학교가 아이러니하게도 일상적으로 인권 침해가 발생하는 곳으로 나타난 결과를 보니 교사와 학생의 인권에 대한 인식 변화와 상호 소통을 통한 개선이 시급하다는 것을 알 수 있었다. 설문 결과에서 한층 더 심각한 것은 학원의 인권침해 사례였다. 학교는 그나마 개선의 의지와 인권교육에 대한 움직임이 발견되고 있으나 학원의 경우 학교에서 이미 사라진 물리적 폭력과 폭언이 나타나고 있었으며, 쉬는 시

| 우리 동네 인권별 취약 지역 설문조사 | 우리 동네 인권 취약 지역 지도 |

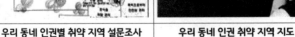

학생들은 직접 발로 뛰며 지역 내 학생 인권이 취약한 사각지대들을 조사하고 이를 지도로 만들어보았다.

간이나 복지에도 매우 취약한 것으로 나타났다. 이 설문 결과와 우리 동네 인권 취약 지역 지도를 학교 게시판이나 학급에 공유하여 인권에 대한 감수성을 높일 수 있도록 하였다.

• 기업에 항의 편지쓰기

학생들이 한 사람의 소비자로서 사회적으로 정의롭지 못한 행동을 한 기업을 향해 적극적인 시정을 요구하는 활동들도 실천해볼 수 있다. 기업에 비해 사회적 약자일 순 있으나, 적극적인 행동과 시민 연대를 통한 불매운동이나 시정 요구 활동으로 사회를 바꿀 수 있음을 인지하고 행동에 옮기는 활동을 할 수 있다는 뜻이다. 교과서를 보더라도 성 인지 감수성이

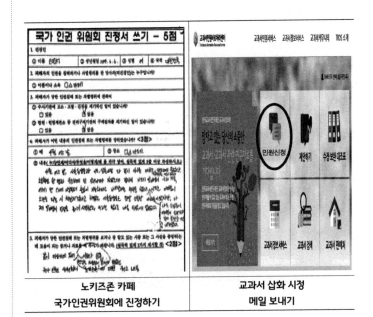

노키즈존 카페 국가인권위원회에 진정하기	교과서 삽화 시정 메일 보내기

시민적 감수성을 바탕으로 학생들은 비판적인 관점을 견지하며 잘못된 점을 적극 시정하고자 하는 실천으로 이어졌다.

낮은 교과서, 성차별 표현이나 삽화가 많은 교과서, 장애인이나 다문화에 대한 이해가 부족한 교과서들도 많다. 교과서에서 성역할 고정관념을 조장할 수 있는 삽화나 여성, 장애인, 탈북민 등을 시혜적(施惠的) 태도로 바라보거나 수동적인 존재로 인식하는 본문에 대해 시민적 감수성을 바탕으로 비판적인 관점으로 인지할 수 있으며, 이를 시정하고자 하는 실천으로 연결할 수 있어야 한다. 일회성 이벤트가 아니라 지속적으로 시정을 확인하고 계속 관찰하는 과정도 시민 역량을 신장할 수 있다.

• 착한 기업 칭찬하기

기업활동에 대한 비판적인 시각도 중요하지만, 선한 기업이나 정직한 기업에 대한 칭찬도 사회를 선하게 바꾸는 활동이 될 수 있다. 선한 기업 찾기 수업을 통해 칭찬 편지를 보내는 것도 좋은 사회참여 실천활동의 하나이다. 예컨대 과자의 용량을 비교하여 과대 포장을 하지 않는 기업, 세계적 · 사회적 문제에 앞장서는 기업, 장난감 같은 상품을 만들 때도 상업적 목적보다는 시민적 감수성에 맞는 균형적 시각에 기반하고 있는 기업, 미덕을 행하는 사회적 기업에 대해 모둠별 조사 후 소개하는 시간을 가지고, 이후 기업 사이트에 선플이나 칭찬의 글을 남김으로써 시민으로서 선한 영향력을 행사할 수 있다.

| 3단계: 공동체와 함께 연대하기 |

수업에서 학생들의 실제 사회참여를 도모했다면, 이제 마지막으로 **공동체와 함께 연대하여** 행동하는 단계이다. 주제 선택부터 기획, 홍보, 발표, 실천까지 학생들이 시민교육의 주체로서 공동체와의 공동 작업을 통해 시민으로 행동하는 단계이다. 예컨대 교육 공동체와 함께 우리가 살고 있는 지역과 학교를 바꾸기 위한 정책 제안과 조례 제정에 참여하기, 학교 대토론회를 통해 학교의 주체로서 공동체와 연대하여 행동하기, 다른 시민단체와 연대하여 사회적 행동하기 등을 통해 협력적 의사결정 능력, 자율적 문제해결 능력, 책임감과 같은 사회적 역량을 키울 수 있다.

실천 사례 1

우리 학교의 문제를 함께 해결해요

시민의식은 학교에서 실제 시민으로서 존중을 받는 경험을 통해 자연스럽게 형성되는 것이다. 학급자치나 교과에서의 다양한 경험을 쌓으며 점차 시민으로 성장하면 학생들은 비민주적인 예전으로 되돌아갈 수 없게 된다. 일상 속에서도 권력 관계에서 벗어나 권력의 분권, 자치를 통해 학교에서 주체로서 변화되는 것이 중요하다는 의미이다. 시민을 키워내는 민주적 학교로의 변화는 획일적일 수 없다. 아울러 교사 혼자 이끌 수도 없으며, 일상의 영역에서 미시적으로 나타난다. 그러므로 학생과 교사가 연대하여 수평적으로 권한을 나누고 함께 민주적인 학교를 만들어갈 때 비로소 함께 시민으로서 성장할 수 있다.

•학생 중심 공간으로 바꾸기
학교는 교육의 본질과 학생의 행복, 흥미에 집중하고, 교사는 권력과 지배를 버리고 수평적인 공간에서 배움이 활력을 띨 수 있도록 학생 스스로 선택하여 몰입할 기회를 주어야 한다. 나아가 자유로운 의사표현이 가능

한 공간을 조성할 필요가 있다.

도구적 이성이 지배하는 경쟁사회의 삶이 아닌 교육의 본질인 사람답게 사는 삶을 추구할 수 있도록 학생의 삶을 중심으로 공간을 재구조화하는 노력을 하고 있는 학교들이 점차 생겨나고 있다. 이런 학교는 모두에게 열려 있는 광장과 같은 공간과 휴식의 권리를 누릴 수 있는 놀이의 공간 모두 학생의 의견 수렴을 통해 조성된다. 나무 하나에도 학생들의 삶과 상상 그리고 이를 무한히 지원하는 학교의 마음이 오롯이 담긴 공간을 느낄 수 있다. 강원도의 가정중학교도 학교를 학생 중심 공간으로 바꾼 대표적인 사례로 꼽을 수 있다. 예컨대 움직이는 가변적 벽으로서의 칸막이, 파티션에는 공부했던 내용이 가득 붙어 학습 성과가 축적되는 모습을 보인다. 학습활동에 어울리는 장소 및 공간에서 서로 배움이 나타난다.

학생 중심 가변적 공간 구성(가정중학교)

학생 중심 독서공간 구성(간디학교)

학생 중심 휴식공간 구성(간디학교)

학생 중심 휴식공간 구성(가정중학교)

교육의 본질인 사람답게 사는 삶을 추구하며 학생들의 삶을 중심으로 공간을 재구조화하는 학교들이 늘고 있다.

교사와 학생은 교실과 학습공간에 대해 끊임없이 의논하고 토론하여 제안하는 과정이 필요하다. 이러한 과정 자체가 민주시민교육이다. 기존의 지시적·일방적 의사소통 방식에서 벗어나 친구들과 서로 배우는 공동체로 만들기 위한 공간의 변화도 필요하다. 또한 생활공간과 학습공간을 융합한 공간에 대한 논의도 필요하다.

우리나라 대부분의 학교는 각 공간이 튼튼한 자물쇠로 굳게 잠겨 있다. 학생의 개인적인 공간이라고 해봐야 사물함과 좁디좁은 책상 정도만 해당될 뿐이다. 그러니 학생들은 자꾸 화장실이나 건물 뒤편, 체육관 뒤 등 음지로 모여든다. 게다가 학교에서 일어나는 비행의 상당수가 이런 음지에서 자주 일어남을 간과할 수 없을 것이다. 자신의 공간이 없다고 생각한 학생들이 학교에서 숨을 곳을 찾게 만들 것이 아니라 학교 전체를 그들의 공간으로 인식하게 만들려면 학교 전체가 학생들에게 한층 개방적인 공간으로 탈바꿈할 필요가 있다. 예컨대 간디학교의 도서관 내의 휴식공간, 가정중학교의 복도 휴게공간 등은 학생들이 학교에서 지내고 있는 흐르는 시간이 함께 공간에 디자인된 좋은 예이다.

• 학교 공동체와 함께하는 대토론회

민주시민은 결과로서 구현되는 것이 아니라 공동체가 끊임없이 함께 만들어가는 과정에서 형성되는 것이다. 하지만 학교는 알다시피 하루하루 다람쥐 쳇바퀴 돌 듯 돌아가는 시스템이다. 학생들의 빼곡한 시간표만 봐도 알 수 있듯이 교육 3주체가 모여 허심탄회한 대화나 의사소통할 시간이 현실적으로 매우 부족하다. 하루에 6~7교시 수업을 한 후 여러 회의까지 하다 보면 솔직히 너무 지치고 힘들어서 회의를 한다고 해도 형식적으로 마치기 쉽다.

형식적인 회의에서 벗어나려면 우선 충분한 시간과 공간을 확보한 후, 교사에 의한 처벌 위주의 학교제도에서 벗어나 공동의 비전을 바탕으로 학생들이 주체가 되는 정기적인 회의 및 다모임, 대토론회 시간을 확보해야 한다. 이를 통해 학생들의 학교생활은 삶이 공유되는 공간이 되고, 또 공동체로서도 기능하게 된다. 민주주의는 소수의 탁월함에 대한 저항이라는 의미를 가지고 있으므로 다수의 의견을 수렴하여 우리 학교의 문제를 파악하고 함께 해결을 위해 머리를 맞대고 고민을 나눌 수 있는 민주주의의 장을 운영할 수도 있다. 회의가 일회성 이벤트로 끝나지 않기 위해 정기적인 교육 공동체 간담회나 연석회의를 통해 대토론회에 대한 의견 수렴과 반영, 차년도 교육과정 반영과 실천에 이르기까지 일련의 과정에 학생들이 주체적으로 참여할 수 있는 시스템을 구축해야 한다.

| 학교 100인 대토론회 참여 | 교육 공동체 대토론회 모습 |

학생들이 참여하는 회의가 형식적인 참여에 머물지 않도록 지원해줄 수 있는 학교 차원의 다양한 시스템을 마련할 필요가 있다.

•학교 협동조합을 통한 건강 매점의 운영 사례

새벽까지 공부하느라 잠이 부족한 저는 아침밥을 먹지 못하고 학교에 오는 경우가 대부분이에요. 학교 점심시간이 12시 45분이라 그때까지 너무 배가 고파요. 학교에 매점이 있었으면 좋겠어요. 인스턴트 음식은 어차피

- 1단계 - 학급회의(대토론회 주제별 의견 제시)
  날씨가 추워져 겉옷을 입게 되면서 겉옷 속에 사복을 입는 경우 증
  가-〉생활지도 갈등 증가. 공통된 생활지도가 되지 않아 혼란으로
  불만인 상태 -〉 생활지도 학생청원제도 제안
- 2단계 - 대의원회(대토론회 학생의견 수렴)
  생활지도에 학생의견 반영하기위한 제도 마련 -〉 100인 학생청원
  제도 제안
- 3단계 - 대토론회(교육공동체 토론회)
  학생과 함께 정하는 생활지도 제도화 -〉 학생청원제도 홈페이지
  시스템 마련
  부모도 제안하는 학부모청원제도 시스템 추가 마련

학원 갈 때 먹을 기회가 많으니까 학교에서라도 건강에 도움이 되는 음식
중심으로 판매했으면 좋겠어요.   - 고등학교 학생

안전한 먹거리의 보장 및 생필품 구매를 위해 학생들이 학교협동조합을
제안하였다. 조금 비싸도 건강에 좋은 유기농 제품을 구매할 수 있고, 공
정무역을 통해 수입된 제품들을 판매함으로써 생산지역 농업 노동자들에
게도 도움을 줄 수 있는 학교협동조합 운영을 제안하고, 이를 위해 다른
협동조합에 자문을 구했다. 매점 자체 공동구매뿐만 아니라 교복 기부 등
다양한 교육적 프로젝트, 급여가 제공되는 학생 도우미 활동은 사회적 경
제 및 근로 체험의 기회도 제공하는 등의 여러 교육적 장점이 있다. 협동
조합 창립을 시작하며 발기인을 모집하고, 홍보·조직·디자인으로 구분
된 분과위원회에도 많은 학생들이 참여할 수 있다. 학교협동조합의 취지
를 발표하고 설득함으로써 학생들 다수의 공감을 얻을 수 있으며, 홍보팀
에는 학교에 지속적으로 건강한 먹거리 상품의 효용성과 필요성에 대해

소개함으로써 학생 중심 학교협동조합으로 키울 수 있다. 디자인팀은 매점의 인테리어나 프로젝트 구상을 맡아서 다른 사회참여활동과 연계하여 협동조합을 운영할 수도 있다. 이를 통해 함께 더불어 사는 사회적 경제에 대해 머리에서부터 가슴까지 제대로 이해할 수 있고, 무한경쟁의 자본주의 사회에서도 서로 상생할 수 있는 사회에 대해 경험함으로써 민주적 시민성을 키울 수 있다.

실천 사례 2

우리 지역의 문제를 우리가 해결해요

•지역 청소년(교육) 의회참여활동

학교는 지역에 속해 있는 만큼 지역에 뿌리를 튼튼히 내려야 한다. 지역과 학교는 서로 깊은 영향을 주고받는 관계이다. 무엇보다 지역 내 학생이 입학함으로써 지역을 곧 학교로 데려오는 셈이다. 그러므로 학생들이 향후 살아갈 토대를 학교와 지역이 함께 만들어가야 한다. 이에 경기도교육청은 만 10세 이상 18세 미만(초등 5학년~고등 3학년)의 학교 안팎을 포함한 지역 내 청소년이 지역의 교육정책에 참여하고 제안할 수 있는 청소년 교육의회를 운영하고 있다. 이처럼 정책적으로 학생의 참여를 보장하는 구조를 마련한다는 것은 상당히 중요한 문제이다.

지역사회 연계 청소년 정치참여의 일환으로 서울특별시 금천구, 광주광역시, 부산광역시 금정구, 고양시, 성남시 등 지방자치단체는 조례를 통해 청소년들이 자신과 관련된 정책과 문제에 대하여 자유롭게 의견을 표현하고 참여할 수 있는 권리 보장을 목적으로 청소년의회를 운영하고 있다.[2] 하지만 아직까지는 학생들이 제안한 의견이 실질적으로 반영되지 못하거나 정책 결정 과정에 직접 참여하는 환경이 조성되지 못하고 있다. 예컨대 청소년의회의 제안에 대해 수용 불가 또는 중장기적 검토가 대부분이며, 청소년의 이야기에 제대로 귀 기울이지 않는 문제가 제기되고 있다. 또한 참여하는 학생들도 아직 수동적인 문화에 익숙한 자존감 낮은 태도로 적극적인 제안을 하지 못하는 모습을 보이곤 한다. 하지만 단번에 획기적으로 제도와 문화가 바뀔 순 없는 법이다. 학생은 청소년의회에 제안하는 과정을 통해 지역의 변화를 추구하는 시민적 역량을 신장시킬 수 있다. 또한 학생이 제안하는 것에 관심을 가지고 들어주는 것만으로도 자존감을 높이고, 공적 시민으로서 주체적인 역량을 키울 수 있다. 또한 청소년(교육) 의회제도를 통해 기존의 관료적인 교육장이나 시장의 태도가 변해가고 있다. 정책에 있어서 학생의 의견을 중심에 놓으려는 변화가 분명히 감지되고 있는 것이다. 다음은 성남시에서 청소년 의회활동을 통해 지역과 학교가 함께 연대하는 변화하는 예시이다.[2]

〈성남시 청소년행복의회 활동 예시〉[3]

• 제1대 성남시 청소년행복의회(2016)
본 회의를 개최하여 의안 7건 (청소년 문화예술 진흥 방안, 인권 SOS 방안, 야간 보행안전등 설치, 청소년 교통비 지원, 선거권 하향, 한국사 국정화 반대, 청소년증 사용 활성화 방안)을 제안하고, 조례 2건(성남시 청소년 오케스트라 교육 지원 조례, 성남시 청소년 노동인권 보호 및 청소년노동인권센터 설립 조례)을 추진함

• 제2대 성남시 청소년행복의회(2017)
성남시 시민참여 예산에 대한 청소년 참여 방안 및 예산 심의권 제안, 제안 우체통, 성남시 청소년 정책제안포럼, 성남시 정책제안대회 등을 운영하며, 본 회의에서 청소년 진로교육진흥조례안 등 4건의 조례를 의결하고 학교폭력 예방교육 등 6건의 정책을 제안함.

2.이병희 외, 〈경기청소년교육의회 구성 및 운영 방안〉, 경기도교육연구원, 2018

청소년에게 영향을 미치는 지역 내 정책 결정 과정에 청소년도 참여할 수 있는 기회와 권리를 보장하기 위한 제도와 시스템을 마련함으로써 정책에 대해 자유롭게 의견을 표현하고 참여하며 연대할 수 있는 경험을 갖게 하는 것은 오늘날 시민교육에서 매우 필요한 정책이다. 민주시민교육은 사회 현안에 대응하는 정책을 총괄적으로 담당하는 동시에 실천 중심 시민교육, 학교 민주주의 정착, 학생자치 활성화 등을 구체적 목적으로 하고 있다. 학생자치 활성화를 추진하기 위한 학생자치 자율성 확대 및 청소년교육의회 구성 및 운영 등은 미약했던 학생인권만큼 학생의 주체성을 살리는 정책으로 미래사회의 민주주의 실현을 위한 시민을 형성하는 데에 그 목적이 있다. 현재 지역의 문제를 해결하는 실마리를 찾기 위해 학교 현장의 요구에서 출발하고 구체화하기 위한 청소년의회의 활동이야 말로 민주시민으로 성장하는 데 든든한 자양분이 될 것이다. [3]

이상으로 우리는 학생들이 시민의 일원으로서 사회참여를 가능케 하는 학교 시민교육의 사례들을 살펴보았다. 앞서도 수차례 강조했지만 시민의식은 일방적인 지식 전달만으로 키워낼 수 있는 것이 아니다. 모든 일상생활 속에서 마치 숨을 쉬듯 자연스럽게 경험하고 깨달을 수 있어야 한다. 이를 위해서는 시민 감수성을 높일 수 있는 다양한 기회의 마련 및 수많은 사회문제에 대해 고민하고 자기 목소리를 낼 수 있는 자유로운 분위기를 조성하고 또 적극 격

려해주어야 할 것이다. 나아가 학교와 지역사회는 적극적인 연대와 거버넌스 구축 등을 통해 학교의 문제가 곧 지역사회의 문제이고, 지역사회의 문제를 곧 학교의 문제로 인식함으로써 함께 힘을 합쳐 해결 방안을 모색하기 위해 적극 노력하는 시스템이 만들어질 필요가 있다.

또한 시민교육은 좋은 교과서로 완성되지 않는다. 어떻게 실천하는가의 답은 결국 학생들로 하여금 학교생활에서 시민으로서의 삶을 일상적으로 더 많이 경험하도록 하는 데 있다. 그러한 경험을 바탕으로 스스로 정의가 무엇인지 깨닫는 과정이 쌓여갈 때, 우리 사회의 시민의식 또한 자연스럽게 성숙해질 것이다.

학교,
시민교육의 장으로 거듭나야

청와대 국민청원 사이트에는 사회 각층에서 제기된 각양각색의 청원들이 올라온다. 그중 다양한 종류의 교육 관련 청원들도 눈에 띈다. 한편으로는 청와대가 국민과 한층 눈높이를 맞춰 교육을 포함한 여러 사회문제에 관해 적극 소통하며 함께 해결해보려는 시스템이 자리를 잡아가는 측면에서 고무적이라고 볼 수 있다. 하지만 또 한편으로는 다소 우려되는 부분도 있는 것이 사실이다.

• 스스로 부딪혀 뭔가를 바꿔본 경험이 있는가?

최근에는 이것이 과연 청와대 국민청원까지 해야 하는 일인지 갸우뚱하게 되는 사안들도 적지 않다. 이는 교육과 관련된 청원 중에서도 상당수다. 예컨대 학교에서 발생한 어떤 소소한 문제를 해결해달라는 민원 내지는 청원이 올라오는 식이다. 언론에 제보되는 내용들도 마찬가지이다.

　물론 혼자서는 해결하기 어려운 문제에 대해 국민청원이나 언론 제보 등을 통해 국민적 공감을 이끌어내면 함께 머리를 맞대고 고민해볼 수 있는 기회의 장이 열리는 측면에서 긍정적이다. 하지만 어떤 사안을 보면 국민청원에 올리거나 언론에 제보하기보다는 먼저 학교 내부적으로 구성원들끼리 힘을 합쳐 풀어가는 편이 바람직한 내용도 꽤 있다는 것이다. 그럼에도 스스로의 힘으로 노력하기보다는 외부의 힘에 의존하려는 경향을 보인다. 아마 우리 모두 외부의 힘을 빌렸을 때, 뭔가 생각보다 일이나 문제가 쉽게 풀리는 경험을 상당히 많이 지니고 있기 때문일 것이다. 그러한 경험이 쌓일수록 학교 내부적인 노력보다는 외부의 힘에 자꾸만 더 의존하게 될 것이다.

공동체의 문제를 스스로 풀어가 본 경험이 우리들 각자에게 과연 얼마나 축적되어 있을까? 우리는 삶의 과정에서 필연적으로 어떤 갈등과 문제를 경험한다. 특히 학교라는 공간에서는 구성원들 간에 다양한 상호작용이 일어나기 때문에 온갖 문제가 상존할 수밖에 없다. 학창시절을 돌이켜보면 어떤 문제가 발생할 때 스스로 부딪혀보고 해결해본 경험은 거의 떠오르지 않을 것이다. 하지만 명령과 지시, 지침, 관행, 교칙의 이름으로 주어진 환경에 적응하며 수동적으로 살아간다면 어떻게 될까? 침묵과 순응, 복종의 코드가 우리의 삶에 내면화되고, 이 과정에서 시민의 정치적 효능감은 자연히 낮아지게 된다.

· 학교에 구성원들의 참여와 소통 중심의 거버넌스를 작용하게 하라

학교에서 뭔가를 제안해서 변화를 이끌어낸 경험이 누적되어야 스스로 세상에 영향력을 미칠 수 있고 변화를 만들어갈 수 있다는 정치적 효능감이 생겨날 텐데, 어쩐지 오랜 시간 학교는 구성원들이 그런 역량을 키워 나가기를 원하지 않았던 것 같지 않다. 교사들도, 학부모들도, 학생들도 학교에서 그런 경험을 가질 수 없다면, 학교는 민주시민교육의 장으로 보기 어렵다. 그저 지시와 명령, 관행이 존재하는 관료적 공간이요, 형식적 민주주의가 작동하는 공간에 지나지 않을 뿐이다.

인간은 제도의 영향을 받지만 제도를 바꾸는 것은 인간이다. 신제도주의는 제도를 고정된 것으로 보지 않고, 변동되는 과정에 주목한다. 인간의 상대적 자율성과 주체성, 상호작용성을 강조하는 것이다.[1] 이처럼 인간은 구조와 제도, 환경, 미디어 등의 영향을 받기도 하지만, 일방적으로 영향을 받기만 하는 것은 아니다. 인간과 인간, 인간과 제도, 인간과 문화, 인간과 공동체, 인간과 정치의 상호작용을 통해 변화를 만들어간다. 학교야말로 이러한 복잡한 상호작용의 장이기 때문에 결국 중요한 것은 철학과 비전이다. 즉 어떤 철학과 비전을 세우느냐에 따라서 수동적 인간에서 능동적 인간으로, 객체화된 인간에서 주체화된 인간으로, 어른들이 만든 질서를 수용하는 '사회화'를 뛰어넘어 세상을 바꾸는 '변혁적 삶'을 지향하는 시민교육을 꿈꿀 수 있다.

학교는 관료적 공간의 속성도 지니고 있지만, 공동체 속성을 훨

---

1. 하연섭, 《제도분석》, 다산출판사, 2011

썬 더 많이 지닌다. 시장의 요소를 최소화할 것인가 극대화할 것인가에 따라서 정책의 추동, 긴장과 저항, 타협 양상이 나타나곤 한다. 그러나 학교가 지닌 공동체 속성은 오랫동안 유지되었고, 미래 사회로 나아간다고 해도 놓칠 수 없는 가치이다.[2] 관료적 공간이라도 해도 최근에는 '거버넌스'라는 이름으로 변화가 만들어지고 있다. 거버넌스란 권력을 지닌 엘리트 또는 1인 중심의 일방적 통치 체제에서 벗어나 구성원들의 소통과 참여를 보장하면서 시스템을 함께 운영하는 제도와 문화를 담아낸 광범위한 개념이다. 이러한 거버넌스를 학교에 적용한다면, 교직원, 학부모, 학생의 참여와 소통이 강조될 수밖에 없다. 따라서 중앙정부와 지방정부에서 강조되고 있는 거버넌스가 우리 학교에서도 작용하도록 만드는 과정은 매우 중요하다. 이를 위한 제도적·문화적 토양을 어떻게 구축할 것인가는 시민교육의 핵심 과제가 아닐 수 없다. 시민교육은 일부 교과만으로 구현될 수 있는 차원이 아니기 때문이다.

- **누군가는 힘없는 나를 불안하고 미성숙한 존재로 바라보았다**

정치학에서는 국가를 규명하기 위한 노력이 있었는데, 크게 다원주의(Pluralism) 국가론과 엘리트주의(Elitism) 국가론으로 단순화할 수 있다. 권력이 다양한 집단과 주체들에게 분산되어 있다고 본다면 다원주의 시각을 견지한다고 볼 수 있다. 반면에 엘리트주의

---

2. 송기상·김성천, 《미래교육, 어떻게 만들어갈 것인가》, 살림터, 2019

는 정치를 결국 엘리트가 대중을 지배하는 과정으로 해석한다.[3]

"사람을 믿을 수 있는가?"

민주시민교육을 논의할 때면 항상 부딪히는 질문이다. 먹고 살기도 바빠 죽겠는데 언제 모두 참여해 논의하고 합의를 보는가? 그래서 우리는 소수의 탁월한 리더(엘리트)가 결정하는 방식이 더욱 합리적이고 바람직하다는 유혹에 쉽게 빠져든다. 역사적으로 종종 우매한 대중의 인식을 넘어선 위대한 영웅의 결단에 의해서 성과를 낸 사례들은 마치 검증된 무엇인 양 명분을 제공하기도 한다.

민주주의 체제의 속살을 들여다보면, 행정부와 사법부, 입법부의 핵심에는 결국 엘리트가 존재한다. 이러한 엘리트들이 의사결정을 하면서 대중을 견인하는 것이다. 하지만 이러한 엘리트들을 통제하는 것은 결국 시민이다. 권력은 국민으로부터 나오고, 보통선거에 의해 선출된 권력이 행정부와 입법부를 잠시 지배하기 때문이다. 엘리트는 스스로 잘나서 된 것이 아니라 시민의 선택에 의해서 그런 역할과 기능이 잠시 주어졌을 뿐이다. 동시에 견제와 균형의 원리가 작동하기 때문에 영원불멸의 강력한 엘리트는 존재하기 어렵다. 엘리트들 또한 상호 균제와 균형의 원리에서 자유로울수 없기 때문이다.

---

3. 홍익표 · 진시원, 《세계화 시대의 정치학》, 오름, 2018, 88-95쪽

민주주의의 사상과 철학을 보면 공화주의의 가치를 강조한다. 말하자면 시민적 덕성이라든지 공공성, 공동체성 등이다. 이는 결국 개인의 이익이 아닌 공공선을 중심으로 판단하는 사람이 매우 중요함을 의미한다. 이러한 사람들을 깨어 있는 시민으로 호명한다면, 얼마나 많은 시민을 길러내고 형성하는지는 민주주의의 매우 중대한 과제가 아닐 수 없다. 동시에 민주주의는 사람에 대한 신뢰를 전제한다. '위대한 철인'을 기대하기보다는 '특별하지 않은 시민'이 보여주는 '집단지성의 힘'을 기대한다. 때로는 민주주의의 이름으로 인해 비효율과 혼란, 혼선이 작동한다고 해도, 결국 사람을 믿을 수밖에 없는 이유이다.

민주주의의 역사를 보면, 왕과 귀족은 부르주아에게 권력을 넘겨주었다. 보통선거의 과정은 유산계층이 무산계층에게, 백인이 흑인에게, 남성이 여성에게, 성인이 청소년에게 참정권을 보장하는 시스템을 의미한다. 왕과 귀족의 관점에서 부르주아는 성숙된 존재였을까? 남성의 관점에서 여성은 성숙된 존재였을까? 민주주의의 역사는 온갖 불안과 불신을 극복하고, 사람에 대한 신뢰를 확장해갔던 제도적·문화적 과정으로 봐야 한다.

역사의 호흡에서 보면 한때 누군가는 권력과 재산이 없는 나를 불안하고 미성숙한 존재로 바라봤을 것이다. 역사의 혜택을 받은 우리들도 이제는 누군가를 믿어야 한다. 즉 교육부는 교육청을, 교육청은 학교를, 학교는 교사와 학부모와 학생을 믿어야 한다. 다소 시행착오와 불안 요소가 있다고 해도, 신뢰의 여정을 떠나야 할 때이다. 민주주의를 실현하기 위해 얼마나 많은 이들이 희생했던가? 이들의 고귀한 희생을 우리가 잊지 않았다면, 누군가를 믿어야 한다.

▪ 시민교육의 경험은 전이된다

김현자 외[4] 연구에서는 혁신고등학교 졸업생 24명의 삶을 추적했다. 그들은 대학에 진학했거나 직장생활을 하는 등 다양한 삶의 경로를 헤쳐 나가고 있었다. 이 연구에서 발견한 키워드는 **전이성**이었다. 혁신학교라는 민주적 토대와 문화가 형성된 공간에서 성장한 대부분의 졸업생들은 함께 토의 토론을 하고 자신의 의견을 발표하는 데 능숙했다. 또 학생자치를 경험하였으며, 이 과정에서 학교의 문제를 스스로 해소해본 경험을 지녔다. 이들은 대학과 직장생활을 할 때, 몇 가지 두드러지는 양상을 보였는데, 특히 타인과 상호작용을 하면서 문제를 해결하고, 남들 앞에서 발표를 할 때 두렵지 않다고 고백하는 졸업생들이 적지 않았다. 또 이들은 졸업 후에도 공공의 가치를 삶에서 실현하기 위해서 노력하고 있었다. 공통적으로 혁신학교에서 얻은 삶의 경험이 대학과 사회생활을 할 때도 전이되고 있었던 것이다.

한편으로 **한계성**이라는 또 다른 키워드도 있었다. 그들은 위계구조를 지닌 직장생활에서 자신의 의견을 쉽게 표출하지 않는 문화에서 당혹감을 느끼곤 했다. 대학 생활을 하면서 본인은 친구들에

---

4. 김현자 외, 2019, 〈경기도 혁신고등학교 학생의 생활 경험과 졸업 후 삶〉, 경기도교육연구원

게 배운 내용을 알려주었지만 다른 친구들은 그러지 않았다. 암기식·주입식으로 공부하기보다는 토의 토론을 하면서 개념과 원리를 확장시키며 공부했는데, 대학교에서 교수가 설명한 대로 적지 않으면 좋은 성적을 얻기 어렵다는 점을 알게 되면서 실망했다고 한다. 이러한 '한계성' 역시 우리가 앞으로 극복해야 할 과제가 아닐 수 없다.

시민교육의 목표라면 **인권 감수성**을 바탕으로 '타인의 고통'을 헤아리는 마음을 갖게 하며, 사회의 구조적 문제를 비판적으로 바라보면서 이를 바꾸기 위한 **실천적 삶**을 사는 데 있다. 사회과학 지식은 사회를 구조적 차원에서 바라보게 하며, 다각도로 분석하는 데 도움을 준다. 그런 점에서 볼 때, 시민교육 영역에서 지식의 가치를 아예 무시할 순 없다. 하지만 한국의 현실은 '국영수사과'의 입시교육 범주에 사회 교과가 묶이면서, 사회과학의 지식을 입시 스킬로만 접근하고 있다. 이 과정에서 상당수의 학생들은 안타깝게도 삶과 결합되고, 삶에 적용하는 '실천을 위한 지식'을 경험할 수 없게 된 것이다. 하지만 학창시절에 공적 가치를 삶의 영역에서 적용해보지 못했다면 성인이 되어서 그런 삶을 살기란 요원하다.

혹자는 학생인권조례와 교권을 대립 구도로 보면서 학생인권조례를 마치 학교 붕괴의 원인으로 지목하는데, 번지수를 단단히 잘못 짚은 진단이다. 제대로 된 인권 감수성을 내면화한다면 나의 권리뿐만 아니라 타인의 권리도 소중하며, 공동체를 가꾸기 위한 의무와 삶의 기본이 존재하며, 절대적으로 누려야 할 권리와 공동체

내에서 합의할 수 있는 상대적 권리가 존재함을 깨닫게 된다. 공동체의 이익을 침해하는 어떤 학생이 있다면 다른 학생들은 이에 침묵하지 않고, 어떤 의지를 모아서 문제를 직접 해결할 수 있는 방법을 배워야 한다. 불의에 침묵하지 않고, 분위기에 휘둘려 흥분하기보다는 원인을 분석하며, 납득할 만한 대안을 제시할 수 있는 그런 경험은 학교의 교육과정과 문화, 거버넌스를 통해 삶 속에서 자연스럽게 익혀야 한다.

• 안 된다고 말하기 전에 학교가 무엇을 해야 하는가를 논의해야

청소년 선거 연령을 인하하였지만, 2020년 2월 중앙선거관리위원회는 모의투표 등을 선거법 위반으로 유권해석하였다. 우려했던 사안이다. 이러한 해석에 대해 시민교육에 관한 관점과 철학의 부재를 지적하지 않을 수 없다. 아직 일어나지도 않은 최악의 상황만을 가정하여 일단 안 된다고 말하는 형국이다. 학교는 무엇을 할 수 있고, 무엇을 해야 하는가? 온갖 규제와 지침으로 학교를 옥죄이면, 결국 학교는 아무것도 안 하는 것으로 방향을 잡을 가능성이 크다.

정치를 금기시하면서, 중립성만을 강조하면 모두 입을 다물 수밖에 없다. 하지만 정책과 공약에 대한 담론 형성과 토의 토론은 민주시민교육의 기본 중 기본이다. 선거관리위원회의 우려와 걱정을 이해 못하는 바는 아니지만, 과도한 규제는 시민교육의 싹조차 틔울 수 없게 만들고 만다. 3·1운동과 4·19혁명을 돌이켜보자. 중·고등학생들이 앞다투어 나서지 않았던가? 우리 어른들의 생각보다 그들은 결코 미숙하지 않다.

시민교육은 진공상태에서 이루어질 수 없다. 사회와 정치의 맥락에서 시민교육이 이루어져야 박제화되지 않는다. 오히려 걱정해야 할 대상은 우리 기성세대, 즉 어른들이다. 오랜 시간에 걸쳐 박제된 이념의 시각과 관점으로 타인의 이야기를 경청하지 않는다. 협력과 협동의 가치를 삶으로 보여주는 어른이 과연 얼마나 되는가? 구별과 차별, 배제의 언어와 문화를 만들어낸 것이 누구인가? 그러한 어른의 모습을 학생들은 보고 배운다.

변화는 오히려 학교에서 나타나고 있다. 단적으로 1970~1980년대의 학교와 지금의 학교는 달라져 있다. 물론 절대적 기준에는 여전히 미치지 못한 면이 있지만, 상대적으로 본다면 학교에서 경험하는 학생자치의 폭과 깊이는 과거와는 차원이 다르다. 과거의 권위적인 학교 풍토에서 벗어나서 기성세대들이 경험하지 못했던 시민교육의 가치를 오늘날의 학생들은 경험하고 있는 것이다. 예컨대 대부분의 기성세대들은 학생생활규정을 학교 구성원들이 논의하며 정한 경험을 가져본 적이 없다. 하지만 상당수의 요즘 학생들은 가지고 있다. 학급회의 및 학생자치회 활성화, 교과통합 프로젝트, 인권친화적 학교 등의 모습을 경험해본 이들이 점차 사회로 나아갈 것이다. 혁신학교 역시 민주주의를 학교운영의 핵심 원리로 채택하고 있기 때문에 구성원들의 효능감은 비교적 높다. 이러한 흐름을 잘 발전시킨다면, 학교는 비로소 민주시민교육을 실천하고 배우는 공간으로 거듭날 것이다.

- **삶과 문화, 제도로 보여주는 민주시민교육, 어떻게 구현할 것인가?**

우리 어른들부터 민주시민의 삶을 살아가야 한다. 자신의 시간과 돈의 일부를 기부하면서 살아가고 있는가? 타인의 이야기를 경청하고 있는가? 때로는 공동체의 이익을 위해 나의 이익을 내려놓을 수 있는가? 잘못된 관행에 눈감지 않고 문제를 제기할 수 있는가? 차별과 구별, 배제의 언어와 시각으로 누군가를 판단하고 있지 않는가? 더불어 사는 삶의 원리를 내 삶의 어디에서 실현하고 있는가? 정치를 혐오하기보다는 정치를 가꿔야 한다는 생각을 지니고 있는가? 이제 이러한 질문들에 대한 대답을 삶으로 옮겨야 한다.

먼저 민주시민교육의 관점에서 **학교 교육과정과 문화, 제도를 재구조화해야** 한다. 학교의 비전과 철학을 함께 세우고, 공유하고, 조정하는 작업에서 학교 민주주의는 시작된다. 좁게는 교직원회부터 일방적인 지시 전달 방식에서 탈피하여 안건 중심으로 논의해야 한다. 학년 단위와 교과 단위의 의견이 수렴되며, 공론의 장에서 다양한 의견이 모이는 문화와 흐름을 더욱 활성화시켜야 한다. 또 학교운영위원회의 형식주의를 경계하고 활성화해야 하며, 소위원회 등을 통해 역동적 구조를 보장해야 한다. 학생들도 학교운영위원회에서 의견을 적극 개진할 수 있는 흐름을 만들어야 한다. 학생자치회 담당 교사를 학생회에서 요청하는 시스템도 충분히 보장할 필요가 있고, 학급자치와 학년자치, 학생자치회 활성화를 함께 모색해야 한다. 학생들이 뭔가를 제안했을 때, 적극 수용하되 안 되는 내용에 대해서 충분히 설명할 필요가 있다. 학기와 학년이 끝났을 때 학교 자체 평가를 통해서 각 주체들의 의견을 수렴하고 성과와 과제를 정리하면서 다음 학기 내지는 다음 학년도를 준비해야 한다. 교육과정을 주도할 수 있는 권한은 교사들에게 있지만, 학부모와 학생의 의견을 적극 수렴해야 한다. 최근 들어 많은 학교에서 학교협동조합을 추진하는 경향이 있는데, 1인 1표의 민주성의 원리를 구현하면서 사회적 경제를 몸소 익히게 하는 데 유익한 측면이 있어 적극 권장할 필요가 있다.

그리고 **인성교육법을 넘어 민주시민교육법**으로 발전시키자. 인성교육법과 민주시민교육법은 기본적으로 충돌한다고 보기 어렵다. 다만 인성교육법은 법적 근거가 있고, 민주시민교육법은 발의가 이루어졌을 뿐 아직 실체가 없다. 인성교육이 다소 개인의 덕성 차원에서 접근하는 경향이 있는데, 얼마든지 인성교육의 가치를 민주시민교육법에 녹여낼 수 있다. 민주시민은 건강한 인성과 결코 분리될 수 없기 때문이다. 한 걸음 더 나아가 민주시민교육은 공동체와 국가, 세계시민까지 아우르는 광범위하면서도 적극적인 개념이라는 점에서 두 개의 법률을 각각 만들기보다는 통합해서 운영할 필요가 있다. 각 교육과정을 보면 핵심 키워드가 들어가 있다. 차기 교육과정은 시민교육을 화두로 삼아야 할 것이다. 학교 구성원 모두 이에 대한 철저한 준비가 필요한 때이다.

참고자료

1부 01 시민 그리고 비시민

박민영, 《학교는 민주주의를 가르치지 않는다》, 인물과사상사, 2017.

장은주, 《시민교육이 희망이다》, 피어나, 2017.

홍윤기 외, 《가장 민주적인, 가장 교육적인》, 교육공동체벗, 2017.

제시카 조엘 알렉산더, 《행복을 배우는 덴마크 학교 이야기》(고병헌 옮김), 생각정원, 2019.

존 듀이, 《민주주의와 교육》(이홍우 옮김), 교육과학사, 1987.

Marianne LaFrance, *Lip Service Smiles in Life, Death, Trust, Lies, Work, Memory, Sex, and Politics*, W. W. Norton & Company, 2011.

1부 02 시민교육의 방향

데릭 히터, 《시민교육의 역사》(김해성 옮김), 한울아카데미, 2009.

마사 누스바움, 《학교는 시장이 아니다》(우석영 옮김), 궁리, 2016.

유발 하라리, 《사피엔스》(조현욱 옮김), 김영사, 2016.

제러드 다이아몬드, 《총,균,쇠》(김진준 옮김), 문학사상, 2017.

김대식, 〈남을 통제하고 싶은 본능이 권력욕의 씨앗〉, 《중앙선데이》, 2013.11.10.

2부 01 혐오 현상과 시민교육

구정우, 《인권도 차별이 되나요?》, 북스콘, 2019.

김지혜, 《선량한 차별주의자》, 창비, 2019.

류승연, 《사양합니다, 동네 바보 형이라는 말》, 푸른숲, 2018.

이혜정 외 6명, 《혐오, 교실에 들어오다》, 살림터, 2019.

홍성수, 《말이 칼이 될 때》, 어크로스, 2018.

김자영, 2012, 〈청소년 인권의식의 유형 및 영향요인에 관한 연구〉. 박사학위논문, 서울대학교 대학원

김진희·이로미·김자영, 2019, 〈학교 현장의 인권의식 제고를 위한 인권교육: 담론, 문제점 및 실천 방향〉, 《시민교육연구》, 51(2), 71~94

강신우, 〈솜혜인(솜해인)에 쏟아진 댓글들, 한국은 아직 여기까지였다〉, 《서울경제》, 2019.8.13.

송진원, 〈관악산 또래 집단폭행 주범들 2심도 실형… 일부는 집유석방〉, 《연합뉴스》, 2019.5.24.

함께 성장하는 행복한 새싹들 블로그 (https://blog.naver.com/angelcat606/221273379650)

[유니세프 이슈] '과연 이것이 공평한 삶일까요?'(https://www.youtube.com/watch?v=EObsHl43t0U)

〈60일 지정 생존자〉 13화, 2019년 tvN에서 방영한 16부작 TV 드라마

2부 02 젠더 현상과 시민교육

권김현영 외, 《양성평등에 반대한다》, 교양인, 2016.

김고연주, 《나의 첫 젠더 수업: 여자 사람과 남자사람, 오래된 질문과 새로운 대답!》, 창비, 2017.

김희경, 《이상한 정상가족》, 동아시아, 2017.

이상수, 《Basic 고교생을 위한 사회 용어사전》, 신원문화사, 2002.

한국여성연구소, 《젠더와 사회:15개의 시선으로 읽는 여성과 남성》 동녘, 2014.

솔다드 브라비 · 도로테 베르네르, 《만화로 보는 성차별의 역사》(맹슬기 옮김), 한빛비즈, 2019.

권희경, 2018, 〈성 인지 감수성 높은 교육을 위한 교사의 성 인지 역량 강화 방안〉. 한국가
정과교육학회 학술대회, pp.94-112.

한정선, 2005, 〈생물학적 페미니즘의 관점에서 본 여성과 남성의 차이〉, 《신학과세계》(53),
pp.273-295/pp.289-290.

한국성폭력상담소. 2013, 〈성폭력피해생존자와 함께 살아가기 위한 젠더감수성교육 매뉴
얼 지금 시작하는 젠더감수성〉, p.10.

한국양성평등교육진흥원, 201, 〈생애주기별 양성평등의식교육〉, p.10.

정재원 · 이은아, 2018, 〈대학생 성 인지 감수성 향상을 위한 젠더 트레이닝〉, 《교양교육연
구》, 12(5), pp.11-35.

강종훈, 〈교과서 속 성차별, 이렇게 바꿔주세요!〉, 《연합뉴스》, 2018.9.19

김보람, 〈AI에게도 젠더 감수성을〉, 《유네스코뉴스》, 2019.7.6.

김세로, 〈[단독] 여고생의 '극단적 선택'…"성폭행에 사진 촬영까지"〉, 《MBC 뉴스》, 기사입
력 2019.9.4. 오후 8:32 최종수정 2019.9.4. 오후 10:04

박서강, 「[뷰엔] 육아는 여성 몫… 성 역할 강요하는 안내표지」, 《한국일보》, 입력
2019.06.27 04:40수정 2019.06.27 13:52

서울시여성가족재단 보도자료, 〈'여·남학생답게~' 그만! 서울시, 학교 내 성차별 언어·행동
바꾸기〉, 2018.10.31.

심에스더(kegoora) 최은경(nuri78), 〈여학생 성기 사진에 발칵 뒤집힌 학교… 뜻밖의 아
이들 행동 [이런 질문 해도 되나요?] 왜 영상물을 찍고 유포할까〉, 《오마이뉴스》, 입력
2019.4.7 14:04 최종 업데이트 2019.4.17. 16:47

오철우, 〈같은 항암제인데 왜 여성에 부작용 더 많을까〉, 《한겨레》, 등록 :2019-06-08
09:11수정 :2019-06-10 10:16

NAVER 지식백과, 2019.08.18, https://terms.naver.com/entry.nhn?docId=941472&cid=473
　　35&categoryId=47335

위키백과, 2019.08.22, https://ko.wikipedia.org/wiki/%EC%84%B1%EC%9D%B8%EC%A7
　　%80%EC%A0%81_%EA%B4%80%EC%A0%90

EBS, 젠더 박스, 지식채널e, 2018.05.15, http://www.ebs.co.kr/tv/show?courseId=BP0PAP
　　B0000000009&stepId=01BP0PAPB0000000009&lectId=10886619

2부 03 선거권과 시민교육

곽한영, 2017, 〈미국 선거 교육 사례연구 -2008년 이후 대통령 선거 시기를 중심으로-〉,
　　《법교육연구》, 12(2), 1-27.

조의호, 2018, 〈초등학교 모의 선거 교육 프로그램 개발 및 효과〉, 《사회과교육》, 57(3),
　　135-151.

경기도교육청 보도자료, 〈제3회 몽실학교 정책마켓 개최〉, 2019.11.13.

윤근혁, 〈모의선거 훼방에 조희연 선관위도 모의선거 해왔으니〉, 《오마이뉴스》,
　　2020.1.30.

이준영, 〈만 18세 선거권 따른 학교 내 선거운동 여부 논란 확대〉, 《시사저널e》,
　　2020.01.25.

EBS 다큐프라임 학교의 고백 5부, https://www.ebs.co.kr/tv/show?lectId=3125991

중앙선거관리위원회 블로그 http://blog.naver.com/prologue/PrologueList.
　　nhn?blogId=nec1963

Student Vote, 2019, Post-Election Analysis. Retrieved January 27, 2020, from https://
　　studentvote.ca/canada/wp-content/uploads/2019/08/Lesson-14-Post-Election-Analysis.pdf

https://bensguide.gpo.gov

https://www.middleweb.com/27908/a-lively-history-activity-for-presidents-day

https://www.kidsvotingusa.org

https://studentvote.ca/canada/results

2부 04 다문화 사회와 시민교육

구정화 · 박윤경 · 설규주, 《다문화교육의 이해와 실천》, 동문사, 2010.

손소연 · 이륜, 《살아 있는 다문화교육 이야기》, 즐거운학교, 2013.

장인실 외, 2012, 《다문화교육의 이해와 실천》, 학지사, 2012.

한국다문화교육연구학회, 《다문화교육용어사전》, 교육과학사, 2014.

제임스 뱅크스, 《다문화교육 입문-4판》(모경환 외 옮김), 아카데미프레스, 2008.

김왕근, 1999, 〈세계화와 다중 시민성 교육의 관계에 관한 연구〉, 《시민교육연구》, 28(1),
　　pp.45-68.

김현경, 2011, 〈한국 유학생들의 '인종차별경험'이해에 관한 지적 사례 연구〉, 《사회과교
　　육》, 50권 1호, pp. 13-29.

김현경, 2012, 〈다인종 캠퍼스 유학생의 다문화적 태도에 관한 질적 사례 연구〉, 서울대
　　학교 대학원 박사학위논문.

김현경, 2018, 〈중학교 자유학기제 다문화교육 프로그램의 문화감수성 함양 효과〉, 《다문
　　화교육연구》, 11(3), pp.147-168.

박하나, 2015, 〈다문화 감수성'관련 연구 동향 분석〉, 《다문화교육연구》, 8(2), pp.47-68.

모경환 · 임정수, 2014, 〈사회과 글로벌 시티즌십 교육의 동향과 과제〉, 《시민교육연구》,
　　46(2), pp.73-108.

이철현, 2013, 〈다문화교육 강좌의 효과성 측정을 위한 다문화감수성 측정 도구 개발〉,
　　《다문화교육연구》, 6(3), pp.131-156.

이향규 · 양승주 · 박성춘 · 이옥순, 2013, 〈청소년을 위한 다문화 감수성 증진 프로그램 개
　　발 연구〉, (재)이주배경청소년지원재단 무지개청소년센터 보고서.

정해숙·안상수·권소영, 2014, 〈청소년 다문화 감수성 증진 프로그램의 효과성 검증을 위한 도구 개발〉, (재)이주배경청소년지원재단 연구보고서.

Allport, G. W., *The Nature of Prejudice*. Cambridge: Addison-Wesley, 1954.

Allport, G. W., *The Nature of Prejudice*(25th anniversary ed). California: Addison-Wesley Publishing Company, 1984.

Ang, S., Dyne, L. V., Koh, C., Ng, K. Y., Templer, K. J., Tay, C., & Chandrasekar, N. A. Cultural intelligence: Its measurement and effects on cultural judgement and decision making, cultural adaptation, and task performance. *Management and Organization Review*, 3(3), 2007, pp.335-371.

Aronson, E. D., Wilson, T., & Alkert, R. M., *Social Psychology*(6th ed). NJ: Pearson Prentice Hall, 2007.

Bennett, J. M. & Bennett, M. J., Developing Intercultural Sensitivity: An Integrative Approach to Global and Domestic Diversity, In Landis, D., Bennett, J. M. & Bennett, M. J.(ed.). *Handbook of intercultural training*, London: Sage Publications, 2004.

Bennett, C., *Comprehensive multicultural education*: *Theory and Practice*(6thed.). Boston: Allyn & Bacon, 2006.

Bhawuk, D. P. S., & Brislin, R., The measurement of intercultural sensitivity using the concepts of individualism and collectivism. *International Journal of Intercultural Relations*, 16, 1992, pp.413-436.

Chen, G. M., & Starosta, W. J., The development and validation of the intercultural sensitivity scale. *Human Communication*, 3, 2000, pp.1-15.

Hammer, M. R., Bennett, M. J., & Wiseman, R., Measuring intercultural sensitivity: The intercultural development inventory. *International Journal of Intercultural Relations*, 27(4), 2003, pp.421-443.

2부 05 평화와 시민교육

김택환, 《행복한 독일 교육 이야기: 제4차 산업혁명 시대》, 자미산, 2017.

김현섭 · 장슬기, 《미래형 교육과정을 디자인하다》, 수업디자인연구소, 2019.

박성춘 · 이슬기, 《다문화 시대의 통일교육》, 집문당, 2016.

박성희, 《독일 교육, 왜 강한가?》, 살림터, 2014.

심성보, 《민주시민교육: 인간과 사회의 진보를 위한》, 살림터, 2011.

장은주, 《시민교육이 희망이다: 한국민주시민교육의철학과실천모델》, 피어나, 2017.

최승완, 《동독민 이주사 1949~1989: 분단의 벽을 넘어 또 다른 독일로 간 동독민 이야기》, 서해문집, 2019.

첸즈화, 《북유럽에서 날아온 행복한 교육 이야기》(김재원 옮김), 다산에듀, 2012.

교육부, 2019, 〈한독교사교류〉.

이헌근, 2016, 〈노르웨이 시민교육, 정치참여 그리고 민주주의〉, 《한국시민윤리학회보》, 29(2), 115-139.

강순원, 2016, 〈[통일의 길] 통일교육, 공존의 패러다임으로!(8): EU 민주시민교육, 민족을 넘어 세계시민으로!〉, 《통일한국》, 385, 60-61.

김원태, 2019, 〈학교 시민교육의 필수조건과 충분조건 갖추기〉.

이경식, 2018, 〈의사소통적 이성으로 실시하는 통일교육〉. 《윤리교육연구》, 48, 117-139.

통일부, 2016, 〈사회통합형 북한이탈주민 지원방안 모색〉, 2016.12. 통일부연구용역최종보고서

Ellis, V. L., & Toney-Butler, T. J., Conflict Management. In *StatPearls [Internet]*. StatPearls Publishing, 2019.

https://www.voakorea.com/a/3609872.html

https://www.voakorea.com/a/3608348.html

2부 06 미디어와 시민교육

금준경(글) · 하루치(그림), 《유튜브 쫌 아는 10대》, 풀빛, 2019.

김양은, 《디지털 시대의 미디어 리터러시》, 커뮤니케이션북스, 2009.

정수영, 《어카운터빌리티, 새로운 미디어 규범》, 커뮤니케이션북스, 2015.

최재붕, 《포노 사피엔스: 스마트폰이 낳은 신인류》, 쌤앤파커스, 2019.

Livingstone, S., *Media literacy and the challenge of new information*. The communication technology, 2004.

3부 01 교육과정과 시민교육

강영혜 외, 《민주시민교육 활성화 방안 연구》, 한국교육개발원, 2011.

김선욱, 《한나 아렌트의 생각》, 한길사, 2017.

심성보 외, 《보이텔스바흐 합의와 민주시민교육》, 북멘토, 2018.

이은진, 《인권수업》, 지식프레임, 2018.

최경애, 《평가루브릭의 개발과 활용》, 교육과학사, 2019.

한겨레신문사, 《2019 학교민주시민교육국제포럼 자료집》, 2019.

홍후조, 《알기 쉬운 교육과정》, 학지사, 2011.

존 듀이, 《아동과 교육과정 · 경험과 교육》(박철홍 옮김), 문음사, 2002.

박하나 · 옥일남, 2019, 〈민주시민교육을 위한 학교 조성 방안 탐색 -혁신학교와 일반학교 교사들의 민주시민교육 경험에 대한 질적 사례연구〉, 《시민교육연구》, 51(1), 61-94.

https://blog.naver.com/rollergrl/221484772247

https://ogisamo.blog.me/221682984526

3부 02 학생자치와 시민교육

강현경 외, 《회복적 생활교육으로 학급을 운영하다》, 교육과실천, 2018.

김성천 외, 《학교자치》, 즐거운 학교, 2018.

김지혜 외, 《질문이 살아 있는 국어 수업》, 비상교육, 2018.

김태현, 《교사, 수업에서 나를 만나다》, 좋은교사, 2012.

이은진, 《인권 수업》, 지식프레임, 2018.

한국교육연구네트워크, 《더 나은 세상을 위한 학교 혁명: 제3기 진보 교육감 시기의 학교정책》, 살림터, 2018.

M. 스캇 펙, 《끝나지 않은 길》(김창선 옮김), 소나무, 1999.

경기도교육청, 2018, 〈학생자치 길라잡이〉, 경기도교육청 민주시민교육과.

경기도교육청, 2018, 《평화로운 학급 공동체 워크북 ver2》.

교육부, 2018, 《학생자치 사례집 중등》.

김원태, 2019, 〈학교시민교육의 필요·충분조건과 해외사례, 시민교육실천연수 교재〉, 《경기도 교육청 민주시민교육》, 103.

박희진, 2019, 〈학급자치활동이 시민의식에 미치는 영향〉, 교육개발원 학술논문.

이준원, 2019, 〈학교 민주주의 꽃, 학교 자치〉, 《경기혁신교육 10주년 국제콘퍼런스자료집》.

거트 비에스타, 2019, 〈민주주의, 시민 그리고 교육: 의제에서 원칙으로(DEMOCRACY, CITIZENSHIP AND EDUCATION: FROM AGENDA TO PRINCPLE)〉, 《학교민주시민교육 국제 포럼 자료집》.

고대영, 〈[동남아 DQ교육 현장을 가다] 싱가포르, 넓어진 디지털 세상…'사이버 위험' 면역력 기른다〉, 《이투데이》, 2018.10.4.

송일섭, 〈애기 보듯 꽃을 보듯〉, 《전북 도민신문》, 2018.8.18.

정헌희, 〈어쩌다어른 이수정의 "소년범재 재범률 0%를 만든 기적의 프로그램이 있다?!"특강〉,
　《한국강사신문》, 2018.12.13.

https://www.unicef.or.kr/news/press_view.asp?idx=74563 유니세프 코리아 보도 자료
https://blog.naver.com/thecall1/221186717709

3부 03 사회적 실천과 시민교육
서지연 외, 《학교자치》, 즐거운학교. 2018.
서지연 외, 《학교, 민주시민교육을 만나다》, 맘에드림. 2019.

이병희 외, 2018, 〈경기청소년교육의회 구성 및 운영 방안〉, 경기도교육연구원.

최희영, 〈위안부 문제 버스 광고 실은 고교생들〉, 《아시아경제》, 2017.08.04.
이영주, 〈학생들의 목소리가 정책에 반영됐다…그래서 찾아온 변화〉, 《연합뉴스》,
　2019.04.24.

마치며
송기상 · 김성천, 《미래교육, 어떻게 만들어갈 것인가》, 살림터, 2019.
하연섭, 《제도분석》, 다산출판사, 2011.
홍익표 · 진시원, 《세계화 시대의 정치학》, 오름, 2018.

김현자 외, 2019, 〈경기도 혁신고등학교 학생의 생활 경험과 졸업 후 삶〉, 경기도교육연구원.